堕落与救赎

女性犯罪启示录

王爱华　叶小琴 ◎ 主编

DUOLUO YU JIUSHU
NVXING FANZUI QISHILU

中国检察出版社

《堕落与救赎：女性犯罪启示录》
编委会

主　编　王爱华　叶小琴

撰稿人　（按姓氏拼音排序）

　　　　冯　源　　金　鑫　　康倩飞　　牛堉锦

　　　　田小满　　王爱华　　叶小琴　　郁小波

　　　　杨芷姮　　张丽霞　　赵忠东　　张　妍

　　　　周友廷

序 一

最高人民检察院张军检察长要求，刑事执行检察工作要树立治本安全观，不仅维护刑事执行场所监管秩序稳定，关键要促进把罪犯改造成为守法公民、向社会输出"合格产品"。张军检察长也一再强调要落实"谁执法，谁普法"的普法责任。

刑事执行检察工作要坚持标本兼治的工作理念。既要监督刑事执行违法的"标"，强化对违法执行、侵犯被执行人合法权益、执行人员渎职和玩忽职守等问题的监督；也要监督实现刑事执行法律功能的"本"，研究分析发生问题的深层次原因，特别是要将罪犯是否被改造成为守法公民纳入监督范围，促进监管场所把罪犯改造成为守法公民、向社会输出"合格产品"，最大限度地降低罪犯"又犯罪"比例，保障国家的总体安全。

湖北省武汉市城郊地区人民检察院在"标本兼治"上作出了有益探索。作为全国先进基层院，他们不仅在"规范监督、强化办案"、聚焦主责主业上有为有位，而且在创建学习型组织、狠抓理论调研方面，尤其是对罪犯的犯罪原因研究、监督刑罚执行机关将罪犯改造成守法公民等方面也颇有成效。他们与武汉大学法学院开展检校合作，结合刑事执行检察工作实际，基于现实案例，分析研究罪犯走上犯罪的主、客观原因，并对家庭、社会、教育、管理等功能价值的缺失，进行深入思考，研究提出解决对策，结集出版了《折翅之痛与思：未成年人犯罪启示录》、《堕落与救赎：女性犯罪启示录》这两本书，这在全国刑事执行检察部门是少有的，值得肯定。

作者首先对当前未成年人、女性犯罪现状进行了调查研究，形成报告，随后采取面对面访谈的形式，还原案件事实，着重从服刑人员的成长经历、家庭背景、学习生活环境、社会影响等多个方面，以检察官的视角分析其走上犯罪的深层次原因，最后就如何预防犯罪提出对策建议。每个访谈案例之后，对相关法律规定进行解读，以案释法。因为不是专门研究犯罪的学术性著作，所以本书在章节体例编排上不是十分严谨，对犯罪原因的研究还略显粗浅。但总体而言，整本书既有一定的理论基础，也有深入浅出的普法知识，无论是对犯罪研究还是普法宣传，均具有一定的说服力和较强的可读性。

在全国检察机关全力推进检察工作创新发展的新形势下，我很高兴看到基层刑事执行检察的同志们在尽责履职完成日常繁重工作任务的同时，能静下心来思考和研究一些问题，并提出一些针对性的意见建议。更希望作者在司法体制改革、检察工作创新发展这一特殊历史时期，结合司法实践深入研究刑事执行检察工作相关问题，为中国法治的发展进步作出应有的贡献。

是为序。

王守安

2019 年 1 月

序 二

新时代社会治理现代化,是当前和今后一个时期亟待我们研究和探索的重要理论课题和实践命题,其中女性犯罪原因与预防研究具有丰富的理论内涵和重要实践价值。2000年以来,虽然犯罪主体结构仍以男性为主,但女性犯罪在我国处于递增趋势,且行为结构呈现新特点。《堕落与救赎:女性犯罪启示录》一书的研究团队,通过分层随机抽样以及立意抽样相结合的方法抽取访谈样本,同时采用深度访谈法对个案进行跟踪调查研究,在获得翔实的实证资料基础之上,重点关注家庭暴力诱发的女性犯罪——女性因遭受长期家庭暴力,进而产生自发报复心态以及家庭暴力中女性被害人逆变为加害人的暴力犯罪现象;女性经济犯罪或职务犯罪现象——随着女性选择参与社会生活,在追求自身自由与独立的同时,受利益诱惑陷入犯罪泥潭;女性涉毒犯罪的攀升——占各省女子监狱在押犯的42%-55%,且处于快速增长之中;吸毒引发抢劫等关联犯罪约占5%,女性涉毒犯罪给家庭生活及社会治安带来严峻挑战。

女性犯罪的增多,给个人、家庭和社会带来巨大伤害和痛苦。因此分析女性犯罪原因，把握女性犯罪人独特的心理特征，探索合理有效的预防和矫治措施，对于减少、控制、预防女性犯罪具有重要意义。社会化过程、社会变迁、社会文化和社会性别是对女性犯罪原因解释主要理论视角：即社会化过程的缺失、对社会变迁的不适应及不良社会文化的影响是造成女性犯罪的主要原因。其中，社会性别视角的女性犯罪研究强调男女两性所占有的社会政治、经济、文化等资源的不平等是造成女性犯罪的深层次原因。《堕落与救赎：女性犯罪启示录》一书从保护女性权益的角度提出预防女性犯罪的路径，一方面强调加强女性权益全方位保障措施；另一方面针对新时期伦理价值观面临的挑战与风险，强调提高女性自身认知能力，在生死、荣辱、苦乐、美丑、公私、义利等一系列观念上树立正确的人生观、是非观，摒弃贪图享乐、爱慕虚荣的极端利己思想，把其对物质、金钱的欲望转化成为对创造美好生活的追求，即提升女性的道德感、社会公正感以及重视女性心理健康是预防女性犯罪的关键。

  鉴于该书广泛的阅读对象，作者十分注重学术观点的思想性，站在理论制高点上，仰观俯察，洞幽烛微，敏捷而准确地运用犯罪学理论分析女性犯罪特征、规律和发展趋势，使读者能直观感受到女性犯罪现象的冲击，对犯罪学相关理论产生共鸣与反思，达致专业性与通俗性的契合，这不仅折射出研究团队扎实的犯罪学理论功底，同时使更多的读者在分享研究团队成果的过程中增强获得感。

  我本人曾在20世纪80年代后期关注女性犯罪问题，并有短时期在"女监上班"的经历，有机会参与女性犯罪现象的调研，对这一特殊群体的犯罪特点和原因有了一些粗浅认识，在后期的犯罪学研究中也一直关注该领域研究动向。本书两位主编王爱华副检察长与叶小琴副教授借助武汉大学与武汉市城郊地区人民检察院教学与实践基地平台，聚焦、研究和探索女性犯罪的现实问题，以研究产品回应社会需求，使理论与实践结合的学术精神在传承过程中获得检校合作的成果。

是为序。

莫洪宪

武汉大学法学院教授

2018 年 7 月

目　录

序　一 ·· i

序　二 ·· iii

上篇　实证分析：女性犯罪原因及预防

第一章　女性犯罪的定量分析 ·· 003
　第一节　研究背景 ·· 004
　第二节　女性犯罪现象分析 ··· 007

第二章　女性犯罪预防 ·· 027
　第一节　女性犯罪预防之一般原理 ······································· 028
　第二节　女性犯罪预防之社会环境的建设 ······························ 033
　第三节　女性犯罪预防之健全人格的培养 ······························ 045
　第四节　女性犯罪之治安预防的开展 ···································· 056
　第五节　女性犯罪预防之刑罚适用与执行 ······························ 065

下篇 以案释法：女性犯罪面面观

第三章 女性犯罪之家庭篇 …………………………………… 075

第一节 以暴制暴 …………………………………………… 076
- 不幸的婚姻毁了我的人生 …………………………………… 076
- 女强人的堕落之路 …………………………………………… 083
- 我的忍让最终逼我走上绝路 ………………………………… 088
- 由受害到施害：家暴酿成的悲剧 …………………………… 093
- 无奈抡起的木棒 ……………………………………………… 099
- ● 分析与反思 ………………………………………………… 104

第二节 情感背叛 …………………………………………… 112
- 法不容情 ……………………………………………………… 112
- 为了"他"杀害丈夫，值得吗？ …………………………… 118
- 我真不应该继续纠缠他 ……………………………………… 122
- 我的情人是黑帮老大 ………………………………………… 128
- ● 分析与反思 ………………………………………………… 135

第四章 女性犯罪之教育篇 …………………………………… 141
- 贪婪背后的"无知" ………………………………………… 142
- 无知的背后 …………………………………………………… 147
- 身陷传销骗局 ………………………………………………… 152
- ● 分析与反思 ………………………………………………… 158

第五章 女性犯罪之个人篇 …………………………………… 165
第一节 心灵的闭塞 ………………………………………… 166

○ 难言的不幸 …… 166
○ 我只是想要拿回自己的钱 …… 172
○ 花季少女的迷途人生 …… 178
○ 性格决定命运 …… 183
● 分析与反思 …… 189

第二节　无尽的欲望 …… 195
○ 毒之殇 …… 195
○ 巨额欠款背后的"发财梦" …… 201
○ 赌博让我的美满家庭破碎 …… 207
○ 贪心不足蛇吞象 …… 212
○ 赌迷心窍 …… 218
● 分析与反思 …… 225

第六章　女性犯罪之涉毒篇 …… 231

第一节　感情盲从 …… 232
○ 男友让我看到"新世界" …… 232
○ 飞蛾扑火般的爱情 …… 238
○ "跟他在一起，做什么都行" …… 244

第二节　精神空虚 …… 251
○ 用吸毒排解空虚 …… 251
○ 迷失在回家的路上 …… 256

第三节　交友不慎 …… 263
○ "美丽"人生 …… 263
○ "关系好就帮他发信息呗" …… 270
○ 我错误地估计了自己 …… 276

○ "因为刺激，所以我想试试" ··· 283
第四节　利欲熏心 ·· 288
○ 赌博的沉重代价 ·· 288
○ 人体运毒：致命的诱惑 ·· 294
○ 生活所困下的"选择" ·· 300
○ "进来之后才知道亲情的珍贵" ··· 305
● 分析与反思 ·· 309

后　　记 ·· 319

上篇

实证分析：女性犯罪原因及预防

第一章
女性犯罪的定量分析

"每个了解一点历史的人也都知道,没有妇女的酵素就不可能有伟大的社会变革。社会的进步可以用女性的地位来精确的衡量。"① 封建道德对女性的束缚使其成为男性的"附属物",其没有独立的人格,经济、政治、文化等各方面全面依赖于男性。因此,其人口数量虽然与男性相等甚至大于男性,但女性犯罪在数量上相对于男性来说是极少的,因此女性犯罪历来不被人们所重视。② 随着女性解放运动的兴起和发展,女性开始作为独立的主体和人格参与社会活动,摆脱家庭的束缚,开始进入工厂工作、自由恋爱,走向社会。在我国,宪法明文规定,男女平等,女性在法律上享有与男性平等的法律地位、法律权利,并承担相应的法律义务。随着女性经济上的独立带来的人格上的独立,女性犯罪数量急剧增长,犯罪率不断上升。在美国,1967—1972年5年时间女性犯罪的平均增长率为52%,严重犯罪的增长率更是达到84%。在日本,1956—1965年的"经济高度增长"出现了女性犯罪高峰,女性犯罪人数增长了71.5%,截至1975年女性犯罪占总犯罪的比率为19%。二战后,女性犯罪趋于严重化,促使各国政府和学者开始重视对于女性犯罪的研究。我国一直强调男女平等,改革开放后随着女性经济上的逐渐独立,女性犯罪也成为我国社会亟待解决的一个重要课题。

---

① 《马克思恩格斯全集》(第32卷),中共中央马克思恩格斯列宁斯大林著作编译局译,人民出版社1998年版,第571页。

② 康树华:《女性犯罪论》,兰州大学出版社1988年版,第2页。

第一节　研究背景

从世界趋势来看，女性犯罪具有两大特点：第一，女性犯罪日益严重，犯罪的绝对数增长幅度大，犯罪率急剧增长。①在美国，女性犯罪占犯罪总数的比例在1932年为7.4%，1946年为10.7%，1960年为11%，1970年为15.3%，1971—1982年比例一直稳定在22%—24%。进入21世纪后，女犯上升态势很快，美国联邦调查局和各州监狱在2003年共有10万多名女犯，比1980年增加了8倍。②在英国，女性犯罪人数不断增加，1974年为79200人，1983年为94900人，增幅达20%。1999—2000年，男性犯罪人增加了4%，而女犯增加了10%。③在日本，女性犯罪占犯罪总数的比例在1965年为10.7%，比1956年增加了71.5%，1968年为11.6%，1975年为16.9%，1977年为19%，1985年为19.5%。犯罪总人数上看，1970年为47506人，1973年为51133人，1984年为81784人，15年时间女性犯罪人口增长了100%。④从以上数据可见，无论是从犯罪比例还是犯罪人数上看，女性犯罪在全球范围内呈现恶化趋势。第二，女性犯罪低龄化趋势明显。在日本，少年犯中的少女犯罪在1956年为6.1%，1968年为8%，1970年为10%，1976年为19.3%，1977年为19.7%，1978年为19.8%。少女犯罪比例不断增长，少女犯罪呈现持续增长的态势，女性犯罪低龄化趋势明显。

---

① 赖修桂：《女性犯罪研究》，法律出版社2013年版，第15页。
② 史靖洪：《美国反毒法律合理性遭质疑》，载《法制日报》2005年3月18日。
③ 吴宗宪：《当代西方监狱学》，法律出版社2005年版，第565页。
④ 康树华：《中外女性犯罪的现状与特点研究》，载《南都学坛》2005年第3期。

从我国女性犯罪的趋势来看，我国女性犯罪与世界女性犯罪趋势基本一致，但是在时间上略有差别。改革开放前和改革开放初期，我国女性犯罪人数和比率均相对较低。1992年我国确立中国特色社会主义市场经济体制，随着对内改革和对外开放的深入发展，引起经济、文化和社会急剧转型，从此我国女性犯罪开始增长，与世界女性犯罪趋同化。

表1：1953—1992年平均每年女犯在押人数

年度	平均每年女犯在押人数（人）
1953—1962	43678
1963—1972	23816
1973—1982	17212
1982—1992	28462

从表1可以发现，1953—1992年平均每年女犯在押人数少，所占比例低，且总体上呈现下降趋势。可见，我国女性犯罪并未成为我国的社会问题。而此时，英美国家与日本，女性犯罪已经十分严重了。

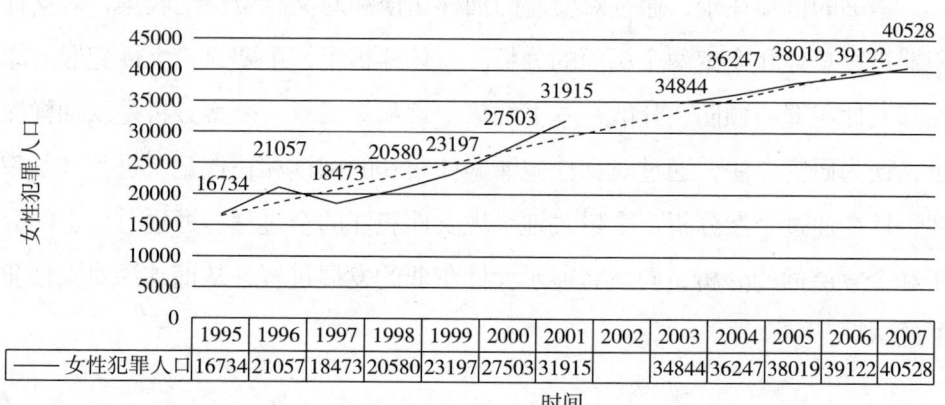

图1：女性犯罪人口统计图[①]

---

① 数据来源：中国法律年鉴。

从图1可以看出，自20世纪90年代之后，女性犯罪人口开始持续上升。从犯罪人口上看，女性犯罪人口由1995年的16734人上升到2007年的40528人；从女性犯罪人口的增长幅度来看，13年增幅达142.2%，年平均增幅为10.9%，增速较快。可见，我国女性犯罪与世界女性犯罪趋势相近，女性犯罪已然成为我国的一个重要社会问题。

女性犯罪虽然严重，但是我国对于女性犯罪进行专门研究的理论资料较少，大部分犯罪学论著中没有女性犯罪的章节，而女性犯罪研究的专著数量更少。对女性犯罪并未作为一个特殊的犯罪类型予以专门讨论和研究，而仅仅是作为一般犯罪予以概括研究。忽略女性的性别标签，将其与男性犯罪作为一个整体进行一般研究，不仅使得一般犯罪研究不精细，而且导致人们对于女性犯罪尚未形成全面的认识。有研究表明，女性犯罪在犯罪数量、犯罪种类、实施犯罪行为的手段和方式、犯罪对象、犯罪时空、年龄、犯罪处罚上均存在巨大差异。[1]因此，有必要将女性犯罪作为一个特别的犯罪类型进行专门研究。

本书的旨趣在于，通过对女监的抽样访谈和对文献资料的收集，对女性犯罪进行总体和个案两个层面的分析。总体分析上，主要讨论女性犯罪的原因和女性犯罪的预防，分散在本书的第一章和第二章。个案分析是以抽样深度访谈为研究方法，通过对女性犯罪案件案卷的阅读和访谈记录进行详细叙述，旨在通过个案分析，全景式地呈现女性犯罪的全过程。通过总体上的分析和个案层面的分析，向读者展示女性犯罪的发展过程，从而加深对女性犯罪的认识。

---

[1] 康树华：《女性犯罪论》，兰州大学出版社1988年版，第24—33页。

第二节 女性犯罪现象分析

笔者以湖北省女子监狱为研究平台,通过对女犯的访谈、案卷材料的阅读和分析,对在押女犯进行实证研究。其主要研究步骤如下:第一步,田野调查。访谈前,为了解女犯的具体情况,笔者阅读了相关案卷,初步了解了女监基本情况。第二步,资料的分类梳理。把收集的资料进行整理,抽出其共同的要素。第三步,定量分析。对收集的资料进行定量分析,得出女性犯罪所存在的特点。第四,为了增强数据的丰富性并保证论证的充分性,在相关文献中收集有关女性犯罪的犯罪数据,以便于进行横向和纵向的比较。

一、犯罪人的定量分析

(一)一罪与数罪情况

表2:一罪与数罪情况

类罪	一罪	数罪	总数
危害国家安全罪	0	0	0
危害公共安全罪	28	4	32
破坏社会主义市场经济秩序罪	150	35	185
侵犯公民人身权利、民主权利罪	459	25	484
侵犯财产罪	336	70	406

续表

类罪	一罪	数罪	总数
妨害社会管理秩序罪	988	82	1070
危害国防利益罪	0	0	0
贪污贿赂罪	65	39	104
渎职罪	0	6	6
军人违反职责罪	0	0	0
合计	2026	261	2287

从总体上来看，一罪的案件为2026人，占比88.5%，比例较大。数罪并罚的为261人，占比11.5%，比例较小。可见，女性犯罪还较为单纯，单个女性犯罪人实施的犯罪较为简单，并不存在复杂的犯罪连锁反应。

从一罪上看，数量排名前三的犯罪分别是妨害社会管理秩序罪、侵犯公民人身权利、民主权利罪和侵犯财产罪，三类犯罪的人数达到1783人，占总羁押人数的88%，比例占绝对多数。以危害国家安全罪、危害国防利益罪、渎职罪、军人违反职责罪等类罪一罪判处的女犯人数为0人。可见，女性犯罪在犯罪类型上存在严重的发展不均衡现象。

从数罪上看，数量排名前四的犯罪类型分别为妨害社会管理秩序罪、侵犯财产罪、贪污贿赂罪和破坏社会主义市场经济秩序罪。与一罪相比，判决数罪的女犯在类型上存在较大差异，排名前四的均为财产类犯罪。可以认为，女性为了获得经济利益，更易实施多个犯罪行为而更易数罪并罚，例如受贿与渎职犯罪。对于侵犯人身权利的犯罪，女性更易实施一个犯罪行为，因此数罪并罚的情况较少。

（二）犯罪时年龄统计表

不同的国家，犯罪的年龄是不相同的。德国的男女犯罪高峰比日本低，德国男性犯罪的高峰为 18-21 岁，日本则为 30-40 岁。德国女性的高峰年龄为 30-40 岁，而日本为 40-50 岁。我国全国性的数据缺失，有学者在 1983 年对某省进行调研发现，18-25 岁的男性罪犯占男性犯罪总数的 69.5%，而 18-25 岁的女性罪犯仅占女性犯罪总数的 27.3%，女性高峰年龄为 31-40 岁。[①] 这就提出一个问题，为什么女性犯罪的高峰年龄相对于男性要大？女性犯罪基本上为中年人犯罪，男性犯罪基本上为青少年犯罪。

表 3：女性初犯年龄统计表

年龄（岁）	14-20	21-25	26-30	31-35	36-40	41-45	46-50
人数（人）	9	13	5	13	4	12	8

经对湖北省女监进行抽样调查（如表 3）发现，女性犯罪存在三个年龄高峰：第一个年龄高峰是 14-25 岁，样本数达 22 人，占比 34.4%，主要是女性青少年犯罪；女性犯罪的第二个年龄高峰为 31-35 岁，样本数达 13 人，占比 20.3%；女性犯罪的第三个年龄高峰是 41-45 岁，样本数达 12 人，占比 18.8%。三个犯罪年龄高峰的总样本数量为 47 人，占比高达 73.4%。可见，女性犯罪在年龄上呈现不均匀分布，存在明显的犯罪年龄高峰。

（三）民族

表 4：女性犯罪人民族情况

民族	汉族	壮族	土家族
人数	62	1	1

从表 4 可知，女性犯罪人中汉族人口为 62 人，壮族和土家族各 1 人。从抽样的数据来看，汉族与少数民族的犯罪人口比例基本上与人口总数的比例

---

① 康树华：《女性犯罪论》，兰州大学出版社 1988 年版，第 24-33 页。

相似。可见,我国女性犯罪并未呈现出明显的种族特征。这也从一个侧面反映出我国民族政策的合理性,我国基本上形成了以汉族为主体的"大杂居,小聚居"的民族大融合局面,不存在因为种族间的矛盾和冲突导致的女性犯罪。

(四)政治面貌

表5:女性犯罪人政治面貌情况统计表

种类	群众	党员
人数	62	2

从表5可知,女性犯罪人的政治面貌为群众的62人,占比96.9%,占绝对多数;女性犯罪人的政治面貌为党员的只有2人,数量极少,党员占总犯罪人口的3.1%。并且不存在其他的政治面貌形式,例如民主党派人士。截至2016年年底,我国的党员人数为8779.3万人,而全国总人口138271万人,党员占总人口数量的6.3%。可见,女性党员占女性犯罪人口的比例是党员占总人口的比例的1/2。基本可以推论出,我国对党员的遴选机制将大部分具有犯罪倾向的女性犯罪人给排除出去,有效地净化了女性党员干部队伍,符合中国共产党对于党员先进性的基本要求。

(五)宗教信仰情况

抽样访谈的64位女性犯罪人均不具有宗教信仰,其实施犯罪均与宗教无关。可见我国女性犯罪较为单纯,并未与意识形态、宗教信仰等复杂的社会问题相关联。

(六)户籍地和经常居住地情况

表6:女性罪犯的户籍情况表

户口性质	城镇户口	农村户口
人数	29	35

20世纪80年代，学者根据对某省城乡女性犯罪进行调查，发现农村女性犯罪人数已经接近或者超过女性犯罪总数的50%，而在杀人、重婚、伤害、盗窃等犯罪中，农村女性犯罪已超过60%。[①]从表6可以看出，从户口性质上看，农村女性犯罪与城镇女性犯罪并无显著差异，基本可以证实以上结论。但也可以进一步推知，女性犯罪与其户口性质无关，意即农村户口的女性与城市户口的女性的犯罪可能性基本相似。

表7：女性罪犯的经常居住地情况表

经常居住地	城镇	农村
人数	42	22

从表7可知，经常居住地为城镇的女性犯罪人为42人，占比65.6%；经常居住地为农村的女性犯罪人为22人，占比34.4%。二者差异较大，基本可以推定，与农村相比，经常居住地为城市的女性更容易犯罪。其原因可能是城市经济发展水平高，在提供更多的发展机会的同时，也提供了更多的犯罪机会；而与城镇相比，经常居住地为农村的女性由于大部分时间忙于农活儿和生计，没有闲暇的犯罪时间，并且农村熟人社会依然具有较强的社会控制力。这也从一个侧面说明，与户口性质相比，经常居住地对于女性犯罪的影响更为巨大。

表8：女性犯罪人"户籍 – 经常居住地"的关系

关系	农村 – 农村	城镇 – 城镇	农村 – 城镇	城镇 – 农村
人数	22	29	13	0

[①] 康树华：《女性犯罪论》，兰州大学出版社1988年版，第35页。

从表 8 可知，户籍与经常居住地均为农村或者城镇的女性犯罪人为 51 人，占比 79.7%，比例较大。农村户口但经常居住地为农村的女性犯罪人数为 13 人，占比 20.3%。相反，城镇户口但经常居住地在农村的女性犯罪人为 0。可见，农村与城镇共消耗了 79.7% 的女性犯罪。但在我国城乡两元体制的社会背景下，究竟是农村进城务工女性蜕变成女性犯罪人还是农村既有的女性犯罪人向城市输出？基于我们研究的局限性，暂时提出问题，仅供大家思考。

（七）文化水平

表 9：女性犯罪人的文化水平情况表

文化水平	文盲	小学	初中	高中	专科	本科	硕士以上
人数	2	16	25	10	8	2	1

从表 9 可以得出以下两点：第一，文盲只有 2 人，原因可能是湖北省义务教育普及程度进一步提高。根据湖北省统计局 2010 年的统计数据，全省常住人口中，文盲（15 岁及以上不识字的人）为 2618843 人，文盲率（是指 15 岁及以上不识字人口占总人口的比重）由第五次全国人口普查时的 7.15% 下降为 4.58%，下降了 2.57 个百分点。[①] 第二，女性犯罪人的文化水平集中在小学和中学阶段，人数达 51 人，比例较大。并且随着文化水平的提高，犯罪人数急剧减少。检察院驻监办公室对未成年女犯进行的全样本问卷调查发现，203 位女性犯罪人中有 161 人选择"不想学习"，占该题总选择数量的 79.31%，比例较大。可见，大多数女性犯罪人均有厌学的情绪。

---

① 湖北省 2010 年第六次全国人口普查主要数据公报，载湖北省统计局：http://www.statshb.gov.cn /wzlm/tjgb/r kpcgb/qs/11011.htm，2017 年 4 月 6 日访问。

(八)婚姻情况

表 10：女性犯罪人的婚姻情况表

类型	未婚	已婚	离异	再婚	不详
人数	18	28	14	1	3

已有调查表明，女性案犯已婚者占 65%。其中，在杀人、伤害、诈骗案中已婚女性者居首位，在盗窃、抢劫案中未婚者居首位。①笔者对湖北某女监的结构式访谈表明，未婚的女性犯罪人只有 18 人，比例较少；相比之下，已婚的女性犯罪人的数量达 43 人，占比 67.2%。可见，女性犯罪人一般为已婚女性。其原因在于，已婚女性的情感更专注于家庭，与男性相比其承担更为繁重的家庭管理义务，因此其大部分生活和情感依赖于家庭。当家庭出现变故，如婚变、家暴、第三者插足或者家庭与外部产生矛盾，感情最为激动者基本为女性。而此种不稳定的情绪状态，最易走向违法犯罪的深渊。从这一角度来看，女性犯罪多与家庭矛盾有关。

表 11：女性罪犯家庭情况统计表

夫妻关系	好	较好	较差	差	其他
人数	1	13	11	11	28

此处将夫妻关系简单分为"好""较好""较差"和"差"四个等级，其中差是指经常吵架、家暴或者有吸毒、赌博等恶习；"较差"是指偶尔吵架或者打骂，家庭关系不和谐；"较好"是指有较好的交流和沟通；"好"是指经常交流，夫妻关系和谐、相敬如宾。从访谈的数据来看，女性犯罪人的夫妻关系有矛盾的较多。对具体案例进行深入访谈也基本证实，夫妻矛盾是导致女

---

① 俞雷：《中国现阶段犯罪问题研究》，中国人民公安大学出版社 1993 年版，第 179 页。

性犯罪的重要原因。访谈中发现，在一些女性杀夫案中，女性的配偶基本上均实施了足以引起女性犯意产生的行为或者发生了类似的事件。其中，男性出轨、婚外情、包养小三、家庭暴力等最为常见。这些事件往往引起女性对于感情的否定，女性与男性之间的感情出现裂缝，以感情为基础构建的家庭关系出现危机。女性犯罪人在危机中，一般均为弱势群体。在失去合适的维权途径，通过自身努力均告失败之后，导致女性开始通过争吵、诉苦等方式宣泄心中的焦虑和不快。与配偶的长期争吵，不但不能有效解决问题，反而会导致配偶更加远离自身，更可能激化夫妻矛盾。此时，弱势群体的弱势心理将得到全面体现，当其改变现状无望时，其内部的压力会极度增大，心理承受能力差的女性则可能走向犯罪。

（九）工作情况

表12：女性犯罪人犯罪时工作情况

工作内容	无业	务农	务工	个体户
人数	26	5	27	6

从表12可知，女犯在犯罪时无业的为26人，占比40.6%，比例较大，可见无业的女性犯罪人更容易犯罪。务工的女性犯罪人数最多，数量为27人，占比42.2%。与之相对应，务农的女性犯罪人数量最少，只有5人。可见，工作内容影响到女性犯罪人的犯罪率，不同行业的女性犯罪的数量存在较大差异。具体而言，无业的女性由于时间充裕，犯罪的时间成本低，并且其通过犯罪维持自己既有的生活的犯罪动机更为强烈，因此其更容易实施犯罪。务农的女性由于生活在农村，思想观念较为保守，传统观念依然能够较好地约束其行为；并且囿于农村的条件，犯罪动机和犯罪机会均较少。对于务工人员而言，其工作为其提供了职务犯罪的机会；并且，随着对劳动者权益的保

护不断强化，务工人员享有了较为充裕的休闲娱乐时间。

（十）收入与支出情况

表 13：合法收入情况统计表

单位：元/月

收入档次	1000以下	1000-2000	2000-4000	4000-8000	8000-15000	15000以上	不详
人数	18	16	12	9	4	2	3

从表 13 可知，收入在 2000 元/月以下的女性犯罪人达 34 人，占比 53.1%，比例较大。可见，大多数女性犯罪人的合法收入不高，因此有些女性犯罪人采取非法途径获取财富。

表 14：支出情况统计表

单位：元/月

支出档次	1000以下	1000-2000	2000-4000	4000-8000	8000-15000	15000以上	不详
人数	0	26	25	7	1	2	3

将表 14 的支出情况与表 13 的收入情况进行对比，可以看出，收入情况在 1000 元/月以下的人，其支出情况均在 1000 元/月之上；同时，收入区间为 2000-4000 元/月的女性犯罪人增加了 13 人。这从一个侧面反映出，女性犯罪人收入与支出不平衡，部分女性犯罪人入不敷出，收入较低却极力追求高消费。其深层次原因是女性需求结构的变化，表现为过度追求不切实际的物质生活。爱美之心，人皆有之，我们并不反对女性追求美丽，但我们坚决反对过度追求高档消费的消费理念。少数女性好逸恶劳，追求高档的生活却没有固定的收入，为维持高标准的生活而采取非法手段牟取经济利益，例如盗窃、贪污、诈骗、卖淫，有的甚至实施抢劫、杀人、贩毒等犯罪。

（十一）不良习惯

表 15：不良习惯统计表①

类型	没有	赌博	吸毒	出入娱乐场所	酗酒	不详
人数	24	14	24	7	2	3

从表 15 可知，存在不良习惯的女性犯罪人为 37 人，占比 57.8%，比例较大。可见，大多数女性犯罪人都存在一些不良习惯。其中，吸毒的女性犯罪人为 24 人，高达 37.5%，这就可以解释为何女性毒品犯罪占女性犯罪总人数的 40.64%。虽然不良习惯并非必然导致犯罪，但其与犯罪有着紧密的联系。经常出没 KTV、酒吧、夜总会的女性，由于经常接触犯罪高发人群，并且这些场所均是毒品泛滥的地方，因此女性很容易染上毒瘾。并且如上文所证实的，女性犯罪人的收入一般较低，因此其为了获取吸毒的毒资，很容易走向违法犯罪的道路。对于赌博成性的女性犯罪人而言，其从不良习惯发展到违法再发展到犯罪的路径基本一致。因此，不良习惯可以视为犯罪行为的一个原因，行为人由这一起点开始不断滑向犯罪的深渊。

（十二）性格特征

表 16：女性犯罪人的性格特征

性格类型	理智型	情绪型	意志型	不详
人数	7	49	6	2

从表 16 可知，情绪型有 49 人，占总数的 76.6%，比例较大。可见，大多数女性犯罪人属于情绪型，该类情绪型的人往往不善于思考，情绪控制能力

---

① 经常出入 KTV、网吧、酒吧、夜总会等娱乐场所不能定性为不良行为，但是这些娱乐场所一般均为犯罪热点，为方便统计和了解，此处将其列为不良行为。

差,其言行举止易受情绪左右。因此,当某种诱发情绪的事实、行为或者事件出现,导致女性情绪极度亢奋或者极度消沉,则极易导致女性情绪控制能力减弱,行为不受控制,易发生激情犯罪。访谈中发现,一个女性犯罪人在与丈夫的争吵中,丈夫拿着菜刀追逐其并摔倒,后该女性捡起菜刀将其杀害并将其分尸、炖煮。

（十三）交友情况

表 17：交友情况统计表

朋友类型	好	较好	较差	差	不详
人数	20	6	19	16	3

马克思认为:"人的本质不是单个人所固有的抽象物,在其现实性上,它是一切社会关系的总和。"[1]也就是说,人不是作为个体独立存在的生物,人的本性是社会性。人的一生需要与不同的人产生关系,正当的社会交往有利于个人的完善和发展,不恰当的社会交往则会产生相反的效果,可能使人误入歧途甚至违法犯罪。因此,此处预设交友情况会对女性犯罪产生严重影响。为方便统计,将交友情况分为几个等级:第一级是"好",主要是指朋友圈无不良嗜好和越轨行为人;第二级是"较好",是指朋友圈存在不良习惯的朋友,例如有酗酒、好吃懒做的朋友;第三级是"较差",是指朋友圈存在有违法行为的朋友,例如吸毒、卖淫、赌博;第四级是"差",是指朋友圈存在有犯罪行为的朋友,例如有组织卖淫、贩毒的朋友。

由表 17 的数据可知,女性犯罪人朋友圈中有违法犯罪人的数量达到 35 人,占比 54.7%。而且在深度访谈中发现,一些女犯之所以走向犯罪,其直

---

[1]《马克思恩格斯选集》(第1卷),中共中央马克思恩格斯列宁斯大林著作编译局编译,人民出版社1995年版,第56页。

接的影响者是其亲密朋友、男友或者配偶。以女性毒品犯罪为例，大多数女性毒品犯罪人走向毒品犯罪的道路的引路人正是其亲密朋友、男友或者配偶。一些女性犯罪人入狱后，开始反思自己对于友谊的态度和对于感情的态度。她们很多人认为，对于友情和爱情的错误理解是导致其一步步走向犯罪的原因之一。

二、犯罪行为的定量分析

（一）犯罪动机

表 18：犯罪动机情况统计表

动机类型	财物动机	报复动机	恐惧动机	友情动机	其他动机
人数	38	10	3	5	9

女性犯罪的特征在于受动犯罪和情动犯罪，真正能动地攻击性犯罪是很少的。从精神医学上看，犯罪是一个人因各种关系纠缠在一起而陷入困境时发生的人格反应。① 因此，女性犯罪是在不得已的情况下才实施犯罪行为的，其犯罪动机是不得已困境下的条件反射的结果。之前的分析可以发现，女性犯罪人的收入与其支出不成比例，入不敷出。从表 18 发现，女性犯罪人犯罪动机中的财物动机数量达 38 人，比例较大。可见，女性犯罪多为谋财，其之所以实施犯罪是为了获得金钱上的非法收入，以满足自身衣、食、住、行等方面的物质需要。但依然不可忽视的是，报复动机的女犯依然有 10 人，部分女性犯罪人由于受到伤害导致个人关系产生紊乱，陷入困境而实施报复性犯罪。

---

① [日] 广濑胜世：《女性与犯罪》，姜伟等译，国际文化出版公司 1988 年版，第 17 页。

（二）犯罪预备

表 19：是否存在犯罪预备统计表

类型	存在犯罪预备	不存在犯罪预备
人数	21	43

从表 19 可知，为了犯罪，准备工具或者制造条件的女性犯罪人只有 21 人，不存在犯罪预备的有 43 人，可见大多数女性犯罪人在实施犯罪前并未作充分准备。究其原因，可能在于：第一，女性犯罪多为激情犯罪，其受到刺激后实施犯罪，因此不存在准备工具、制造条件的时间条件。第二，女性犯罪多为不计后果的犯罪，其并未想逃脱法律制裁，一些女性犯罪人实施犯罪后多有自杀行为。第三，女性犯罪的被害人多为与其有亲密关系的人，与其相处并且没有任何防范措施，犯罪机会多，实施犯罪较为容易，因此没有必要准备工具或者制造条件。

（三）危害后果

女性犯罪的危害后果较为严重，表现在两个层面：第一个层次是犯罪所导致的直接后果，例如故意杀人导致他人死亡，这种后果较为直观；第二层次的危害后果是犯罪间接产生的后果，例如女性杀夫后，其直接后果是配偶死亡，对于子女而言，其间接后果是其失去了父亲，母亲因犯罪入狱，教育缺失，可能成为孤儿或者欠缺管教而更可能被贴上不良少年的标签；对于父母而言，扶养人或死亡或入狱，孤苦伶仃，无人赡养。

从直接后果上看，女性犯罪人的危害后果相对男性犯罪较小。女性共同犯罪数量较少，且集中在毒品犯罪中。在女性毒品共同犯罪中，女性犯罪人主要承担运输毒品环节，从作用上看，女性主要充当从犯。抽样访谈中，没有出现黑社会性质组织犯罪、恐怖主义犯罪、危害公共安全和国家安全犯罪，整体上看，女性犯罪依然局限在危害个人人身和财产安全以及社会秩序类犯罪之中。

从间接后果上来看，女性在社会分工中更加倾向于家庭，所谓"男主外，女主内"。因此，女性犯罪的间接后果主要集中在对于家庭的影响。一方面，对于子女而言，母亲承担着主要的教育和管理责任。女性犯罪并被判刑，导致女性的家庭教育职能缺失，可能对子女产生负面影响。另一方面，因女性本身的性格特征，使得女性犯罪极具感染性，可能影响女性身边的亲朋好友也走向犯罪的道路。因此，部分学者认为，女性犯罪的危害后果不仅在于犯罪的直接后果，更在于女性犯罪后对于家庭的破坏以及对于社会伦理道德的破坏。

（四）恶逆变现象明显

女性犯罪恶逆变现象是指女性原本是受害人，后转为加害人，最为典型的是长期受家庭暴力的女性对丈夫实施的杀夫案件。访谈中发现，实施侵犯人身犯罪的女性恶逆变现象更为明显。女性由于生理、心理和文化上的差异，其在家庭中一般处于从属地位。家庭暴力、夫妻矛盾的受害者一般均为女性，女性承受着较为沉重的生理和心理负担。由于忠贞观念以及为子女着想，女性付出了极大的努力和耐心以维持家庭的完整性。但对于女性的权益保护不充分的结果是女性存在普遍的弱者心理，内心敏感并脆弱，若长期受到来自家庭、社会的压力，此种压力极易转化为其走向犯罪的动力，从而使其身份从被害人转化为加害人。

三、女性犯罪的趋势

从访谈所掌握的资料来看，女性犯罪趋势呈现恶化的趋势，主要表现在为：第一，女性犯罪低龄化；第二，犯罪类型多样化；第三，犯罪人数不断增多；第四，毒品犯罪成为主要犯罪类型。

（一）犯罪人数持续增加

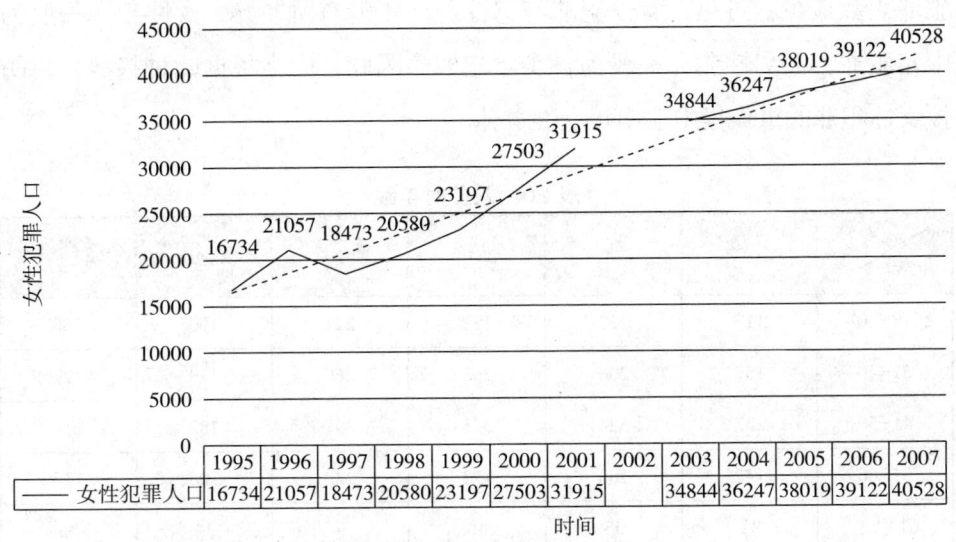

图2：女性犯罪人口统计图[①]

从世界趋势来看，女性犯罪人数不断增长。从我国的女性犯罪人数趋势来看，自1995年至2007年的13年间，我国女性犯罪人数自16734人增长到40528人，13年间人数增长了240%，年增长率达18.5%。可见，我国女性犯罪人口呈上涨的趋势已经无可辩驳。女性犯罪的不断增长，应当引起学者、实践工作者乃至社会的高度重视，深入挖掘该趋势的深层次原因，对症下药以提出预防犯罪对策，从而有效控制女性犯罪的增长势头。

（二）女性犯罪以中年犯罪为主

从2012-2017年的数据趋势来看，总体上，湖北省女监羁押人员入监时年龄保持较为稳定的年龄结构，即以41-50岁为峰值向两端递减。41-50岁入监的女性犯罪人数量最多，占比最大，该年龄段入监人数在2015年达到

---
① 数据来源：中国法律年鉴。

397人，占比最高时达到34.7%。与之相对，18-30岁与61岁以上的年龄段，犯罪人数最少。可见，女性犯罪与男性犯罪年龄有所差异，女性犯罪一般为中年犯罪，而男性犯罪一般为青少年犯罪。因此，应当根据此种趋势，将防控女性犯罪的重点集中在中年女性群体。

表20：入监时年龄

年份 年龄	2012	2013	2014	2015	2016	2017
18-30	115	223	188	221	100	168
21-40	157	208	205	260	148	177
41-50	237	324	325	397	182	210
51-60	142	183	173	228	106	115
61以上	32	35	46	54	33	32
合计	683	973	937	1160	569	702

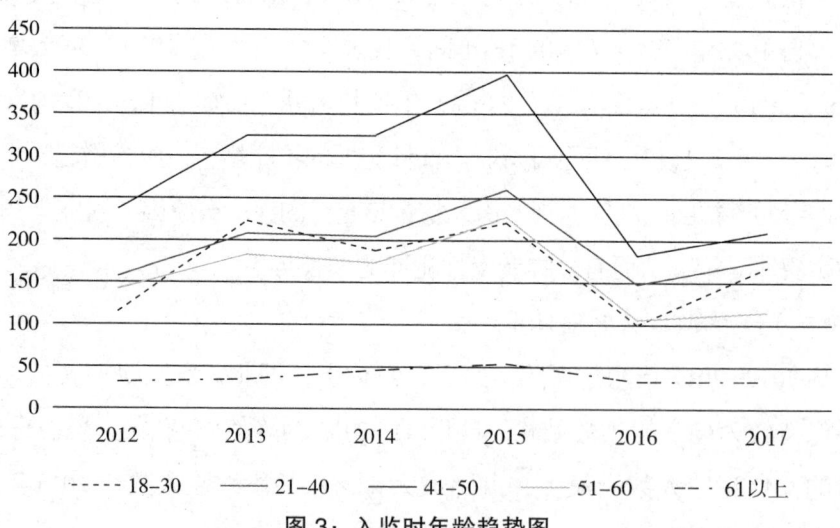

图3：入监时年龄趋势图

（三）毒品犯罪成为主要的犯罪类型

根据数据资料显示，2012-2017年涉毒女性犯罪人数呈现上升趋势，从2012年的725人（占比26.81%）上升到2017年的1027人（占比42.46%），数量大幅上升，比例大幅上涨。可见，女性毒品犯罪已经成为重要的女性犯罪类型。按照此趋势，在未来几年里，女性毒品犯罪人将会进一步增长。初步分析发现，随着我国改革开放，女性开始摆脱家庭的束缚，虽然依然承担比男性更多的家庭责任，但其已经进入社会成为社会的一员。一些女性在社会化的进程中，交友不慎染上毒瘾，为了筹钱而吸毒、贩毒、容留他人吸毒的案件多发。以刘某走私运输毒品案为例，刘某来自贵州山区，从小与外公外婆居住，6年级就开始照顾两位老人。经同学介绍认识比自己大十几岁的男友，其无正经工作且吸毒，后经男友介绍走上贩毒的不归路。陶某制造、运输毒品案与此基本一致，交往男友后走向制毒、贩毒的道路。可以看出，男女平等观念已经普及，但是女性在人格上依然较为依赖于男性，因男友实施毒品犯罪而走向毒品犯罪的案件较为普遍。但其背后的深层次原因依然值得理论学者和实务工作者挖掘，通过对女性毒品犯罪原因进行进一步研究，从而提出有效的防治策略将成为未来研究的一大重要课题。

表21：涉毒女性罪犯人数

年份	2012	2013	2014	2015	2016	2017
人数	725	962	1118	920	909	1027
占总羁押人数比例	26.81%	32.15%	37.03	39.35	39.94	42.46

（四）女性犯罪类型多样化

表22：湖北省女监的羁押情况

类罪	节罪名	人数	比例
一、危害国家安全罪		0	0

续表

类罪	节罪名	人数	比例
二、危害公共安全罪		32	1.43%
三、破坏社会主义市场经济秩序罪	妨碍税收征管罪	8	0.36%
	金融诈骗罪	69	3.09%
	妨碍对公司、企业的管理秩序罪	7	0.31%
	侵犯知识产权罪	1	0.04%
	生产、销售伪劣商品罪	10	0.45%
	走私罪	1	0.04%
	破坏金融管理秩序罪	18	0.81%
	扰乱市场秩序罪	83	3.72%
四、侵犯公民人身权利、民主权利罪		484	21.84%
五、侵犯财产罪		406	18.35%
六、妨害社会管理秩序罪	危害公共卫生罪	8	0.36%
	妨碍国边境管理罪	1	0.04%
	毒品犯罪	906	40.63%
	制造、贩卖、传播淫秽物品罪	1	0.04%
	扰乱公共秩序罪	77	3.45%
	妨害司法罪	7	0.31%
	妨害文物管理罪	1	0.04%
	组织、强迫、引诱、容留、介绍卖淫罪	83	3.72%
七、危害国防利益罪		0	0

续表

类罪	节罪名	人数	比例
八、贪污贿赂罪		104	4.66%
九、渎职罪		6	0.27%
十、军人违反职责罪		0	0

改革开放初期，我国女性犯罪的犯罪种类相对较少，大约为20种，包括杀人、伤害、盗窃、侮辱、虐待、抢劫、强奸等。[①]但从表22中可以看出，我国妇女犯罪已经呈现类型多样化的现状。除"危害国家安全罪""危害国防利益罪"和"军人违反职责罪"三章的犯罪之外，妇女犯罪类型遍布刑法各章节。基本可以说明，女性犯罪类型多样化，在犯罪种类上女性犯罪与男性犯罪基本没有差别。从表22中可以发现，女性犯罪基本不涉及"危害国家安全罪""危害国防利益罪"和"军人违反职责罪"三章的犯罪，可见女性基本不涉及政治犯罪。也就是说，女性犯罪虽然呈现增长趋势，但是一般为"个人—个人"、"个人—社会秩序"的犯罪，"个人—国家"的犯罪还依然较少。从中基本可以得出，女性犯罪较多带有情感和利益色彩，其出发点和立脚点都是个人本身。

值得强调的是，女性犯罪的犯罪类型并非均匀分布。具体而言，从章节来看，女性犯罪集中分布在"侵犯公民人身权利、民主权利罪""侵犯财产罪""妨害社会管理秩序罪"三章，占总羁押人数的88.5%，比例较大。从节来看，"金融诈骗犯罪""扰乱市场秩序罪""毒品犯罪"和"组织、强迫、引诱、容留、介绍卖淫罪"，占到总羁押人数的51.16%。女性犯罪发展不平衡是女性犯罪类型多样化的一个具体表现。

[①] 康树华：《女性犯罪论》，兰州大学出版社1988年版，第33页。

（五）再犯或累犯人数不断增多

从表23可知，二次入监的女犯人数呈现波动上升的总趋势，从2012年的163人上升到2017年的273人，涨幅达到67.48%，平均年涨幅达到11.25%，涨幅较大。可见，再犯或者累犯的女性犯罪人数量增多且增幅较快，已经成为女性犯罪的犯罪趋势之一。

表23：二次以上入监女犯人数表

年份	2012	2013	2014	2015	2016	2017
二次以上入监人数	163	214	260	224	235	273

第二章
女性犯罪预防

"无论是对个人,还是对社会,预防犯罪行为的发生都要比处罚已经发生的犯罪行为更有价值、更为重要。"[①] 犯罪学的创始人之一菲利指出,犯罪学的基本目标是从罪犯本身及其生活于其中的自然和社会环境方面研究犯罪的起源,以便针对各种各样的犯罪原因而采取最有效的救治措施。[②] 一切犯罪学理论和学说,都要落实到预防犯罪的基本思路和具体措施,才具有实际运用价值。女性犯罪是否能够预防?又该如何预防?这是本书在对女性犯罪现象和犯罪原因考察后必须回答的问题。本书对女性犯罪进行研究的终极目的,也是本章存在的终极意义,在于提出预防之策,减少女性犯罪或避免女性再次犯罪的发生。

---

① [德] 弗兰茨·冯·李斯特:《德国刑法教科书》,许久生译,法律出版社2000年版,第21页。

② [意] 恩里科·菲利:《犯罪社会学》,郭建安译,中国人民公安大学出版社2004年版,第94页。

第一节 女性犯罪预防之一般原理

近年来，无论是在速度上还是在规模上，女性犯罪都呈现出急剧上升和扩大的趋势，造成的社会危害也日趋严重，这使女性犯罪成为我国一个严重的社会问题。越来越多的学者投身于女性犯罪的研究之中，通过不断的探索和实践，总结预防犯罪的经验，并上升为犯罪预防的理论。故女性犯罪预防应当是一门建立在犯罪学研究和基础理论之上，同时是对女性犯罪治理实践作总结的学问和技术。

一、女性犯罪预防概述

近十几年来，犯罪预防的范围不断扩大，延伸至社会控制领域，甚至存在向风险管理领域扩大的趋势，这就使得犯罪预防成为一个内涵及外延颇具灵活性而难以准确界定的范畴。西方对犯罪预防最流行的定义是，所有旨在减少由国家法律认定的犯罪所造成损失的私人措施和国家政策，这种政策和措施不包括刑法的执行。该定义明确排除了刑法的执行以及法律制裁对犯罪预防的作用，[1] 但是，刑事司法确实是控制犯罪的重要工具之一，直至今天，依然作为犯罪控制的主要内容而发挥作用。本章采纳广义的犯罪预防概念，并在此基础上定义女性犯罪预防。女性犯罪预防是指国家、社会和个人为消除女性犯罪原因，减少女性犯罪机会，威慑和矫正女性犯罪人，从而防止或

---

[1] ［英］戈登·休斯：《解读犯罪预防——社会控制、风险与后现代》，刘晓梅、刘志松译，中国人民公安大学出版社 2009 年版，第 10 页。

减少女性犯罪发生的策略与措施的总和。

女性犯罪是近代以来随着社会不断发展而出现的社会现象，自第二次世界大战后，开始大幅度增加。我国自改革开放以来，社会进入转型期，随着社会经济得到迅猛发展，女性犯罪也随之相伴发展，并有愈演愈烈的态势。女性犯罪的严重化、多样化、低龄化和女性犯罪率的上升成为女性犯罪问题中的重中之重。作为社会结构中的"半边天"，女性犯罪的低龄化不仅导致中青年女性在社会决策和社会体制中的作用大大弱化，而且还极大地威胁着下一代的健康成长，给社会带来不可逆转的危害。在这样的背景下，抑制女性犯罪率的增长、减少女性犯罪现象势在必行。

二、女性犯罪预防的基本理念

在近现代的发展历史中，西方社会经历了两次女性运动。第一次发生在19世纪末期，以鼓励妇女参政为主要内容。第二次发生在20世纪70年代，也被称为妇女解放运动，其着重于女性个体的发展，强调男女平等和女性权益保护，女性主义犯罪学的思想便肇始于此次运动。由于受到女性主义运动思潮影响，犯罪学家开始用女性主义的观点批判已有的犯罪学，认为传统犯罪学要么忽视了性别因素和女性犯罪，要么在分析女性犯罪时错误地代表了女性，并把这作为犯罪学中的一个基本性的错误，同时试图在批判的基础上建立起有性别意识的犯罪学。

女性主义犯罪学对体系中存在的男女双重标准提出批判，认为构建起重视女性和有着明显性别意识的犯罪学思想对提高女性犯罪人在上述体系中的地位有重要作用，并且也有利于女性犯罪人的改造和预防。[1] 该思想对女性犯罪预防理念的形成具有重要的指导作用。女性犯罪预防的基本理念应当遵循

---

[1] 李希慧、廖梅：《当代西方女性主义犯罪学思想介评》，载《思想战线》2004年第5期。

女性主义犯罪学的核心,也就是20世纪60年代以来妇女运动中最积极的思想因素,即不仅仅关注女性在政治、经济和社会生活中的各项平等诉求,更重要的是强调性别的差异和独特性,进而从这种性别差异出发,来关注女性作为个人、而不是仅仅作为与男性对立的性别而存在。① 性别意识和性别视角应当成为女性犯罪预防的基本理念。在探讨女性犯罪预防的具体措施时,必须引入性别意识,将女性作为独立个体看待,从性别差异出发,尽可能地提出专门适用于女性的预防措施,而不是局限于无性别差异的预防措施。与此同时,在女性犯罪预防和女性被害预防中必须注重实质意义上的性别平等的实现,注重保护和满足女性犯罪人与女性被害人的合法权益和平等诉求。

三、女性犯罪预防的基本内容

（一）需要注意的两点

1. 兼顾未成年和成年两个时期的预防措施。生命历程理论认为,成人期发生的事情受儿童期因素影响,反社会行为和犯罪特质与倾向的发展始于子宫内和儿童期早期,生命的早期情况可能决定了谁将能成为一名严重违法活动者。要想在成年期终止犯罪,不仅需要社会提供变化的机遇,而且要激起违法者认知倾向的转变,从而不再犯罪。所以,对犯罪的干预不能坐等犯罪生涯成熟之后再进行,协助高风险儿童,对她们进行干预计划永远不会太早。② 根据该理论,尽管H省女犯的年龄高峰主要集中于成年期阶段,但这并不意味着相应的犯罪预防措施可以不涉及未成年时期女性的发展和教育。生命早期的生活事件对现在和将来的行为具有极强的决定力,故早期干预同样是预防成年女性犯罪的有效手段之一。

---

① 李希慧、廖梅:《当代西方女性主义犯罪学思想介评》,载《思想战线》2004年第5期。
② 参见[美]布兰登·C. 韦尔什、[英]戴维·P. 法林顿:《牛津犯罪预防指南》,秦英等译,中国人民公安大学出版社2015年版,第21—39页。

2. 正确处理犯罪预防与被害预防的关系。被害预防与犯罪预防的着眼点有所不同，前者着眼于作为犯罪被害人或潜在被害人的团体或个人为避免犯罪侵害的自我防卫，后者则着眼于社会团体及个人对犯罪行为的主动出击。但是，换个角度看，被害人或潜在被害人的自我防卫，实际上是社会团体、组织以及个人对犯罪预防活动的参与；社会共同体对犯罪主动出击式的犯罪预防，实际是社会共同体及个人为免遭犯罪之害而采取的自卫行动；①再者，女性犯罪人特有的"恶逆变性"，即多数女性犯罪人都是由被害人转变为犯罪人，决定了女性犯罪预防需侧重于对女性"恶逆变"的预防，着眼于使女性不成为"被害人"，突出对女性的保护和教育措施。因此，从这个角度说，被害预防实际上是犯罪预防的一个侧面，是其应有内容之一，故此处不对被害预防作专门探讨，女性犯罪的被害预防已经寓于女性犯罪预防之中。

（二）预防女性犯罪基本模式的选择和基本内容的展开

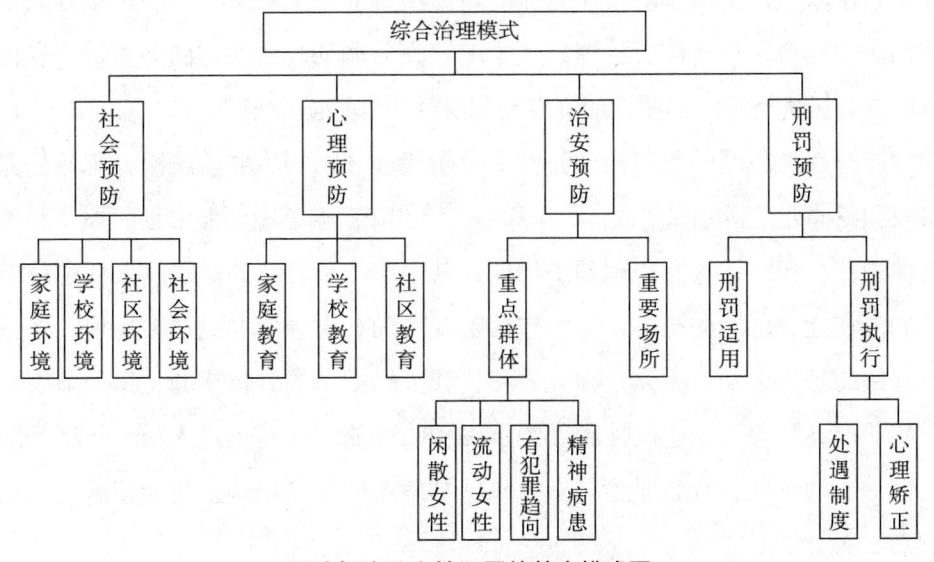

预防与治理女性犯罪的基本模式图

---

① 许章润：《犯罪学》，法律出版社2016年版，第250页。

本书采用综合治理模式作为预防女性犯罪的基本模式。综合治理模式，又称社会治安综合治理模式，是指在各级党委和政府的统一领导下，动员和组织全社会的力量，运用政治的、法律的、行政的、经济的、文化的、教育的等多种手段，打防结合，标本兼治，对违法犯罪问题进行综合整治，从根本上预防和减少犯罪，维护社会秩序，保障社会稳定。[1] 综合治理是一种开放性的、全方位的犯罪预防模式，参与主体包括中央、地方政府、企事业单位、社会团体，甚至个人，该模式强调多元主体应当具有一致目标，在不同环节运用不同手段防范和打击犯罪行为。

之所以选择综合治理作为女性犯罪预防的基本模式，不仅是因为该模式具有中国特色，是在充分实践的基础上结合中国国情形成的；而且，由于女性犯罪的犯罪原因不仅涉及政治、经济、文化、社会、教育等宏观层面的问题，还涉及家庭、学校、社区等微观层面的问题，同时还与个体生理、心理因素紧密联系，所以预防女性犯罪的对策不可能是单一的，只能是多方面预防措施的结合，只有综合治理模式才能够充分调动社会各方面的力量，发挥各层次各机构特有的作用，使之参与到女性犯罪预防中来。

针对女性犯罪的预防措施将分三个阶段展开，即犯罪前阶段、犯罪征兆阶段和犯罪或重新犯罪阶段。[2] 本章第二节和第三节着眼于犯罪前阶段，讨论女性的社会预防措施和心理预防措施，其中第二节介绍的是建设女性主体所处的外在社会环境的措施，其中包括宏观层面和微观层面的社会环境，第三节介绍的是关于女性主体自我完善和自我人格健全的具体措施。第四节着眼于犯罪征兆阶段，论述女性犯罪的治安预防措施，即对重点人员，包括闲散女性、流动女性、有犯罪趋向女性和精神病患的控制措施，其中还涉及对重

---

[1] 许章润：《犯罪学》，法律出版社2016年版，第257页。
[2] 参见李春雷：李春雷、靳高风：《犯罪预防理论与实务》，北京大学出版社2006年版，第23页。

点行业和场所的防范。第五节着眼于犯罪或重新犯罪阶段,主要介绍女性犯罪的刑罚预防措施,即在审判与量刑阶段可采取的法律制裁手段和在刑罚执行阶段对女犯所采取的教育矫治手段。

社会预防、心理预防、治安预防和刑罚预防四者构成一个有机联系、运转协调、相互配合的女性犯罪预防系统,确保各级人民政府、企事业单位、社会团体和组织、个人都充分参与到女性犯罪预防的工作中来,这也符合我国社会治安综合治理动员整个社会力量的基本要求和"打防并举,标本兼治,重在治本"的基本原则。

第二节 女性犯罪预防之社会环境的建设

女性犯罪预防之社会预防的理论基础在于社会控制理论,特拉维斯·赫希认为任何人都是潜在的犯罪人,个人与社会的联系可以阻止个人进行违反社会准则的越轨与犯罪行为,这是因为犯罪行为会导致犯罪人与朋友、父母、邻居和重要的社会机构如学校、工作单位等的联系的破坏,对这种关系被破坏的恐惧,可以控制个人不去进行犯罪行为。[①] 据此,对女性犯罪的早期干预应当从保障女性与家庭、学校和社会的紧密联系入手。笔者认为,要想加强女性与传统社会机构之间的联系,就必须保证传统社会机构能够为女性提供一个健康良好的成长环境,能够为女性提供充分的保护和教育,使之愿意参与到传统社会机构的社会活动中去,从而发挥机构对女性的控制作用。故本节从女性所处的社会环境建设出发,提出行之有效的预防犯罪的措施。

---

① 参见吴宗宪:《西方犯罪学》,法律出版社 2006 年版,第 386 页。

社会环境可以分为宏观社会环境和微观社会环境，前者主要涉及社会形态、政治、经济、文化等多方面，对女性的影响普遍而间接；后者主要涉及家庭、学校、社区等，对女性的影响则具体而直接。①对女性所处的宏观和微观环境的改造的目的在于在全社会建立起预防女性犯罪的社会文化和社会心理，形成健康发达的犯罪免疫系统，减少甚至消除产生女性犯罪现象的各种社会因素。②篇幅所限，对女性所处的宏观社会环境并非寥寥几笔就可以论述清楚的，故此处笔者主要论述微观社会环境的建设，捎带提及宏观社会环境的改善。

一、建设性别平等的社会环境

长期以来，女性一直被社会刻板印象和社会固有角色所主导，为社会歧视与偏见所困扰，在教育、就业等方面受到不公平对待的状况时有发生。这其中虽然不乏有几千年的封建思想和传统价值观的影响，但是也有我国促进性别平等、保护妇女权益的法律和机制不健全的原因。所以，建设良好的宏观社会环境应当从改革社会性别文化和建构完善的女性权益保障机制入手。

（一）观念层面：引入社会性别意识

受我国长期的男权社会历史以及根深蒂固的"男尊女卑"思想影响，政策制定者一旦缺乏性别意识，就容易制定出倾向于男性而忽视女性利益的公共政策，从而导致事实上的不平等。③《中国妇女发展纲要（2011-2020年）》中特别强调对文化和传媒政策进行社会性别分析、评估，使其能够反映男女两性的不同影响和需求，制定促进两性和谐发展的文化和传媒政策，禁止性别歧视，并将社会性别意识纳入法律体系和公共政策，促进妇女全面发展，

---

① 许章润：《犯罪学》，法律出版社2016年版，第163页。
② 赖修桂：《女性犯罪研究》，法律出版社2013年版，第261页。
③ 赖修桂：《女性犯罪研究》，法律出版社2013年版，第254页。

促进两性和谐发展,促进妇女与经济社会同步发展作为未来妇女发展的主要目标。

事实上,"将性别意识纳入法律体系和公共政策"不仅要求政策制定者在制定文化和传媒政策时引入社会性别分析方法,而且要求在制定所有政策和法律时将社会性别作为分析的理论框架或科学方法,特别是要从女性角度出发,分析法案或决策将会对女性群体产生何种影响,评估这种影响是否存在不平等的嫌疑,是否能够促进实质意义上平等的实现,而后决定政策或法律的颁布与否。所以,应当加强社会性别理论培训,将社会性别理论纳入立法、司法和执法部门常规培训课程,提高立法、司法和执法人员的社会性别意识;与此同时,将社会性别分析方法作为制定审核法律和政策时必须运用的策略,并且强制规定在审核报告中应当提交社会性别方面的分析报告,从而提高政策制定者的性别意识和运用社会性别分析方法的能力。

除了将性别意识和性别分析法引入政策制定过程中,还应当构建社会先进性别文化,将性别意识引入社会生活中。在社会层面上,各类社会组织,如全国妇联等也应当充分开展宣传活动,如通过传统媒介,如报纸或杂志等刊物解释我国妇女发展纲要、男女平等的基本国策以及《婚姻法》《妇女权益保障法》等法律文件;还可以与新型媒介,如微博、微信等合作,发起热门话题或热门文章,发布微电影、微视频等促使全社会加入到性别平等的讨论中来。在个体层面,除了号召具有主体意识的女性加入宣传构建社会性别文化的活动中来,还应当鼓励男性加入促进性别平等的活动的策划、组织和举办过程中来,引导他们主动分析社会中存在的性别不平等现象,从而帮助男性群体接受性别平等的观念。

(二)制度层面:完善女性法律权益保障机制

我国虽然形成了以《宪法》《婚姻法》《劳动法》《妇女权益保障法》《反家庭暴力法》为主体的一系列法律制度,但是这些法律制度大多原则性较强,可操作性和可诉性较弱,在具体权益保护和维权方面无法发挥实际作用。所以,为了更有效地保护女性权益,仍然需要进一步开展立法完善工作。

一方面,将社会性别分析方法纳入法律的修改和制定过程中,结合中国当下依然是男权文化支配下的男权社会的现实,对《婚姻法》中共同财产制的规定,特别是有关婚前个人财产的分配、父母赠与房屋的分配以及农村土地承包权和宅基地使用权分配进行再考察和修改,[①]充分保护离婚女性和丧偶女性的财产权;同时,贯彻落实《立法法》中有关法规政策的备案审查制度和程序的规定,依法加强对违反男女平等原则的法规政策的备案审查,并对现行法规政策中违反男女平等原则的条款和内容进行清理。

另一方面,对《婚姻法》《反家庭暴力法》中的相关规定予以细化,出台相应的实施细则和配套制度,如家务劳动补偿的相应评估制度、紧急庇护制度中庇护所的创建细则、人身安全保护令制度中保护令的颁发和执行细则。除此之外,我国还应当针对妇女权益保障中的突出问题,推动诸如社会安全法、反歧视法等法律及配套法律的完善工作,完善相关法律中关于女性等弱势群体保护的规定,有效保障妇女在政治、文化、教育、人身、财产、劳动、社会保障、婚姻家庭等方面的权利。

二、构建家庭、学校、社区三位一体的社会支持网络

家庭、学校和社区构成了社会成员最早接触和接触频率最高的微观环境,对个体人格的形成以及行为模式的选择能够产生决定性的影响。虽然多数成年女性已经步入社会,只有少部分女性依然处于学校环境中,但是这并不意味着探讨原生家庭环境因素和学校环境因素对女性犯罪的预防没有意义。相

[①] 参见包雯、张亚军:《女性犯罪人被害化调查研究》,中国检察出版社2015年版,第114-122页。

反,生命早期的生活事件对现在和将来的行为具有极强的决定力,特别是家庭关系,包括父母管教的质量、子女与父母的感情联系都与持久型犯罪行为紧密相关,那些在早年就表现出反社会性的儿童,往往就是那些最有可能在成年后继续其犯罪生涯的人。① 所以,在探讨成年女性犯罪的社会预防措施时,同样有必要从其生命早期所处的社会环境,即原生家庭和学校出发,研究如何将犯罪倾向扼杀于萌芽之中。

(一)构建女性的社会支持网络

1. 减少问题家庭的不良影响,促进女性健康成长

原生家庭是女性社会化的首属环境,对女性人格的塑造有着奠基作用,它在人的社会化过程中的作用是其他群体、其他途径所不能替代的。调研中发现,生活在单亲家庭、留守家庭以及父母丧失监护能力的家庭、存在性侵现象的家庭的女性比例较大。她们往往因为无法感受到家庭的温暖,丧失了对父母的依恋,再加上在学校因成绩较差或其他原因无法获得老师的赞赏,便到社会上寻求同伴群体或配偶的感情寄托。这类群体极易受到不良交友的影响,走上犯罪道路。

案例1:"我要报复出轨的父亲"。因小姨成为父母婚姻的第三者,破坏了张某幸福美满的家庭,张某觉得非常丢脸,为报复父亲并发泄对父亲的恨意,她决定能变多坏就变多坏,要做出比这件事更加丑陋的事。为了麻痹痛苦,她将全身都纹上不同的图案,与多个男生同居,甚至还沾染上毒品。刚进来时,张某不服管教,常常因与其他人打架而被关禁闭。管教人员发现家庭变故对其影响较大,由于缺乏解决问题的能力,再加上极端的性格,她才走上歧路。管教人员对其给予更多的关心和爱护,这才使其敞开心扉,并将自己的经历写成文字,以此激励那些与其有着相同经历的人,警示她们不要自暴自弃,万不可通过毁灭自己这种愚蠢的方式报复父母、报复社会。

---

① 吴宗宪:《西方犯罪学》,法律出版社2006年版,第453页。

在这个故事中，如果当时张某的父亲和母亲能够给予她更多的关注和爱护，与其多沟通、多交流，或者有一位合格的长辈为其指点迷津，或许她就不会走上歧路。对于像张某之类生活在离异家庭或留守家庭中的女性，必须帮助她们形成对父母或其他成年群体的依恋，从而减少异常结构家庭对女性的影响。可采取以下两种措施：

第一，发展建设社区青少年事务中心，增加亲子交流的机会和渠道。可以借鉴"上海阳光社区青少年事务中心"的经验，在社区成立专门管理青少年事务的NGO组织（非政府组织），负责该区域内所属青少年事务社工的业务指导、管理和绩效考核；该组织可以充分发挥社工和志愿者的作用，对社区内生活在单亲家庭、留守家庭等异常结构家庭的儿童，尤其是女童提供帮助和社区服务；同时，该组织可以利用周末开展社区亲子运动会、利用寒暑假时间开展"亲子夏令营""亲子接触中心"等活动，号召单亲家庭的父母和孩子参与到活动中来，为这些单亲家庭的孩子提供与非监护人接触的渠道，创造舒适的接触环境，从而帮助单亲家庭的孩子健康成长。

第二，完善本土化的"大哥哥大姐姐"指导计划。该计划最早被应用于美国教育领域，具体做法是：社区与学校之间签署有关合作协议，由学校挑选学生自愿加入这项计划。这些志愿者一般由专业社工挑选、培训并监督，并且还必须与其他志愿者组成小组，互相监督。志愿者们与社区内离婚家庭的孩子结成对子：以母亲为监护人的男孩与大哥哥结对，以父亲为监护人的女孩则与大姐姐结对。一般要求结对时间至少为两年，最长可至结对者退出项目或已满18周岁。[①]我国在充分借鉴有益经验的基础上也发展出很多本土化的指导计划，如"星语星愿"计划。但是，很多本土化指导计划由于服务年限较短和多对一的服务形式所限，无法达到预期效果。研究表明，指导计

---

① See Peter Fracknall and Alan luks, An Evaluation of Parental Assessment of the Big Brothers/Big Sisters Program in New York City,27 Adolesence.715(1992).

划的影响力与指导者和被指导者接触的时间长短之间存在密切的联系,每个星期甚至更加频繁的指导更富有成效。① 因为在长时间的一对一的接触下,双方能够形成较高质量的和长期的关系,被指导者更容易对指导者产生依恋。而我国所采取的被动的、多对一的活动形式无法促进指导者与被指导者之间的感情培养,甚至将互助项目的性质转变为多人志愿活动,大大减损了项目本身的效用。笔者认为,为提高项目效果,本土化的指导计划应当引入一对一的介入模式,并且考虑从初高中生、大学生群体中吸收志愿者,进行筛选和专门培训后签订协议,确认服务期限;服务不足年限的,应当履行违约责任并且在其诚信系统中留下记录;服务满年限的,应当颁发证书;服务超年限且结对效果显著的,应当给予适当奖励,从而促使青少年积极参与到社区服务项目中来。

案例2:"绝望的人生"。徐某已经是四进宫了,盗窃是家常便饭,就连监狱也变成每隔一段时间必然拜访之地。显然,她对这里已经熟悉得不能再熟悉。由于徐某是为获取毒资而实施盗窃等侵犯财产犯罪,每次刑期并不长,这也导致她无法得到有效的改造。第一次进来时,她就和管教人员讲述了自己从小被父亲性侵而母亲在旁冷眼相待的经历。徐某这样说道:"我的人生注定就是这样一个绝望的人生,谁都拯救不了我,所以你们也不要浪费时间了。"徐某十几岁离家,至此流落社会,一直与混混儿一起生活,甚至还生了一个孩子,无人抚养。

对于徐某,所有人都束手无策,只有惋惜和喟叹。诸如徐某一样的人该何去何从,社会又能够给予她们怎样的有效帮助呢?这恐怕是一个无解的问题。我们能做的只有避免更多的"徐某"出现。因此必须建立健全女性监护监督机制,加强对女童的监管和保护。第一,在国家民政管理部门下设专门

---

① [美]布兰登·C. 韦尔什、[英]戴维·P. 法林顿:《牛津犯罪预防指南》,秦英等译,中国人民公安大学出版社2015年版,第233页。

的监护监督机构,建立和管理专门的监护人档案;监护监督机构可以派遣或指定基层组织中的专人负责,定期走访未成年人生活的家庭,向监护人、被监护人和邻里了解监护人履行监护职责的情况,并将调查情况如实记入监护人档案;①一旦发现存在父母失责、监护不力,特别是存在性侵现象的,应当及时向基层组织反映,进行干预和帮扶;若在多次警告后还不改正或行为涉嫌刑事犯罪的,社区基层组织应当及时联系当地公安机关,给予相应行政处罚或启动刑事司法程序。第二,细化国家监护人制度,实现国家对未成年人的监护义务。新出台的《民法总则》规定,没有依法具有监护资格的人的,监护人由民政部门担任,也可以由具有履行监护职责条件的被监护人住所地的居民委员会、村民委员会担任。对于那些父母因吸毒或其他行为丧失监护能力的或父母因性侵子女而被取消监护资格的女童,国家应主动委托他人进行监护,并对监护情况进行监督;无法找到其他亲权监护人的,则由国家监护人行使监护权。民政部门应当设立更多的儿童福利机构,根据未成年人的情况采取集中收养、家庭寄养等安置措施。②

2. 加强校园纪律管理,建设良好校园文化

笔者通过访谈了解到,很多女性都是在校园中沾染上不良习惯的,学校本是未成年女性接受教育的重要场所,是实现个体社会化的重要环节,但是由于校园纪律管理松懈,不良风气蔓延至校内,很多未成年女性由于缺乏社会经验,容易受到不良风气的影响,沾染上不良习惯,最终走上犯罪道路。

案例3:"好学生"的反转人生。郝某家庭幸福,成绩优异,一直是公认的好学生,还被学校当作重点培养对象。事情的转折发生在初一下学期,学校里的"恶霸"盯上了郝某,频繁地向其索要钱财。郝某因怕被报复,不敢

---

① 参见聂阳阳:《未成年人监护制度之反思与重构》,载《北京社会科学》2008年第6期。
② 参见郭开元:《青少年犯罪预防的理论和实务研究》,中国人民公安大学出版社2014年版,第81—82页。

反抗，只能频繁地向父母要钱，父母因此产生怀疑并拒绝给郝某零花钱。因为没有交"保护费"，郝某被恶霸教训了一顿，甚至在众目睽睽之下被扇了几巴掌。郝某曾因手机被抢向警方求助，却没有得到相应的处理。由此，郝某决定做一个不被别人欺负的人，开始拉帮结派，打架斗殴，沦为家长和老师公认的"坏学生"。辍学之后，郝某沾染上毒品，为了获取毒品，又开始为毒贩介绍其他女孩前去吸毒，最终被抓获。

这个"好学生"是如何一步步地滑向犯罪的呢？校园欺凌逼迫她走上"自保"之路，松懈的学校管理致使其受害，而后成为加害者，家长和学校的漠视使暴力充斥在这个"好学生"的生活中。所以，要想有效地预防女性犯罪，就必须加强校园纪律管理，建设良好校园文化，为女性提供一个健康向上的成长环境。

第一，抵制校园欺凌，建设良好校园文化。良好的校园文化，特别是抵制校园欺凌的文化对女性的成长具有至关重要的作用，而学校的灌输是校园主流文化的决定性因素，故学校可以通过闭卷考试或开学第一课的形式普及校园行为规范，帮助学生形成正确的行为期待；在日常教学中，可以通过校园媒体，如广播台、校报、校刊等形式弘扬主流的价值观念；开展各项文体活动，增加女性对社会行为模式的认识和了解，澄清对校园行为规范的错误认识。同时，学校可以在校园内外的欺凌高发地点加强监管，并在全校范围内开展对校园欺凌行为的讨论和抵制；强化关于校园欺凌的行为规范，加大对该行为的处罚力度，对学生形成一定的威慑；老师可以对已经发现的欺凌者和受害者进行个人辅导，必要时可以联系校园心理咨询室介入对女性实施心理辅导和心理疏导。

第二，制定校纪校规，加强校园纪律管理。研究发现，当学校对学生进出校园进行控制，学生们感受到学校规范的公平性和一致性的时候，校园内的问题行为就比较少。在制定针对问题行为的规范和政策时，让学生参与，也有助于减少问题行为。①据此,学校应当制定确定、明晰的校纪校规,并将这些规则和违反规则的后果传达给学生以及家长。每个学年定期收集学生对校规校纪的建议,根据建议适当修改相应规定。另外,控制人员进出,严格课堂考勤制度。班主任和任课老师应当对课堂、早自习和晚自习的出勤率进行检查,以便及时发现逃课缺课学生,掌握学生的行踪;上课时间出入校园的,除了有老师带领之外,必须有班主任签名的请假条,才能允许学生在非自由时间进出校园。

(二)加固成年女性的社会支持网络

1. 减少家庭暴力,建设和谐家庭

随着女性迈入成年期,新生家庭和工作单位成为女性活动的集中区域。由于受到"男主内,女主外"传统性别秩序观念的影响,成年女性的生活重心向新生家庭倾斜,部分女性甚至放弃了对自我独立价值的追求,转而通过家人在社会上的成就来间接实现自身价值。所以,新生家庭环境对成年女性的社会化至关重要。调研中发现,夫妻之间存在家暴或长期冲突,或配偶一方有吸毒、赌博等恶习的女犯占比34.3%,夫妻矛盾和家庭暴力已经成为女性暴力犯罪的主要原因。

案例4:"我的忍让最终逼我走上绝路"。董某的丈夫脾气暴躁,喜欢通过暴力解决问题,发起脾气来,连自己的母亲都逃不过他的拳脚。董某丈夫的父亲也是一个动辄对妻子拳脚相加的男人,在这个家庭中,暴力已经司空见惯。在忍受丈夫长年家暴后,董某终于在一次对峙中将丈夫杀害。服刑期间,她一度痛不欲生,迷茫而又无助。管教人员在了解她的情况后,对其开展了家庭暴力主题讲座和心理疏导。董某这才知道,像自己这样受暴的女性还有

---

①[美]布兰登·C.韦尔什、[英]戴维·P.法林顿:《牛津犯罪预防指南》,秦英等译,中国人民公安大学出版社2015年版,第293页。

很多,而从暴力中解脱的方法并不是只有杀死施暴者这一种,这是最糟糕的解决办法。董某说道:"如果那时候,有人能够拉我一把,警察能多管管,或许我就不会走上这条路"。

事实上,把董某送上这条路的是她自己的步步后退和忍让,是周围人"事不关己,高高挂起"的态度,是我国对受暴女性救助制度和措施的不完善。《反家庭暴力法》已经于2016年3月正式出台,该法以受害者权益保护为本位,设立了若干机制,如告诫书制度、人身安全保护令制度等,以充分保护受害者权利。各地政府应当尽快细化《反家庭暴力法》中相关规定,并且采取相关实践完善立法中的不足。

第一,各地应当完善庇护制度,建立女性庇护所。可以借鉴外国经验,在各级人民政府成立"家庭暴力防治委员会",由该委员会管理反对家庭暴力的基金项目,包括庇护机构成立及运营基金、公安及司法机关服务培训基金等。关于专项基金的用途,今后可以考虑将地方政府中的部分资金通过公开招标评审的方式下拨给专业的非政府组织,由非政府组织对现有"叫好不叫座儿"的临时庇护所进行改造,完善庇护所服务环境和服务功能,选派有医疗、心理治疗经验的工作人员负责受害人的庇护救助工作。[①]

第二,完善配套机制,确保人身安全保护令的有效实施。配套出台相关司法解释,完善有关人身安全保护令相关证据制度;明确人身安全保护令的经济措施,责令施暴者给予申请人生活费或其他财产补偿,以解决女性受害者在经济方面的顾虑;将人身安全保护令的执行情况列入各单位的考核范围,确保人身安全保护令的执行效果。[②]

---

① 黄炎:《国际人权法视角下我国反家庭暴力的立法与实践》,载《青少年犯罪问题》2016年第4期。

② 参见裴荣欣:《论人身安全保护令在反家庭暴力中的适用与完善》,载《法制与经济》2017年第1期。

第三，建立对施暴人的矫治系统。尽管《反家庭暴力法》第22条规定，工会、妇联、居委会等组织在必要时可以对加害人进行心理辅导，但是我国社会工作者的水平并不足以支撑其开展专业心理疏导。故政府应当采取积极的扶持政策，如鼓励有资质的心理咨询师开办专业的家庭咨询机构，并在一定条件下给予免税或其他政策优惠，同时与社区签订合同，在必要时派遣专门心理咨询师介入社区基层组织对施暴人展开心理矫治和疏导。

除了完善和细化《反家庭暴力法》相关规定外，针对现实生活中频发的夫妻矛盾或冲突，基层妇联组织可以在社区中建立婚姻家庭调解中心，对工作人员进行培训，使其能够为来访的夫妻提供有效帮助，化解家庭矛盾；另外，基层组织可以进行排查工作，将每户家庭、每名妇女都列入排查范围，成立工作小组，2-3人一组，对本辖区内的家庭定期走访排查，尤其将群众反映较为集中的家庭暴力、赡养老人、配偶外遇等问题作为排查重点，对排查出的问题进行登记，认真分析研判后及时处理。情况严重的，可以帮助受害女性联系司法机关和庇护机构，以防家庭暴力对受害女性造成更大的伤害，导致"恶逆变"的发生。

2. 丰富社区活动，创建社交平台

研究表明，女性往往比男性更注重人际关系，所以，她们更容易受到人际交往的影响。调研中发现，朋友圈中有违法犯罪人的女犯占比54.7%，而很多女性都是受到亲密朋友的直接影响而走上犯罪之路。由于受到传统性别秩序观念的影响，大部分女性依然将自己的生活重心放在婚姻和家庭生活中，自身的社交圈十分狭窄，一些家庭主妇由于常年困于家庭琐事中，甚至丧失了自身的人际交往。社区是传统女性活动的集中场所，也是最重要的社会交往平台，所以，创建良好社区文化，搭建良性社交平台，对女性的发展至关重要。

第一，社区应当进一步发挥其服务性功能和作用，大力加强妇女组织建设,开设社区工作机构,统筹社区女性发展工作。一方面,社区应当完善基础设施,特别是通过兴办文体设施,如图书室、健身场地、展览馆等满足女性的精神需求和健康需求;开办手工陶艺培训课程、文化沙龙、社区文艺队等丰富社区女性的娱乐休闲活动;定期举办社区女性座谈会、联欢会等促进社区女性交流,为女性的正常社会交往创造条件。另一方面,可以组织志愿活动,建设社区志愿者队伍,号召广大成年女性加入到志愿者行列,投身于促进儿童、妇女和老人发展事业等志愿服务活动中,在为社会创造价值的同时,实现自身价值。

第二,净化社区环境也是建设良好社区文化的一部分。在访谈中发现,很多涉毒女性都是在麻将室、棋牌室等场所内被朋友引诱染上毒瘾后实施了自以为是"给朋友帮忙带货"之类的小事,而最终被抓获。所以,除了帮助这类女性培养良好兴趣休闲方式外,社区基层组织还应当密切关注所辖范围内的麻将室、棋牌室运营情况,一旦发现场所内存在吸毒、赌博等违法行为,及时联系公安机关,对该类场所进行整顿,及时制止违法犯罪行为发生。

第三节 女性犯罪预防之健全人格的培养

自我控制能力低作为犯罪的原因之一,被诸多学者所认可。雷克利斯认为,犯罪是个人内在的控制能力和社会中存在的外部控制因素缺乏的结果,其中,最重要的内部遏制因素是一个像绝缘体那样起作用的、排斥违法犯罪行为的自我概念。这种自我概念主要是指个人自身具有的阻止个人进行犯罪行为的力量,主要包括自我控制、良好的超我、较高的挫折耐受力、降低紧张的合理化技巧等。①赫希还认为，社会控制只有达到影响自我控制的程度时才与解释犯罪行为有关。②所以，笔者认为，在探讨女性犯罪预防时，有必要在论述外部社会环境建设后，讨论女性自身控制能力的培养对犯罪的抑制作用。

自控能力作为精神性存在的人所特有的一种能力，是由人的道德感、社会责任感、良心、羞耻心等组成的一套自我调节和行为缓冲机制，能够使人在复杂的情境中和行为发生的临界点表现出充分的理智和冷静，不发生过激行为。③自控能力的培养和强化是心理预防的主要目的之一，也是健康人格培养的应有内容。本节并不限于对自控能力培养的讨论，而是着眼于女性健康人格的社会培养和自我修养，提高女性的社会认知能力、社会适应能力和自我控制能力，提出具体的预防措施。

一、女性健康人格培养的基本途径

在联合国官方文件中，与妇女发展联系最紧密的就是"赋能授权"这四个字眼。"授权"是指赋予女性权利，而"赋能"是指通过培训赋予女性能力，这里的培训主要是指各类型教育培训，包括家庭教育、学校教育、集体教育、人际交往等，而这些恰好也是女性培养健康人格的根本途径。健康人格培养的基本途径包括社会培养和自我培养两种渠道。社会培养，又称社会化，是个人借以学习社会规范和价值、生产生活知识和技能，并形成人格特质的过程。传授、学习社会文化和规范的基本方式主要有家庭教育、学校教育、集体教育、人际交往几种，主要内容含括道德规范、法律规范、社会习

---

① 参见吴宗宪：《西方犯罪学》，法律出版社2006年版，第384页。
② 参见［美］乔治·B.沃尔德、托马斯·J.伯纳德、杰弗里·B.斯奈普斯：《理论犯罪学》，方鹏译，中国政法大学出版社2005年版，第239-246页。
③ 许章润：《犯罪学》，法律出版社2016年版，第285页。

俗、行为模式和科学文化知识。①而自我培养依赖于自我观察和自我评价，其与社会适应能力和自我控制能力息息相关。社会适应能力和自我控制能力的培养在早期都是通过家庭教育、学校教育和社会教育完成的。综上，培养健康人格必须通过家庭教育、学校教育、人际交往等手段学习道德规范、法律规范、科学知识和人际交往技能，从而提高自身控制能力、心理调节能力和社会适应能力。

调研中发现，大多数女犯的文化水平并不高，一般集中在初中水平。很多女犯由于未能接受系统的素质教育，价值观和人生观不健全，易被社会上的不良风气和不良文化所感染，走上歧路；还有一部分女性由于缺乏法律基础知识和法律意识，实施了违法犯罪行为后不知反省，反而抱怨司法不公正；另外一部分女性因为心理调节能力较差，面对工作和婚姻带来的双重矛盾，无法正确处理自己的消极情绪和压力，致使情绪性犯罪的发生。所以，必须加强女性的道德教育、文化知识教育、法制教育和心理教育，帮助女性树立正确的价值观，培养法制意识，提高自控能力、社会认知能力和心理调节能力，增加抵制犯罪行为的砝码。而这些能力的培养和知识的传授都必须通过家庭、学校、社会三种渠道进行，所以本节着重于探讨家庭教育、学校教育和社会教育的开展。

二、女性健康人格的初步塑造和培养

青少年时期是人类社会化的主要阶段，也是个体人格塑造和培养的关键阶段。在这一阶段，未成年女性主要通过接受系统的家庭教育和学校教育完成个人的社会化。这种长期性、系统性的教育手段对人格的塑造和价值观念的形成具有稳定的、长期的、奠基的作用。研究发现，父母抚养方式不正确、师生关系不好、没有学习动力等都是导致个人犯罪的风险因素。

---

① 参见许章润：《犯罪学》，法律出版社 2016 年版，第 283-293 页。

（一）加强对父母抚育行为的培训

案例1："溺爱是种毒药"。徐某的出生或许是个错误。徐某的妈妈是知青，下乡后认识了徐某的父亲，并生下了她。当国家开始鼓励知青回城时，徐某的妈妈想要回城，却不想带着徐某一起回城，就将她留给了闺蜜。养母结婚后，在当地发展得不错，甚至有了一定的社会地位。养父母觉得徐某很可怜，对她非常溺爱，管得也比较松。徐某上初中后，结交了社会上的混混，并染上毒品，成天打架斗殴，男女关系极度混乱。养父母觉得非常丢脸，于是决定与徐某脱离关系。当时正被关在看守所里的徐某得知这一消息后，试图吞玻璃渣自杀。徐某的恶劣行径愈演愈烈，在进入监狱后，又与另一名女犯勾结到一块，横行霸道，经常被关禁闭。管教人员深入考察了她的家庭情况，认为徐某的根本原因在于缺乏规则意识和教育，于是成立了严管小组，将徐某和另外两人分成一组，三人24小时待在一起，并缩小其活动范围，一旦行动必须汇报。就这样一年多后，徐某有了较大变化，开始学会遵守监规监律。管教人员还试图与徐某的父母联系，希望他们能来看看徐某，给予她一定的支持；同时鼓励徐某与养父母联系，获得他们的原谅。最初，养父母一听到徐某的声音，便立刻挂掉电话，全然不理睬徐某。后来，管教人员鼓励徐某给养父母写信，详细告诉她们自己发生了什么变化、学到了什么，慢慢地徐某取得了养父母的谅解。养父母后来给徐某回信，让她在里面好好改造，并许诺出狱后会重新接纳她。徐某已经出狱两年多了，现在自己开了公司，有声有色地生活着。

读完这个故事，我们一边庆幸徐某能够开启新的生活，一边却又为其二十年的年华感到惋惜。如果徐某的养父母能够采取正确的抚育方式，教会她规则意识，并在其第一次犯错时给予充分的惩罚和教育，或许徐某就不会越陷越深。如果徐某的养父母不那么武断地和她断绝关系，弃她于不顾，而是耐心地引导徐某走上正道，或许她也不会在高墙内度过几年时光。父母教育失败是类似于徐某这样的女性走上犯罪道路的主要原因，针对这类犯罪原因，我们应当从加强对父母抚育行为的培训入手，切切实实地发挥家庭教育在女性健全人格培养中的作用。

对此，社区可以开展有效的育儿课程项目，提供多个时间段供父母选择，以便其在空闲时间参加培训课程。该项目可以组织父母观看介绍教养方法的录像而后进行集中讨论，主题包括如何与子女游戏、如何帮助子女学习、如何帮助女孩树立正确的性别观念和独立意识等；还可以邀请保健专家和儿童专家在听取父母的讨论后给予适当建议，或者对一些特殊家庭给予单独指导；还可以通过角色扮演、邀请孩子与父母共同参与技能培训项目等方式提高项目效果，[①]教授父母解决问题的办法，帮助他们改善抚育方式。总之，社区应当积极引导家长接受家庭教育指导服务和家庭教育实践活动，多形式、多渠道普及和宣传家庭教育知识，帮助家长树立科学的教育理念，掌握正确的教育方法，这也是中国妇女发展纲要文件中明确要求的。

对父母抚育行为进行培训是学龄前干预计划的应有内容，只有通过对儿童和父母的同时干预，才能将风险因素早早地扼杀在摇篮之中。学校除了采取对父母抚育行为进行培训的方式之外，还可以鼓励父母参与到孩子的情绪认知和调节的课堂中来，使之能够更好地配合课程进度，在课外进一步锻炼孩子的相关能力。

需要强调的是，这些项目课程除了改善父母抚育方式之外，还必须教导父母家庭教育的应有内容。除了普遍的科学文化知识教育、道德教育和行为规范教育外，青少年女性的父母应当注意加强女孩的女性学教育和心理教育，即帮助女性树立正确的性别意识和性别角色，培养女性的主体意识和独立意识，配合学校情绪调节和心理教育课程提高女性心理调节能力，从而帮助她们做到自尊自信、自立自强。

---

① 刘建宏：《国际犯罪学大师论犯罪控制科学》，人民出版社2014年版，第5页。

（二）完善学校教育内容

案例2："没有人试图走进我的内心"。曹某是"90后"，还是一名大二的学生，因杀害自己的朋友而入狱。在刚进来时，曹某不和任何人说话，做工又跟不上，经常偷偷哭泣。管教人员并没有因此丧失信心，反而对她愈加关注，常常把她叫来谈心。当管教干警试探性地问起她的童年生活时，曹某的眼泪掉了下来。原来，小学时，曹某与爷爷奶奶一起生活，住在大伯家里，被大伯家的哥哥性侵了三年。这使她讨厌与男孩交往，却又把自己打扮成男孩的样子，与其他女孩交往。因为她觉得男人是可以控制别人的。没有人发现曹某的转变是由于什么原因，父母也只是把这种行为看做是青春期叛逆的表现。曹某在初中与同性恋爱了，她们约好上同一所大学，却没能如愿。两人分隔异地后，那个女生交了男友，打算与曹某分手。曹某将初高中几年耗费在这个女生身上，一时无法接受分手。她不停地纠缠着这个女生，甚至拿刀威胁她，却在两人拉扯中不小心刀子戳进了女孩的身体里。曹某说："从来都没有人关心我心里在想什么，所有人都觉得我是要伤害她，但是我并没有这个想法"。管教人员对曹某进行心理评估后，认为曹某缺乏安全感和心理支持，防备心较重，心理调节能力差，于是采取各种办法鼓励她。管教人员经常当面夸奖她，开展活动时还特地让别的女犯讲曹某的优点。渐渐地，曹某敞开心扉，甚至还给管教民警作了一首诗。曹某说："20年来没有人关心过我，没有人尝试问我早期是否经历过什么，管教人员是第一个，也是最理解我的人。"

读完曹某的故事，我们仿佛看到一个满身伤痕、倔强却又胆怯的、在黑暗中踽踽前行的小女孩。这个女孩自卑怯弱，感情细腻，极易冲动，在偌大的世界中跌跌撞撞，最后再也支撑不住。在这个女孩身上凸显的是情绪调节能力低下和心理亚健康。她之所以能改造成功，是因为管教人员发现了根本原因，并针对此展开心理疏导，给她提供心理支持，这些本是父母和学校应该做的。如果她的家人或老师能够及时发现曹某的不对劲，特别是在其被哥哥性侵的三年中，如果能关注到曹某的变化，提供心理疏导和帮助，或许曹某就不会走上犯罪的道路。

上述两个案例都是体现出女犯情绪调节能力的缺失和社会对女性心理关注的缺乏。所以，帮助女性培养健康人格，应当从关注女性心理健康、培养女性情绪调节能力入手。由于前文已经论述过父母抚育对女性心理健康的关注，下面主要论述学校教育的完善。

第一，完善学龄前教育内容。现有的学前教育将重点过多地放在学术能力和认知技能的培养上，却忽视了自我约束能力和情绪调节能力的培养。事实上，这两种能力的培养对女童来说至关重要。很多实验表明，对于青少年反社会行为的风险性因素和保护性因素在儿童成长早期给予干预，相比在儿童发展后期进行干预效果会更好，特别是为正式入学准备的早期社会情绪发展和认知能力培养是减少个体行为问题的重要路径。①

可以借鉴美国促进替代性思考战略（PATHS）项目的经验，在我国幼儿园教育中引进 PATHS 课程。该课程主旨在于提升学生的交流水平和抑制控制能力，包括自我控制单元（小乌龟技术）、感受单元以及问题解决单元。自我控制单元主要教授小乌龟技术，即遇到问题时先冷静深呼吸，控制冲动，而后试图与教师讨论自己的问题与感受，教师可以对正确运用该项技术的孩子提供物质奖励和精神奖励，从而促进行为强化，增强女童的自我控制能力，改善人际关系，提高注意力。感受单元主要教授 35 种不同的情绪的含义，并通过让孩子为每个情绪制作自画像，即情绪面孔图片，同时附上自己解释性语句的方式促进女童对情绪和人际关系的理解。问题解决单元包括主要问题识别、感受识别、思考各种解决问题的方法并且对结果进行评价，最后选择

---

① [美]布兰登·C. 韦尔什、[英]戴维·P. 法林顿：《牛津犯罪预防指南》，秦英等译，中国人民公安大学出版社 2015 年版，第 73 页。

最好的计划。该单元旨在通过思考问题和解决问题的过程改善儿童的认知技能。大量实践表明,PATHS课程的效果是显著的,它不仅可以帮助女性解决情绪和人际交往问题,甚至还对儿童发展的其他领域发挥作用。[1]教育部门可以在充分研究和了解该课程的基础上,设计符合中国儿童的情绪认知和调节课程,并在幼儿园和小学低年级中进行试点,在有效评估该课程对中国孩子产生的作用后,向全社会的学前保育机构推广。

第二,拓展学校教育课程内容。学校教育应当从应试教育向素质教育转轨,抓住女性人格健全和形成的关键时期,开展青春期教育、心理教育、法制教育等内容,帮助她们正确看待两性关系,树立珍爱生命的意识和独立意识,增强法制观念,培养规则意识,明确行为的边界。[2]学校应当将法制教育与思政课程有效结合起来,注意法制教育课程内容的针对性和连贯性,即针对不同年龄段学生的认知特点,讲授不同的内容。如小学教材应当主要采用生动形象的典型案例进行常识教育;初中教材应当以掌握我国的法律体系、司法系统,了解《宪法》《立法法》等基本法律理念为重点;高中和大学教材则应当以介绍《民法》《刑法》《治安管理处罚法》等实用性较强的法律法规和被害预防教育为重点,培养学生识别违法犯罪行为的能力,提高女性的防卫意识和防卫能力,增强抵抗犯罪行为的砝码。需要注意的是,高年级教材必须是低年级教材的补充、巩固和拓展。[3]

第三,应当将生理卫生课程和心理卫生课程结合起来。除了在小学和初中开展生理卫生课程,特别是针对未成年女性开展生理健康课程之外,还必

---

[1] 参见李蕊、朱安安:《美国社会情绪学习课程选介——"促进选择性思维策略"课程》,载《中小学心理健康教育》2012年第10期。

[2] 郭开元:《青少年犯罪预防的理论和实务研究》,中国人民公安大学出版社2014年版,第90页。

[3] 参见姚慧、宋晓明:《我国学校毒品预防教育存在问题及其对策》,载《政法学刊》2012年第1期。

须开展心理教育。除了学前教育中所包含的情绪认知和调节能力的课程外,还应当涉及社交技巧的培训和抵制同伴压力的培训。学校可以采取授课的方式,提供一些假想的冲突状况、行动模式、角色扮演、社交游戏等教会女性交流技巧、问题的解决、如何做决定、社会交往以及拒绝技巧等,从而帮助她们有效抵抗来自有问题的同伴的压力,以便保障其健康成长。

三、成年女性人格的进一步完善

现代社会对女性角色的较高要求和女性自身生理条件决定的生育功能和传统思想对女性多重束缚相矛盾,不可避免地在女性身上表现出角色冲突和碰撞。职业化的社会角色与女性传统家庭角色的矛盾使得女性处于一种两难境地。[1]在面临职业和家庭的双重压力下,成年女性因为缺乏心理调适能力和解决问题的能力,无法正确处理消极情绪,反而选择通过犯罪行为获得情绪平衡,或者利用广泛参与社会活动的机会寻求非法渠道满足自身或家人的物质需求,解决所面临的问题。还有一些女性因为早早辍学,缺乏生存的技能和知识,难以在社会上立足,又苦于没有接受继续教育的渠道,只能通过非法途径求得生存。要知道,成年女性在少年期没有出现反社会行为,这并不代表女性个体的人格已经健全,只是因为犯罪行为的产生不仅仅需要潜在犯罪人,还需要犯罪机会的存在。而成年女性面临的生活压力和从事的社会活动恰好会给其提供诱发犯罪的因素和大量的犯罪机会。

案例3:"我离不开贩毒的男友"。因家庭经济窘迫,陶某13岁时就跟随舅舅前往广东打工,17岁时认识了第一个男友,没想到这个男人的出现却改变了陶某的人生。两人感情稳定后,陶某辞去工作,在家照顾男友起居。好景不长,却发现男友有吸毒的癖好。震惊之余,陶某试图劝说男友戒毒,却

---

[1] 赖修桂:《女性犯罪研究》,法律出版社2013年版,第131页。

没有成功。陶某无法离开男友，因为她的生活来源全都依靠做生意的男友，而且，她太爱这个男人了，舍不得离开，于是，陶某只得陪在男友身边。慢慢地，陶某觉得吸毒也不是大事，并且开始参与到男友贩毒的事业中去，尝到了甜头后，她利用自身的优势，将贩毒事业做得越来越大，甚至把新男友也拐到了这个圈子里。在狱中，陶某对管教人员说："如果当时能有人打醒我，让我及时离开男友，或许就不会有后面这些事情了"。

在惊讶于陶某能凭一己之力将贩毒事业做得比男友还大的同时，我们也在反思，为什么陶某会走上这条路？为什么陶某当时无法离开男友呢？自我控制能力和认知能力低是陶某走上犯罪道路的主要原因，而她之所以无法离开男友，在这条路上越走越远，是因为陶某没有生存的技能以支持其独立生活，一旦尝到不劳而获的甜头，她便再也不可能回到用体力换取生存的生活了。对于诸如陶某这类女性群体来说，由于错失了接受系统的家庭教育和学校教育的机会，唯一能够帮助她们的只有社区教育。因此下文立足于社区层面，从法制教育和心理教育的开展出发，探讨提高女性法治意识和心理抗挫能力，进一步完善女性人格，增强抵制犯罪的自我控制能力的具体措施；同时从继续教育和终身教育的提供出发，论述成年女性进行自我提高和自我修养学习，获取一定生活技能和知识的具体途径。

（一）开展社区法制教育活动

与家庭和学校的系统性、长期性的法制教育不同，社区法制教育一般以短期活动的形式开展。在"12·4""3·15"等具有代表性的普法宣传日，社区可以联系司法局、律所、公检法机关和高校在社区内开展普法宣传和法律咨询活动。在活动现场，可以通过发放宣传资料、张贴宣传画报等形式普及基本法律知识，宣传内容最好结合实际案例、问题进行具体分析；同时，请有经验的司法工作者现场坐阵，为有需要的居民提供免费法律咨询服务；还可以引入模拟法庭、司法伦理剧等新兴宣传模式，提高社区民众的参与兴趣；

日常生活中，除了可以通过组织展览、张贴宣传画报等传统宣传媒介进行宣传外，还可以针对女性开展婚姻法知识大课堂、反家庭暴力知识讲座等，积极号召社区女性参与听讲，提高她们的法律意识和法律知识。

（二）提供社区心理辅导服务

社区可以与专业心理机构签订共建协议，在社区医院中设置心理咨询门诊中心，由专业机构派遣专业医生开展个体咨询或专门心理治疗，对社区内社会工作者进行心理知识方面的内部培训，提高社工的心理疏导能力，从而提升其为社区居民提供服务的水平；设立心理健康活动中心，制定专职人员负责中心的活动包括邀请专业的心理咨询师定期举办心理教育课程，[1]主题可以涉及婚姻家庭、职业减压、情绪调节等；开展情绪调节、社交能力训练项目，吸引社区女性积极参与进来；在妇女节、母亲节等有特殊意义的节日为社区女性提供免费心理咨询和心理疏导服务。针对农村女性开展心理教育和心理辅导，要加强村委会的基层作用，在村委会配置专门的女性心理疏导员，以便及时发现女性的心理变化。对于那些处于特殊时期，或遭遇特殊生活事件的女性，应当通过走访的方式与她们谈话、聊天，积极解决她们的困难，使她们能及时走出不良的心理状态。[2]

（三）构建社区学习教育平台

当前，我国成年女性参与继续教育的比例还很低，一方面是因为考虑到家庭、时间、社会观念等原因女性不愿意或不能参与到学习中来，另一方面是我国女性继续教育的渠道和资源还比较匮乏。为此，可以从以下几个方面着手构建社区学习教育平台，为女性提供良好的继续教育渠道：首先，政府应当加大对社区教育的鼓励、资助，兴建以社区公共图书馆、社区交流中心、

---

[1] 丁瑾靓、叶一舵：《美国社区心理健康服务的发展及启示》，载《福建医科大学学报（社会科学版）》2010 年第 3 期。

[2] 包雯、张亚军：《女性犯罪人被害化调查研究》，中国检察出版社 2015 年版，第 182 页。

博物馆、展览馆等为主要载体的多形式社区教育资源，为学习者提供全方位的咨询、信息服务。同时，降低民营资本投资社区教育的门槛，实行税收优惠或其他方面的优惠政策，吸引更多民营资本的投资兴趣。① 其次，社区必须充当教育情报中心，广泛收集和储存与继续教育相关的信息和机会，并及时在社区宣传栏、公告栏和信息平台上公开并不定期进行更新；同时，应当为前来求助的、有需要的女性提供免费咨询和信息服务，以便成年女性能够及时获取接受继续教育的信息。最后，社区可以与社区内的学校达成合作协议，邀请专业教师在社区活动中心开展短期技能培训、知识培训和就业培训课程，并要求中小学校舍在可能的情况下，充分发挥作用，并积极向社会开放，开放时间可以是周末，也可以是夜间；另一方面，学校可以开设针对性的、长期的培训课程，利用社区平台进行宣传招生，解决生源和资金问题，如针对社区广大女性开设日常外语和计算机基础应用能力的学习培训活动；针对有一定知识水平且有需要的女性开设商务英语、市场营销、文秘等专业课程；针对下岗女工开设烹饪、栽培技术、养殖技术、家政服务等课程，帮助其获取一定的生活知识和技能，从而能够更好地在社会立足。

第四节　女性犯罪之治安预防的开展

如果有人打破了一个建筑物的窗户玻璃，而这扇窗户又得不到及时维修，别人就可能受到某些暗示性的纵容去打烂更多的窗户玻璃。任何轻微的违法

---

① 骆建艳、张晓明：《欧美社区教育经验对构建我国终身教育体系的启示》，载《中国远程教育》2007 年第 1 期。

行为,如果在出现之初不加关注顺其自然的话,在这种麻木不仁的氛围中,必将由小变大、由少变多,犯罪滋生并愈加繁荣,这就是著名的破窗效应。① 破窗理论使人们相信,在轻微的违法行为与严重的犯罪之间存在着紧密的联系,所以,针对任何违法犯罪行为,必须在其刚有滋生蔓延倾向或者刚有行为不检者的时候,就采取零容忍的策略和强制彻底的行动,将其消灭于萌芽状态。

破窗效应理论和零容忍战略为女性犯罪在犯罪征兆阶段的预防措施提供了理论依据。正是基于及时抑制和打击轻微违法行为,将犯罪的苗头扼杀于萌芽之中的理念,治安预防的主要任务就在于通过加强对女性犯罪的监测评估,及时发现和掌握具有倾向性、苗头性、普遍性的犯罪高危女性群体,随之采取最符合实际的有利对策,将潜在的女性违法犯罪征兆有效消除。当然,在犯罪征兆阶段的预防不仅涉及对特定女性群体的预防和控制,还涉及对高危行业和场所的控制。

在前期调研中发现,闲散女性、有不良行为女性、外来务工流动女性都属于犯罪高危群体,而酒吧、KTV 等娱乐场所属于违法犯罪行为的高发区域,所以本节主要对这三类群体和这一重点场所的防控措施进行讨论。

一、对闲散女性群体的教育和帮助

闲散女性群体是指已经毕业或辍学,但没有工作的待业女性、无业女性和下岗女性。调研样本中,在犯罪前一两年阶段处于无业状态的女性,占比40.6%。由于没有独立经济能力,她们只能依靠父母或伴侣的经济补助生活。一方面,经济上的依赖性提高了女性对配偶的情感性和依赖性,使其容易盲

---

① [美]乔治·凯林、凯瑟琳·科尔斯:《破窗效应:失序世界的关键影响力》,生活·读书·新知三联书店 2014 年版,第 8 页。

目地为感情献身；另一方面，当父母或伴侣切断了其经济供给时，女性群体往往出于利益的驱使而实施侵财性犯罪。所以有必要对此类女性群体进行适当的教育和帮助。

除了加强对该类群体的信息管理，及时掌握基本情况外，最根本的解决办法还是要从就业入手。针对好逸恶劳、无就业意识的闲散女性，应当加强三观教育，提高其独立意识和就业意识。可以通过典型案例展示或者女犯现身说法等方式对其进行警示教育，帮助她们转变观念，走上工作岗位。

针对因学历较低或由于工作技术经验缺乏导致经济上难以支撑的女性，在完善社会保障制度之外，应当建立政府指导和扶持下的多渠道、多形式的女性就业支持和培训网络。首先，政府应当对工作进行明确的类型区分，分为全职工作、非全职工作、家庭从事工作和短期工作，鼓励女性根据自己具体情况选择适合自己的不同类型的工作，并针对不同类型的工作制定相应的保障法规和规章。[1] 其次，由劳动和社会保障部门提供部分资金扶持，鼓励工会、妇联、社区和相关社会中介组织以市场化运作方式或半市场化运作方式为失业或无业女性开办实用技能培训班，介绍当地就业形势、劳动力市场职业供求状况和趋势，组织她们交流求职和经商经验，介绍求职的方法和技巧等。再次，制定向女性倾斜的就业创业政策，加大对其创业扶持力度，给予政策优惠，如减免税收、提供信贷、简化工商登记程序等；按照规定落实社会保险补贴、培训补贴、小额担保贷款贴息等就业扶持政策，帮助妇女创业和再就业。[2] 最后，对吸纳无业女性多的企业给予相关政策优惠，对录用女性农民工超过国家规定的企业、优先聘用失业女性的企业、长期录用失业女性或下岗女性的企业给予相应的奖励，从而扩大女性就业渠道，为失业女性提供更多就业岗位。

---

[1] 包雯、张亚军：《女性犯罪人被害化调查研究》，中国检察出版社2015年版，第186页。
[2] 徐艳、肖云：《女性农民工的失业问题及其对策》，载《华中科技大学学报》2005年第1期。

二、对流动女性群体的教育和帮助

在毒品犯罪一章的第二节中,给我们展现了两个鲜活的流动女性的案例,从一个侧面反映了外来务工人员生活在新兴城市中的悲伤与无奈。流动女性群体是指在本人户口所在地之外活动的人员,在调研样本中占比20.3%。空间变化的不适应、生活方式的不协调、消费习惯的不一致客观上带来流动女性与本地人心理层面的割裂,导致流动女性无法在日常生活中真正融入城市生活的状态,①成为城市中的边缘阶层。因为无法融入城市主流社会结构,她们只能在与同类群体的互动中建立临时性社会结构和人际关系,但是这种临时性的关系对流动女性的约束力较小,而传统的社会结构对其的控制和教育功能基本丧失,社会控制的弱化使流动女性更容易在外界因素刺激走上犯罪道路。所以,建立女性合理的流动机制,发挥其调适和消减社会矛盾与冲突的强度和烈度的功能,显得极为重要。

(一)构建专门保障流动妇女权益的工作机制

工会、妇联、法律援助机构等相关组织应当互相联合,加强与本辖区内流动女性的沟通联络,共建保障流动妇女的工作平台。工会组织应当及时了解流动女性的工作状况和需求,为受到就业歧视和不平等待遇的女性提供有效帮助;妇联应当及时掌握流动女性的生活状况和需求,完善对其的服务管理,促进流动女性的社会融入;法律援助机构应当针对流动女性加强法制教育,充分利用手机、网络等新媒体,有侧重地进行预防犯罪教育,引导她们正确、理性维权。

(二)建立流动女性管理信息网络

在流动女性聚集区建立信息收集机构,设立专门工作人员负责收集流动女性的姓名、家庭情况、住址、原户籍地等基本情况,建立管理信息网络;

---

① 沈千帆:《北京市流动人口的社会融入研究》,北京大学出版社2011年版,第95页。

并对暂住于私人旅馆、出租房的外来人员进行调查，及时发现、掌握其活动情况，防止和抑制其可能实施的犯罪。

（三）积极稳妥地推进户籍制度改革，切实保护流动女性的合法权益

在我国城市化进程中，户籍制度是影响流动人口问题的制度性障碍，要有重点、有试点地推进户籍制度改革，建立递进式户籍改革制度，即"暂住证—常住居民证—户籍居民"制度，以纳税制度、固定住址、无犯罪记录等条件，制定不同城市的入户标准。① 目前，国内多个城市已经开始实施积分落户制度，对工作稳定程度、学历高低、固定住址、工作单位、纳税制度等每项指标赋予一定分值，总积分达到规定分值便可申请城市常住户口，且一人落户全家均可落户，这也是我国推进户籍制度改革的大胆尝试。

三、对有犯罪趋向的女性的监督和管理

有犯罪趋向的女性是指在社会生活中已经染上了某种不良习性并且已经实施了相应违法行为的女性，主要包括以下几类：（1）有习惯性偷窃、诈骗、抢夺等违法行为尚不够刑事处分的女性；（2）经常进行营业性赌博的女性；（3）多次传播淫秽物品、买卖不良性文化制品的女性；（4）种植罂粟或吸食毒品的女性。② 调研样本中存在不良习惯的女犯占比57.8%，其中有吸毒癖性的女犯占比37.5%，特别是吸食新型毒品的人数较多。新型毒品比传统毒品的危害更大，它不仅会迫使吸毒者走上以贩养吸、以淫养吸、以盗窃等手段获取毒资的违法道路，还会使吸毒者产生幻觉，而后在意识不清醒的状态下实施其他犯罪行为，给社会带来极大的不安定因素。

对于具有不良习性且实施了违法行为的女性，应当区分处理。属于未成

---

① 郭开元：《青少年犯罪预防的理论和实务研究》，中国人民公安大学出版社2013年版，第134页。

② 许章润：《犯罪学》，法律出版社2016年版，第298页。

年女性的,应当坚持"教育和挽救为主,惩罚为辅"的原则,在给予轻缓处理的同时对其进行教育挽救;属于成年女性的,则应当给予相应处罚并监督其戒除瘾癖。

(一)对未成年女性开展教育和挽救工作

对于有犯罪趋向的未成年女性,学校不应当轻易采取开除学籍等放弃手段,而应当与家长、社区、警方合作,共同挽救这些走在犯罪边缘的女性。首先,如果是失学未成年女性,公安机关应当与教育部门联系,帮助其重新就学,确保未成年女性接受并完成义务教育;其次,学校应当与家长、社区配合,加强监管,督促学生戒除不良习性,特别是有吸毒癖性的未成年女性,应当鼓励其前往强制戒毒机构或自愿戒毒机构戒除瘾癖;在其重返校园后,可以充分借鉴指导计划的经验,将高危险者置于一个经验丰富并且年长的角色榜样之下,通过发挥指导者的积极角色榜样作用以及直接为被指导者提供就业或学业方面的帮助,从而建立长期的亲密关系,有效抑制违法犯罪行为。[①]学校可以安排课业任务较轻且富有教育经验的教师作为该类学生的指导者,通过与该学生校内校外不定期的会面和交谈培养亲密联系,为未成年女性提供必要的帮助和指导;与此同时,开展长期的监督工作,并且与家长、社区、警方进行良好的沟通和联络,确保各方充分掌握学生现状,互相配合开展教育和监督工作。

(二)对成年女性开展监督和感化工作

针对已经进入社会的女性,应当以控制和社会干预作为核心干预策略。首先,应当对其实施的违法行为予以严肃处理,存在不良习性的,应强制戒除瘾癖,并要求她们具结悔过;其次,公安机关应当将相关情况通报至违法女性所在单位或基层居委会,督促社区基层组织适时开展思想教育工作,并

---

① 参加[美]布兰登·C. 韦尔什、[英]戴维·P. 法林顿:《牛津犯罪预防指南》,秦英等译,中国人民公安大学出版社 2015 年版,第 224 页。

加强对女性的监督和照管；再次，社区工作者应当及时与成年女性的亲人联系，要求家人配合，通过情感教育和情感纽带感化她们，帮助她们坚定完全戒除不良习性的信心；最后，社区可以给这些曾有违法行为的女性提供一系列社会机会，帮助她们重返正常生活。作为政府与女性个体联系的中介机构、作为社会政策的传输通道，社区可以帮助有需要的女性获取政府提供的福利，如开展就业指导，帮助成年女性及时获取政府部门发布的就业招聘信息、岗位援助以及职业技术技能培训课程信息。①

四、对女性精神病患的治疗与管理

本书在"女性犯罪之个人篇"中展现了女性精神病患的故事，充斥着令人绝望的无奈与悲凉。事实上，精神病患者在女犯中并不属于绝对少数，相反，在H省的2000多名女犯中，有将近10%，即200多人都是精神病患者。这些女性精神病患者因为缺乏一定的认知能力和控制能力，故无法接受监狱的改造，且必须接受有针对性的心理治疗，这给监狱的工作带来了一定的难度。所以，尽早对精神病患者进行治疗与管理，减少精神病患者犯罪率，从而减少监狱中关押的精神病患人数，才是解决问题的根本办法。

这里的精神病患者主要是指具有一定危险性，有暴力行为倾向，甚至已经实施了违法行为的女性精神病患者。首先，应当建立科学的精神病人等级划分体系和精神病家属或监护人监管能力量化标准评估体系。相关部门应当对管辖范围内所有的精神病患者进行信息登记，而后开展风险评估：对于有一定危险性但家属有能力进行监管的，由家属或监护人进行监管；对于危险性较大或已经实施违法行为的精神病患者，应当由政府强制监管并实施强制医疗措施。其次，社区设立社区康复机构，为由家属或监护人监管的精神病

---

① 刘柳：《预防女性弱势群体犯罪：基于福利三角理论的社会政策研究》，载《中国行政管理》2015年第11期。

人提供及时有效的救助和帮扶，同时开展定期随访，及时了解病人的病情变化及生活状态，指导病人正确服药，对病人进行心理疏导，促进康复。[1] 最后，完善强制医疗制度。我国现行的强制医疗制度的适用对象是实施暴力行为，危害公共安全或者严重危害公民人身安全，经法定程序鉴定依法不负刑事责任，且有继续危害社会可能的精神病人，却忽略了那些有较大危险性且家属或监护人无能力监管的精神病人。事实上，任由具有一定危险性的精神病患在社会上混迹，会给公共安全造成较大威胁。所以，应当扩大强制医疗制度的适用对象，将那些具有较大危险性且无人或有人却无能力监管的精神病患纳入强制范围中来；同时制定科学的出院标准，将那些康复患者或危险性大大减小的患者及时放归家庭，减少强制医疗机构的压力。另外，建立跟踪管理制度，对接受强制医疗后出院的精神病人建立数据库，定期回访，并联系精神病人所在的社区康复机构对出院后的精神病人进行监控，及时掌握其恢复情况。

五、对重要场所的控制与监管

重要场所是指对犯罪的发生和完成具有重要意义从而构成犯罪控制之重要领域的场所。这类场所，由于客观上具备有利于犯罪实施的外部条件，所以常常成为犯罪的多发区域。对这类场所进行必要的控制，能够大大减少犯罪机会，有效制止犯罪行为。[2] 调研发现，大量女性初次接触毒品均是在KTV、网吧、酒吧等公共娱乐场所，同类交往群体在聚会前通过凑份子钱购买毒品以供聚会时消耗。由于管理力度不够，场所内秩序混乱，大量违法犯罪分子充斥在此类场所中，频繁出入这些场所的女性则更容易接触到这些违

---

[1] 参见孙海燕、赵明瑶、徐海飞：《上海某区世博期间精神病人治疗管理模式探讨》，载《中国初级卫生保健》2012年第11期。

[2] 许章润：《犯罪学》，法律出版社2016年版，第302页。

法犯罪分子，从而染上不良习性。因此应当加强对我国公共娱乐场所的管理与控制，对预防女性犯罪具有重要意义。

可以借鉴德国等先进警务国家的经验，根据辖区内娱乐场所的数量，按其规模与治安状况派发警力，因为基层民警对其管辖的娱乐场所治安状况和从业人员有无"黄、赌、毒"前科的状况最为了解，所以安排专人负责专门区域的娱乐场所管理，最为科学。①公安机关可以考虑建立警示记录系统，对娱乐场所的违法行为和处理情况等相关信息资料记录在案，按照记录时间、区域、所涉及娱乐场所名称等标准，分门别类进行存放。而后根据警示系统实现娱乐场所的分层级管理，对于经营规范、治安秩序良好的娱乐场所，投入一般性的监督管理；对于列入警示记录系统的娱乐场所，实施重点监督管理，将明查与暗访相结合，高频率、多方式、多时段地对其进行突击检查，查处取缔存在违法违规行为或纵容黄赌毒的娱乐场所。②

同时，严格许可与备案制度。严格按照许可标准对娱乐场所进行审批许可，并且落实备案制度。工商部门应当及时通知经营者在领取营业执照后严格按照规定时间，将娱乐场所所在的位置、经营项目、从业人员的基本情况和安全状况向公安机关备案，以便日后对娱乐场所内的治安案件做到了解知情。可以考虑推行从业人员信息实名登记制度，对所有娱乐场所的从业人员进行信息登记，对发现有吸毒贩毒、卖淫嫖娼、淫秽表演等法律法规禁止从业的前科人员，责令场所予以清退，并要求各场所永不录用。③另外，可以建立娱乐场所行业的行业协会，通过行业协会明确责任人在娱乐场所内日常管理的责任、权限和应当承担的风险，注意加强对行业协会成员的教育和疏导，

---

① 王星元：《娱乐场所治安问题研究》，载《净月学刊》2016 年第 6 期。
② 参见周定平：《论公安机关对娱乐场所治安的监管——以新〈娱乐场所管理条例〉为视角》，载《政法学刊》2007 年第 2 期。
③ 赖修桂：《女性犯罪研究》，法律出版社 2013 年版，第 263 页。

提高责任意识，明确职责范围，以此实现行业自律，更好地协助公安部门管理好娱乐场所内的治安问题。

第五节 女性犯罪预防之刑罚适用与执行

刑罚预防理论最早是由古典主义犯罪学派提出，该学派最基本的主张是，犯罪预防最好的方式是在威慑的作用下使个人从犯罪的危险中摆脱出来，而且如果刑罚让其遭受到了足够的痛苦，则犯罪者就不会再次重新犯罪。在该学派的倡导下，建议在法律强制力的基础之上的犯罪预防理论成为犯罪预防最早的法律表达，直至今日，这种威慑性犯罪预防理念在当今的社会背景和法律语境中对刑事司法系统产生着持续的作用。[1]这种威慑性的犯罪预防手段被称为刑罚预防。刑罚对犯罪的预防功能主要是通过合理设定刑罚、准确适用刑罚和严格执行刑罚这三个途径发生作用的。本节将重点集中于适用刑罚和执行刑罚两个方面，探讨女性犯罪的法律制裁手段和女性犯罪人的教育矫治工作的开展。

需要强调的是，由于女性在社会上属于弱势群体，要在社会中找到自己的位置和角色就得面对更严苛的道德要求，因此女性若在被科以刑罚后背上有"前科"的污名，将更难在社会上立足，容易在自暴自弃或走投无路中再次实施犯罪。[2]而且，很多女性犯罪人是由于自我保护失败，从而由受害人转

---

[1]［英］戈登·休斯：《解读犯罪预防——社会控制、风险与后现代》，刘晓梅、刘志松译，中国人民公安大学出版社2009年版，第28页。

[2] 包雯、张亚军：《女性犯罪人被害化调查研究》，中国检察出版社2015年版，第139页．

变成加害人，主观恶性和人身危险性都比较小。基于上述理由，笔者并不会一味地强调刑罚的威慑作用，而是要强调在宽严相济的基本刑事政策指导下，在处理女性犯罪的各个阶段体现"宽和"精神，对女性进行有效处遇，从而达到特殊预防的目的。

一、扩大刑事和解的适用

20世纪，美国开始实行恢复性司法模式，刑事和解制度也被正式纳入美国刑事司法体系。现在，美国的刑事和解制度适用案件范围已经不限于轻微刑事案件，甚至扩展到了故意杀人、抢劫、放火等暴力性犯罪。而我国的刑事和解制度的适用范围则非常审慎，仅包括以下两种情况：(1)因民间纠纷引起，涉嫌刑法分则第四章、第五章规定的犯罪案件，可能判处3年有期徒刑以下刑罚的；(2)除渎职犯罪以外的可能被判处7年有期徒刑以下刑罚的过失犯罪案件。犯罪嫌疑人、被告人在5年内曾故意犯罪的，不能适用。

恢复性司法的基本理念在于在犯罪方和被害方之间建立一种对话关系，以犯罪人主动承担责任消弭双方冲突，从深层次化解矛盾，并通过社区等有关方面的参与，修复受损的社会关系。由于自身体力和性格原因，女性暴力犯罪的加害对象往往是罪犯的近亲属，一般多为女性的丈夫、男友或子女等，暴力犯罪的发生往往会使女性与亲属间的关系僵化，甚至破裂。而相对于男性而言，女性更注重人际关系和社交关系，在很多时候，犯罪行为所带来的家庭关系破裂和家人不原谅的态度，对女性会造成再次伤害。所以，恢复受损的社会关系对女犯而言意义重大。再者，监狱关押带来的交叉感染和监狱化烙印不利于女性犯罪人顺利回归社会，完全脱离家庭和割断亲情的监狱改造对重视亲情和家庭的女性来说，无法起到想象中的良好改造效果。

所以，笔者认为，可以考虑将女性暴力犯罪，特别是以暴制暴犯罪纳入刑事和解的范畴，给受害人、女性加害者、他们的家人创造直接对话和解决问题的机会,为女性加害者提供弥补罪过、重新融入社会生活的可能。①对于严重的暴力性犯罪,可以引入量刑圈这种圆桌式的讨论方式,将双方家属、社区居民、相关人士聚集在一起,在对该案件进行具体剖析后提出意见,由专业的司法机关人员充当中立方的角色,使各方相关人士都参与协商,最终达成一个合理有效的处理方式。②

在女性犯罪中扩大刑事和解的适用,尽可能不追究或从轻追究轻微刑事犯罪和"以暴制暴"等暴力犯罪中女性犯罪人的刑事责任,或者采取非刑罚处罚措施,以便其在社会和家庭中进行改造,帮助他们保持与社会发展的同步性,确保其独特的家庭角色得以正常发挥,这更有利于提高女犯的改造效果和维护正常的家庭和谐关系。

二、宽严相济准确适用制裁措施

宽严相济是我国基本刑事政策,具有悠久的历史,其基本含义是:依法打击严重犯罪与依法从宽处理轻微犯罪;在严厉惩罚严重犯罪的同时,对犯罪分子依法能争取的尽量争取,能挽救的尽量挽救,能从宽处理的尽量从宽处理。笔者认为,在女性犯罪中也应当贯彻宽严相济刑事政策,对主观恶性大、犯罪手段残忍以及构成累犯和惯犯的女性犯罪人依法予以严厉制裁,从而达到威慑犯罪和震慑犯罪的作用;对于主观恶性小、初犯和偶犯、有特殊从宽情节的女性犯罪人依法予以从宽处理。

对于女性财产犯罪、毒品犯罪、恐怖主义犯罪应当施以严厉惩治,除适用主刑外,还应当依法适用财产刑,从经济上给予女性犯罪人严厉制裁,以消除女性的侥幸心理和冒险心理,提高她们的心理挫折感,督促她们改过自

---

① 胡利敏:《对女性犯罪的一般预防和特殊预防》,载《河北学刊》2008年第2期。
② 包雯、张亚军:《女性犯罪人被害化调查研究》,中国检察出版社2015年版,第150页。

新。① 此外，依法加重对累犯、惯犯、毒品再犯的处罚，利用严重的刑罚后果重创此类女性犯罪人的固有犯罪心理，通过长时间的教育改造矫正其行为模式，帮助她们顺利回归社会。最后，对于部分情节恶劣、社会危害性极大的女性，特别是毒品犯罪、恶性暴力犯罪的女性犯罪人，可以考虑限制减刑的适用，确保其能够得到充分矫治。

对于轻微犯罪，包括偶犯、初犯、过失等主观恶性不重的犯罪，应当依法从宽处理；对于家庭暴力引发的暴力犯罪，应当充分适用《关于依法办理家庭暴力犯罪案件的意见》，该意见指出，对于长期遭受家庭暴力后，在激愤、恐惧状态下为了防止再次遭受家庭暴力，或者为了摆脱家庭暴力而故意杀害、伤害施暴人，被告人的行为具有防卫因素，施暴人在案件起因上具有明显过错或者直接责任的，可以酌定从宽处罚。对于因遭受严重家庭暴力，身体、精神受到重大损害而故意杀害施暴人；或者因不堪忍受长期家庭暴力而故意杀害施暴人，犯罪情节不是特别恶劣、手段不是特别残忍的，可以认定为《刑法》第232条规定的故意杀人"情节较轻"。在服刑期间确有悔改表现的，可以根据其家庭情况，依法放宽减刑的幅度，缩短减刑的起始时间与间隔时间；符合假释条件的，应当假释。被杀害施暴人的近亲属表示谅解的，在量刑、减刑、假释时应当予以充分考虑。根据该意见的精神，司法机关在处理以暴制暴类的案件时，应当大胆适用正当防卫、过当防卫、被害人过错等事由以对女性犯罪人施以轻缓的刑罚，在监禁期间应酌情加大减刑幅度，最大限度地适用假释制度，从而帮助她们尽早回归社会。

另外，笔者认为，我国宽严相济政策可以不仅仅限于"轻罪轻刑"这样简单的内容，可以借鉴西方国家的"轻轻重重"的刑事政策，将非犯罪化、非刑罚化、非司法化等内容纳入到刑事政策中来。特别是针对轻微犯罪的女

---

① 赖修桂：《女性犯罪研究》，法律出版社2013年版，第285页。

性犯罪人,可以扩大非监禁刑措施的适用,使她们在不脱离家庭的条件下接受刑罚改造,这不仅能够尽量减少监狱刑给女性犯罪人造成的消极影响,还能够提高改造效果,预防女性重新犯罪。

三、构建完善的分级处遇制度

我国目前实行的是分类收押、分类管束和分级处遇的处遇制度。其中,分级处遇制度主要以受刑人活动范围、通信、会见为处遇差别要素,将受刑人处遇分为"严管""普管""宽管"三个等级,并在"严管"和"宽管"中各分两级,在保障受刑人基本待遇的前提下实施级别待遇,具体包括警戒程度及范围不同、法律奖励比例幅度不同、通信会见的控制不同、劳动工种的安排有所区别、生活待遇有所区别、监外活动的条件和内容不同。但是,由于监狱以安全和维稳为第一要务,我国分级处遇制度显现出处遇形态单一、处遇级差简单、激励作用欠缺等诸多问题。考虑到女犯改造态度积极,回归社会和家庭的欲望极度强烈,再加上女犯间互相较劲的心理以及易受某些生活事件激励或打击的脆弱心理状态,构建级差科学、具有充分激励作用的处遇分级制度对女犯的改造来说非常必要。

借鉴国外累进处遇制的经验,结合我国罪犯改造的实际,将处遇阶段分为五个阶段:第一个阶段为隔离阶段,主要针对需要实施隔离才能避免危险发生、严重违法监规记录被禁闭审查或受到禁闭处分的受刑人。对这些人实施独居监禁,不参加监狱劳动、集中教育,并且不享有通信、会见、参与文体活动等权利。第二个阶段为限制处遇阶段,针对入监未满6个月的,或因为其他原因被延缓晋级的受刑人。[①] 刚入监的应当进入入监队,接受入监教育,同时接受有关心理精神状态等个人基本情况的考察和调查,这一阶段主要使

---

① 参见周国强、鲁宽等:《犯罪人处遇研究》,中国检察出版社2013年版,第157—168页。

女犯认罪悔罪,使其感到失去自由的痛苦和刑罚的威严。第三个阶段为普通处遇阶段,罪犯应当接受劳动改造和思想教育,以劳动改造和思想改造的情况以及行为表现作为进一步考察评定级别的依据,罪犯的待遇可以根据改造进展逐步提高,如与亲属会见和通信、借阅书刊报纸、参与文体活动等。① 第四个阶段是中间处遇阶段,一般在刑满释放前的二至三年内或者短期自由刑的执行形态,除了进行常规的劳动改造和思想教育外,还应当定期接受回归社会能力的培养和职业技能训练;在这一阶段,可以赋予更高劳动报酬、会见通信不受限制、优先参与监狱外出参观活动、探亲假等权利。第五个阶段是开放处遇阶段,可以适用社区矫正,或者在保证不脱逃的前提下,前往与监所签订社会帮教协议的单位工作或完成学业。通过这五个处遇阶段的设置,缓解女犯受监禁的痛苦,激励女犯积极改造,帮助她们顺利复归社会。

四、开展特殊心理矫正与治疗

心理矫治在改造犯罪中有着不可替代的作用。犯罪与心理疾病本身就具有一定的重叠交叉,一些被看作是犯罪的现象,同时也是心理疾病的范畴;更有甚者,部分犯罪就是心理障碍、人格障碍的一种体现。对这种类型犯罪的矫治必然应从心理矫治出发,治疗心理障碍、情绪障碍和人格障碍,或是完善有缺陷的意识结构,才能达到改造犯罪人的效果。在女性犯罪中,情绪障碍和心理障碍患者比例非常高。特别是在以暴制暴类案件或对家庭成员的暴力犯罪中,患有精神障碍的女性非常常见,她们往往表现为性格上自卑,行为上偏激、敌视、忧虑、怀疑等,自我控制能力极度低下,所以她们易在冲动之下,由于思想走入极端而实施犯罪行为。而且,由于女性心理更为敏感、脆弱,她们在被投入监狱后,往往会产生焦虑、烦躁、抑郁等拘禁心理,

---

① 参见林浩:《试述女性罪犯的心理特征及其矫治对策》,载《南方论刊》2006年第12期。

更有甚者会有自杀自残等倾向。所以，对女性犯罪人进行心理矫治是极为必要的。

（一）提供心理咨询

与心理评估不同，心理咨询大多是现实取向的，涉及罪犯面临的直接问题解决和危机干预。从理论上来说，女性比男性更情绪化，她们更有表达情绪的欲望，情绪更易波动，行为更消极，也易寻求支持和依恋。所以，女犯会比男犯更经常地主动向咨询者寻求心理健康服务。监所应当设立心理咨询辅导站，或者在保健中心开展相关的心理咨询服务，每个月固定开放时间和开放次数，心理咨询师定时定点坐诊，鼓励有心理问题或有倾诉欲望的女性在没有管教人员在场的情况下畅所欲言；还可以设立热线电话，为那些不愿意露面的女犯提供寻求心理咨询的渠道。对女犯进行咨询时，咨询者必须考虑到她们的特殊问题及需要，帮助她们控制自己的生活，使她们在经济与情感上独立，教会她们如何建立自信、个人责任意识和独立意识，并在必要时候开展生存训练。[①] 同时，也可以提供问题管理咨询和危机干预咨询，教会女犯如何辨别和解决问题，正确处理生活中的突发事件，控制自身情绪，有效管理自己的生活。

（二）开展心理治疗

相对于针对心理正常的女犯开展的心理咨询活动，心理治疗的对象主要是女犯中的人格障碍者、精神障碍者以及在精神上出现其他异常状态者。心理治疗鼓励罪犯谈论过去的冲突，寻求致使其产生情绪问题的原因，并从源头上解决这些情绪问题。监狱应当主动对那些患有心理疾病的女犯开展心理治疗，运用精神分析法、道德推理训练法、支持疗法、认识疗法等各种专业手段帮助她们消除心理疾患。当然，在进行心理治疗时，我们要尊重女性犯

[①] [美] Ruth E. Masters：《罪犯心理咨询》（第二版），杨波等译，中国轻工业出版社 2005 年版，第 90 页。

罪人，让她们能够充分发挥主观能动性，引导她们积极参与到心理治疗过程中来。治疗工作应当以女性犯罪人的心理变化和情感变化为导向，针对导致犯罪行为形成的心理因素，引导她们合理宣泄不良情绪，重新树立自信和自尊。

下篇

以案释法：女性犯罪面面观

第三章
女性犯罪之家庭篇

第一节　以暴制暴

家庭暴力是一个全球性的社会问题，我国也不例外。近年来，家庭暴力导致女性犯罪的总量呈上升趋势，严重暴力犯罪表现突出，一部分女性在长期遭受家庭暴力又离婚未果的情况下，最终采取以暴制暴的手段，对施暴人施行犯罪。本章选取的五个案例主人公都经历了不幸的婚姻，丈夫对她们的家暴行为不仅给她们带来了身体上的伤害，更带来了精神上的折磨，在经历过忍耐、绝望之后，她们终于爆发……

不幸的婚姻毁了我的人生

一、案情回顾

被告人：小玲，女，汉族，1978年1月22日出生，小学毕业，无业，已婚（有两个女儿），案发时31岁。

犯罪事实：2009年10月23日8时许，被告人小玲买菜后回到家中，因关门大声之事与丈夫张某发生争吵，继而引发打斗，张某持菜刀追赶小玲，不慎摔倒在地，菜刀掉落在地上。小玲见状即拾起菜刀，朝张某的喉咙部位猛砍一刀，致张某死亡。为掩盖罪行，小玲用菜刀将张某的躯体肢解，将尸块用塑料袋装好，部分扔到楼下的垃圾堆中，部分存储于家里的冰箱内。2009年10月26日，小玲到当地公安机关投案自首。

  判决结果：法院以故意杀人罪，判处小玲死刑，缓期二年执行，剥夺政治权利终身。赔偿附带民事诉讼原告人经济损失人民币576147.39元。

二、访谈面对面

  初见小玲时，我们无法将眼前这个瘦弱、清秀的女性与"杀人犯"联系起来。

  面对我们突如其来的访问，小玲显得有些手足无措，脸上有隐藏不住的慌张。我们告诉她访谈的目的，并安慰她不要紧张，放轻松些，就把访谈当做是平时的一次聊天就好。一开始，小玲并不是很配合，特别是谈及当时案发的具体情况时，尤为抗拒，不愿提及，选择刻意遗忘，访谈中数度哽咽，甚至掩面痛哭，一度使我们的谈话无法继续。见状，我们没有再追问。一边耐心让小玲先平复一下心情，一边开导劝慰她与其将一些事情压抑在心里刻意去遗忘，不如去正视它。倾诉是排解负面情绪的一种很好途径，卸下心里的负担才能更好地面对未来，开始崭新的生活。显然，小玲听进去了，情绪渐渐恢复了平静，慢慢向我们敞开了心扉……

独立的自我

  小玲出生在中部省份的一个农村，地理位置偏僻，交通也很不方便。这个普通的农村家庭共有六口人，小玲有一个姐姐，两个弟弟。她的父母都是老老实实的农民，靠着微薄的种地收入来养活姐弟四人，生活负担巨大，日子过得紧紧巴巴。家里沉重的负担使小玲不得不提早开始赚钱养家，小学毕业就辍学，去离家千里之外的广东省H市打工，做玩具、CD、电路板这些活儿她都做过。学校生涯的终结并没有阻止小玲学习上进的脚步，进入社会后，工作之余，小玲自学了初中课程，还学习了英语和毛笔书法。在访谈中小玲表达出来的观念跟一般的犯人有很大的不同，她觉得人不能放弃学习，要活到老，学到老，要不断地充实完善自己才不能被社会所淘汰。

在打工的过程中，小玲结识了当地的男朋友，也就是她后来的老公张某。当初小玲与张某在一起时遭到了家人的极力反对，父母只希望她在家乡找一个寻常人家结婚生子，不想她远嫁到人生地不熟的外地。小玲看起来是一个温柔的弱女子，但骨子里却很独立、倔强。父母不同意她和男朋友结婚，她把户口本从家里偷了出来，为了能登记结婚，小玲甚至为此改了名字。小玲以为自己遇到了值得托付终身的男人，冒着与家人决裂的代价也要执子之手，不过事情后面的发展彻底击碎了她与子偕老的心愿。

丈夫的"变化"

起初，小玲的婚姻生活还是很幸福的，丈夫张某体贴细致，公公婆婆也很疼爱她，把她当成亲生女儿一样看待，结婚后不久她与丈夫的爱情结晶大女儿出生了。她不再在工厂里做工赚钱，开了一家服装店，日子过得平淡而幸福。谈起刚结婚时的那段时光，小玲的脸上闪过了一丝微笑，但是这丝微笑转瞬即逝，再谈及丈夫辞职以后的婚姻生活时，小玲的脸上布满乌云。

小玲在怀小女儿的时候，因为身子不方便，无法兼顾服装店的生意，于是把店面转让出租，在家当全职主妇，全心全意地相夫教子，养家糊口的重担压在张某身上。张某为了能有更高的收入，选择了停薪留职，自己创业，小玲没想到丈夫的这次"创业"成为了他们婚姻的转折点，为他们的婚姻悲剧埋下了祸根。

小玲渐渐发现老公越来越反常，经常把自己反锁在房间里很长时间，有时会召唤一群狐朋狗友到家里，把家里折腾的乱七八糟、乌烟瘴气。与此同时，张某经常在捣鼓一些药品，问他是什么，他回答说是保健药品。张某的收入也极不稳定，有时会交给小玲很多生活费，有时也会很长时间没有任何收入。在看法治频道介绍制毒案件时，小玲的内心有所怀疑，觉得与自己丈夫的行为有很多相似之处，去质问张某，张某矢口否认。小玲半信半疑，但还是相信了丈夫，怕公公婆婆担心，也没有把此事告诉过公公婆婆，这让她后来十分懊悔。

与此同时，张某的性格也发生了很大的转变，原来脾气温和的他变得喜怒无常，经常会冲小玲无端发火。两人开始因为一些生活琐事而争吵、谩骂，后来发展到对小玲拳脚相加，且越来越频繁，甚至在小玲怀二胎时对她殴打，差点流产。更让小玲无法忍受的是丈夫的出轨行为，张某经常在夜里收到暧昧的短信和电话，并且经常出去几天联系不上，手机一直处于关机状态。丈夫种种反常的行为让怀孕的小玲情绪崩溃，她多次向丈夫提出离婚，丈夫都不答应并忏悔求得她原谅，小玲心存幻想觉得张某还能恢复成原来的样子，也就没有再坚持离婚。但令人失望的是，一直到小玲生下小女儿很长时间内，张某仍无任何改变，家暴一直在持续。

压抑的内心

从怀二胎开始，丈夫种种反常的行为让小玲的情绪一直处于低谷，濒临崩溃，产后，她得了严重的抑郁症，每天度日如年。小玲一直努力尝试着走出这种负面情绪，但都徒劳无功。她没有知心的朋友可以诉说心事，也不敢向周围的人倾诉，因为家丑不可外扬，更不敢向公公婆婆和娘家人告状，怕他们担心。有时想打电话给姐姐，但是姐姐总在忙，无暇倾听，她只好把一切的沉闷与委屈压抑在心中。小玲曾经想找专业的心理医生咨询，但昂贵的心理咨询费用又让她望而却步。

随着时间的推移，张某的情绪越来越反常，甚至出现严重的洁癖和强迫症行为，家里的琐事都会成为张某发火的理由。因为张某喜怒无常，还会经常打骂妈妈，两个女儿见到爸爸都感到害怕。小玲曾经因为忍受不了丈夫的家暴行为而离家出走，带着两个女儿回到娘家，但是因为学历低又没有专业技术，小玲一直没有找到工作。让年迈的父母来养活自己和两个女儿，这让小玲于心不忍，深感内疚。残酷的现实打击了小玲，她明白如果执意与丈夫离婚的话，她最多只能靠打工挣钱养活一个女儿，只带走一个女儿，又割舍不下另外一个。为了能与两个女儿生活在一起，小玲放弃了离婚的想法，对丈夫的家暴与出轨行为选择了忍耐与妥协。但是这种忍耐换来的是丈夫越来越严重的家暴，在经历过痛苦、崩溃、绝望之后，小玲最终爆发，妻子残忍弑夫的人伦悲剧发生。

心灵的救赎

案发之后，警察在小玲家里搜出了大量毒品，她这才恍然大悟，原来丈夫一直都在制毒、吸毒、贩毒，是毒品把丈夫从人变成了魔鬼，彻底摧毁了她原本幸福的家庭。小玲最后悔的事是没有让丈夫去强制戒毒，其次是没有选择果断地离婚，如果当初果断离了婚，一切悲剧或许就不会发生。现在的小玲每日都在忏悔，她感觉最对不起的人就是自己的公公婆婆，是自己让他们与自己的亲生儿子天人永隔，酿成了白发人送黑发人的悲剧。她到现在都无法原谅自己，也想不明白为何当初自己会有如此失控的举动，亲手把自己曾经最亲密、最信任的人置之死地。

现在小玲的小女儿跟着公公婆婆生活，大女儿送回了娘家照顾抚养。听管教干部介绍,小玲是一位有主见的母亲,为了避免隔代教育出现溺爱孩子、放松对孩子教育等弊端,她曾多次在每周的亲情电话时间打电话劝说母亲把女儿送到姐姐家抚养。小玲母亲一开始坚决不同意,觉得这是对自己的不信任,后来在女子监狱的帮助下小玲写信给母亲说明原因,母亲最终答应,现在她的大女儿在市里的大姨家生活,获得了更好的教育条件。小玲在进入女监之后积极改造,多次获得嘉奖表扬,刑期由死刑缓期二年执行减为无期徒刑,由无期徒刑又减为有期徒刑,她能坚持下来的最大动力就是希望能早日出狱与女儿相见,以弥补多年来对女儿的亏欠。

三、检察官评案说法

很多女人都把婚姻当作一生最大的事业来经营,但是幸福的婚姻是相似的,不幸的婚姻各有各的不幸。小玲曾经是深爱丈夫的好妻子,孝顺公婆的好媳妇,也是处处为孩子着想的好母亲,实在无法把这位"贤妻良母"与残忍杀人分尸的凶手联系在一起。在经历了不幸的婚姻带来的愤怒、绝望之后,小玲选择了一种极不理智的处理方式,最终落得家破人亡、自己身陷囹圄的下场。

小玲的遭遇令人同情,但更多的是惋惜。在明知丈夫的种种恶行、遭受丈夫的种种暴行、对丈夫充满绝望后,为何不坚决离开?为什么不寻求相关妇联组织或法律的帮助?细细分析,在结婚生子后选择做全职妈妈,失去了经济独立、没有了人格独立,缺少了社会朋友,加之在异地他乡,除了依靠丈夫及婆家,似乎再无其他办法。而依附于丈夫的女性是受限制的,没有经济的独立,必须依靠别人,在很多时候需要委曲求全。依附于丈夫的女性是可怜的,丢失了女人的魅力,天天为了他人,容易在琐碎的家庭生活中迷失自己;依附于丈夫的女性是可悲的,不出去接触社会导致交往的范围十分狭隘,导致苦闷时无人倾诉,紧急时无人求助。

幸福的婚姻家庭是广大女性获得幸福生活的重要源泉，然而家庭暴力是影响、破坏婚姻的一个重要因素。目前我国家庭暴力发生率呈现逐年上升的趋势。而且，近年来随着家暴故意杀人、故意伤害案件的增多，越来越多的女性由家庭暴力中的受害者转化为施暴者，类似小玲这样的案件并不少见。家庭暴力的受害妇女往往因惧怕施暴方或要依附于施暴方而不敢反抗或维护自己的权利，更因为孤立无助又不知怎样求援，而使自己长期处于家暴的伤害和痛苦之中。

　　该案警醒我们，家庭暴力只有零次和无数次的差别，预防、制止家庭暴力，是我们每个人的责任，一方面要加强对《反家庭暴力法》的法制宣传和教育，普及反家庭暴力知识，增强公民反家庭暴力意识。另一方面，各级妇联社会组织要积极开展家庭美德创建活动，倡导和宣传科学、民主、文明的婚姻观，提高女性应对困境的能力和自信。要建立包括公安、法院、妇联、基层社区司法调解、本人单位等组成的家庭暴力预警系统，对苗头性家暴行为积极介入，有效解决，及时预防暴力升级。

　　新时代的女性，不一定要成为女强人，但一定要有经济独立、思想独立、生活独立、精神独立。如何培养女性独立高贵人格，这需要一个缓慢而长久的过程，需要家庭、学校的教育和引导以及社会观念的转变，但是有句话需要广大女性牢记，独立的女人最美丽。女性拥有更多独立，才能拥有更多选择、更多自由，才能在婚姻生活中不迷失自己，才能去创造属于自己的幸福、美满人生。唯有如此，才能避免像小玲这样的悲剧再次发生。

　　故意杀人，是指故意非法剥夺他人生命的行为，属于侵犯公民人身权利罪的一种。

　　《刑法》第232条：故意杀人的，处死刑、无期徒刑或者十年以上有期徒刑；情节较轻的，处三年以上十年以下有期徒刑。

女强人的堕落之路

一、案情回顾

被告人：晓丽，女，汉族，1962年12月21日出生，小学文化，个体经营，已婚（有一儿一女），案发时42岁。

犯罪事实：2008年8月，被告人晓丽因与丈夫李某不和，遂与其同居的被告人张某合谋将李某杀死。张某通过租住李某的房屋接近并认识李某后，于同年9月5日下午6时许，携带钉锤、编织袋等工具，骑摩托车将李某骗至市郊江堤上。当晚10时许，张某趁李某不备，用钉锤猛击李某的头部，将李某杀死后装入编织袋内抛入江中。随后张某打电话告知晓丽，并在返回城区后与晓丽一起将作案时所穿衣服和使用的手机等物抛入江中。同月19日，晓丽被抓获。当晚，晓丽协助公安机关将张某抓获。

判决结果：法院以故意杀人罪，判处晓丽无期徒刑，剥夺政治权利终身。

二、访谈面对面

今天访谈的主人公叫晓丽，今年55岁了，已经服刑6个年头。在入狱之前，晓丽多年在生意场上摸爬滚打，经过几十年的打拼，已经算得上是一位小有成就的女商人了。但是事业上的成功不能弥补晓丽感情生活的失败，她之所以会在不惑之年身陷囹圄，这还要从她的婚姻家庭生活说起。

晓丽的家乡素以"鱼米之乡"而著称，是全国重要的粮棉油、猪鱼蛋等农副产品生产基地。晓丽的家就住在当地最大的农产品交易市场附近,利用地理位置的优势,她父母一直在做农副产品批发的生意。家里人忙于做生意赚钱,也不太注重教育,小学二年级时,她就辍学回家帮忙照顾生意。后来晓丽觉得家里的工作太琐碎、枯燥,找了份商场销售员的工作。工作后经人介绍与李某认识,李某是一家工厂的职工,两人不久就领证结婚。

结婚之初,晓丽与丈夫李某两人感情和睦,甚至连吵架拌嘴的情况也少有。随着女儿和儿子的接连出生,生活开支激增,生活压力逐渐增大,于是晓丽和老公都从原来的单位辞职,开始自己创业做起农副产品批发生意。因为有娘家做生意的基础以及市场的不断扩大,晓丽的生意做得风生水起。在她的不懈努力下,还打开了附近城市甚至包括省会城市的市场,她家的商品获得了良好的口碑,各地的零售商源源不断地慕名而来。当晓丽谈到当初在生意场上的打拼以及所取得的成功时,脸上不禁流露出得意的神情。从访谈中晓丽表现出的淡定、从容以及与人沟通交流时的落落大方、侃侃而谈,可以想象晓丽作为一个生意女强人,当初在生意场上的春风得意和如鱼得水。

在周围人的眼中,晓丽是事业上的赢家,生意经营的有声有色,家里也添置了很多房产,两个孩子都去当地最好的私立学校读书,优越的生活赢得了很多人的称赞与艳羡。但是晓丽的心里还是充满了酸楚,事业的成功没有带来家庭的幸福,反而让她和老公李某渐行渐远,当初幸福的婚姻生活已渐渐地成为一团泡影。

生活富裕起来以后,李某开始整日与一些狐朋狗友厮混在一起,染上了一些不良习气,变得越来越懒惰、不上进,不仅无心打理生意,甚至对两个孩子也不闻不问。晓丽性格强势,脾气也有些暴躁,她看不惯李某的好吃懒做,经常训斥丈夫,于是吵架成了家常便饭。李某的性格也很急躁,吵起架来便不管不顾,随手拿起家里的东西就砸,连电视机都不能幸免,家中经常是满地狼藉。李某气急败坏的时候不仅会毁坏东西,还会伤人,在一次争吵中竟然拿烟灰缸砸中了晓丽的脑袋，砸得头破血流，晓丽最后被送到医院缝了三针。后来李某的情况越来越糟糕，吃喝嫖赌样样俱全，无论晓丽怎样劝说他都不听。最让晓丽心灰意冷的是老公的公然出轨。二人为此又爆发了激烈的争吵，李某不仅不知悔改，反而再次对晓丽拳脚相加。

李某的所作所为让晓丽愤怒无比，她向丈夫提出离婚，但丈夫坚决不同意。因为离婚对于游手好闲的李某意味着生活将毫无保障。名存实亡的婚姻让晓丽更加醉心于事业，她性格豪爽，做生意时出手大方，因此结交了许多生意上的伙伴。张某就是其中的一个，后来发展成了情人关系。

晓丽和丈夫的争吵仍在继续，并且在不断升级，李某的家暴行为也在不断持续。一次，李某直接把晓丽从二楼的楼梯上推下，导致晓丽小腿骨折住进了医院，丈夫却不来看一眼，原来的夫妻情分荡然无存。张某一直悉心照顾，并扬言要找人教训李某，替晓丽报仇。晓丽对李某的家暴行为怨恨已久，没有拒绝张某的提议。当警察出现在晓丽面前时，她才知道李某已命丧黄泉，而她已经成为了故意杀人罪的共犯。最后被判处无期徒刑，张某被判处死刑。

三、检察官评案说法

结束这次访谈，内心久久不能平静：一个女强人，有能力、有实力，生意做得不错，说明沟通能力也很好，缘何沦落为罪犯？

不知法、不懂法、不学法是主要原因。访谈中，晓丽一直强调，对于丈夫李某的死亡，事先并不知情也没有参与张某杀害丈夫的具体行为。在她看来，一个月前张某扬言要教训李某，替晓丽报仇，晓丽默许张某的提议，并与张某共同策划谋害丈夫李某，以及张某杀害李某之后帮助销毁相关证据，这都不能认定犯法，更不能认为是故意杀人。所以一审判决后，晓丽选择了上诉，很快被驳回，维持原判。小学二年级文化，识字不过百，也没读过什么书，更不用说学习了解法律知识了。她不明白自己没有动手为何也构成犯罪，在她的认知里，只有亲自动手一起参与才算是犯罪。

传统的"嫁鸡随鸡，嫁狗随狗"婚姻观，是晓丽悲剧的又一原因。中国有着几千年封建社会历史，自古女性婚后讲究三从四德，被看成男性的附属物，要求要从一而终。现代社会虽然倡导婚姻自由、男女平等，但封建传统思想的残存，社会舆论对离婚女性的不宽容，甚至在很大程度上带着歧视，尤其在农村等一些经济不发达地区，这种观念更甚，使得一些女性难以迈出离婚的第一步。一旦选择了离婚，面临的可能是周边人群的指指点点，人言可畏，外加"家丑不可外扬"，种种社会舆论的压力也使得这些女性在面对丈夫的家暴时，选择一再忍让，不敢反抗，不敢提出离婚。而一般的家暴常常被认为是夫妻之间的小打小闹，不值得为此离婚，"忍一忍就过去了""他是一时冲动，再给他一次改过自新的机会"。殊不知对于家暴的忍耐与宽容往往会带来变本加厉的伤害，酿成更严重的后果。

女性在社会中承受着很大的压力，作为母亲她们在家庭中又承担着更大的责任。女本柔弱，为母则刚。母亲的天性就是一切为了子女，为子女忍受再大的辛苦与委屈也在所不惜。现代社会对单亲家庭的子女或多或少都存在着歧视，认为家庭破碎会对他们的心理和性格产生重大影响。这在无形中使得很多女性为了给孩子一个完整的家庭，面对丈夫的家暴而选择委屈求全。其实单亲家庭的孩子茁壮成长的例子数不胜数，在家暴的家庭环境下反而更不利于孩子的成长，极易导致孩子仇视父亲或者轻视母亲。

晓丽代表了相当一部分女性犯人，这些女犯本来是家庭暴力的不幸受害者，她们在遭遇不幸婚姻时没有选择从中抽离，在沉默、妥协之中受害程度不断加深，忍无可忍之时，丧失理性，采取了法律所不能容忍的报复方式，最终使自己走上了不归路。

我们对像晓丽一样深受家庭暴力之害的女性怀着复杂的情感，一方面十分同情她们的遭遇，能理解她们遭受家暴时的痛苦，为了家庭、为了孩子的隐忍，以及对于丈夫能改过自新的极度渴望。但是另一方面也哀其不幸，怒其不争，如果她们能在家庭暴力问题恶化之前，更勇敢一些，果断一些，及时结束痛苦的婚姻，家破人亡的悲剧或许会减少很多，她们的生活或许能重新翻开崭新的篇章！

> 故意杀人，是指故意非法剥夺他人生命的行为。属于侵犯公民人身权利罪的一种。
>
> 《刑法》第232条：故意杀人的，处死刑、无期徒刑或者十年以上有期徒刑；情节较轻的，处三年以上十年以下有期徒刑。

我的忍让最终逼我走上绝路

一、案情回顾

被告人：小董，女，汉族，1981年12月1日出生，初中文化，务农，已婚（有一个女儿），案发时27岁。

犯罪事实：2008年10月1日10时许，被告人小董因家庭琐事与丈夫周某发生争执。在争执过程中，周某持木椅砸小董，小董则顺手从桌子上拿了一把水果刀朝周某左胸部捅刺一刀，周某出家门后倒地死亡（殁年33岁）。经法医鉴定，周某系生前被他人持单刃类锐器刺激左胸部致左肺破裂、心脏破裂导致急性失血性休克死亡。

判决结果：法院以故意伤害罪，判处小董有期徒刑12年。

二、访谈面对面

在监狱的谈话室，我们见到了今天访问的主角——小董。小董看起来是一位十分淳朴的中年妇女，刚见到我们时显得有些紧张和局促不安。经过一段时间轻松的聊天，小董渐渐放松下来，讲述了她的经历。

小董出生在一个贫穷落后的农村，地理位置偏僻，对外交通不便。小董的父母都是普普通通的农民，终年面朝黄土背朝天，她还有一个相差几岁的妹妹，一家四口过着平凡而简单的生活。小董从小对学习不感兴趣，初一时生了一场大病，耽误了很多课程，再也跟不上学校的学习进度，便执意不肯再回到学校。读书不多的父母觉得上学才是小董唯一的出路，苦口婆心地劝说女儿继续完成学业，但小董执意退学，父母只好放弃。

辍学后小董前往广东打工，由于学历低又没有技术，只能进工厂装配电子产品，工作辛苦而工资微薄。由于生活开销大，小董就像漂泊在繁华都市中的浮萍，无依无靠，很难维持自己的生活。一年后，她回到老家，在当地的一家医用公司打工，闲暇时还能回家帮父母分担一下农活儿和家务。

一晃几年过去了，小董的年纪也老大不小了，家里人开始为她的婚姻大事操心起来，不断催促她快点儿结婚。事实上，小董的感情经历一片空白，直到经朋友介绍认识了男朋友周某。周某家住城郊，家里也是务农。在一起不久，她就被男朋友带回家见了家人，男朋友的父母对她热情有加，简直把她当亲闺女一样看待。因为自身条件有限以及父母的不断催婚，小董对于结婚对象的要求也不高，只求能嫁给一个普通人，平平凡凡地过日子就好。男朋友对她照顾有加，未来的公公婆婆平易近人，两人的家庭也算"门当户对"，小董对自己的第一段恋情还挺满意，经过短短数月的相处，小董就与周某火速结了婚。

结婚之后，小董与公公婆婆住在一起，经过一段时间的相处，她觉得家里的气氛在慢慢发生变化。原来和蔼可亲的公公婆婆开始对她挑三拣四，因为一些鸡毛蒜皮的小事经常无故责备她，更让她心寒的是每当自己与婆婆发生冲突时，丈夫总是站在他妈妈的一边说她的不是。小董对丈夫提出过要与公公婆婆分家过日子，丈夫一直不同意，觉得与父母分家是一种大不孝的表现，随着摩擦的日益增多，小董与公公婆婆的隔阂也渐渐加深。后来小董生了一个女儿，这更加加剧了重男轻女的公公婆婆对她的不满，在小董生孩子住院期间，婆婆只借着送衣服的机会去医院看了她一次。每当小董看到病房隔壁的孕妇生完孩子之后享受着婆婆无微不至照顾时，心里都不是滋味。最让小董觉得不能接受的是，出院回家之后婆婆不但不帮忙照顾孙女，还常常给小董脸色看，婆媳之间的关系更加恶化。

　　婆媳关系的恶化使小董和丈夫之间的关系产生了裂痕。与此同时，丈夫对小董的态度与结婚之前相比也是一百八十度大转变，两人经常为一些生活琐事争吵不休，丈夫开始对她拳脚相向。随后，暴力在这个家庭中司空见惯，丈夫发起脾气来连自己的妈妈都打，公公与自己的父亲也十分不合，小董有几次甚至看到公公对他年迈的爸爸大打出手。每次丈夫对她实施殴打时，公公婆婆都是冷眼旁观不上前劝阻。隔壁的邻居有时实在看不下去，上前劝阻，但周某一点儿都听不进去反而对好心劝架的邻居破口大骂，致使邻居不敢再插手干涉。丈夫的家暴一直在持续着，小董经常是遍体鳞伤。有一次，她实在忍受不了丈夫的野蛮粗鲁，下定决心要与丈夫离婚，带着女儿回了娘家。回到娘家后，母亲对她离家出走的行为大加训斥，对她选择离婚的行为更是不齿，一直念叨着"嫁出去的女儿泼出去的水""多大的事儿就要离婚，说出去多丢人，日子忍忍也就过去了"。半个月后，小董无奈地回到自己家中，彻底打消了离婚的念头。

　　周某的家暴行为并没有因为小董的离家出走有所收敛，小董的极力忍耐换来的是丈夫越来越频繁的家暴和越来越重的下手。在又一次的争吵过程中，小董因为忍受不了丈夫喋喋不休的咒骂，还了一句嘴，丈夫随手就抄起手边的凳子准备砸向小董，小董慌乱地拿起桌子上的水果刀警告丈夫不要再靠近，丈夫置之不理，小董脑袋一片空白将手中的刀捅向了丈夫的胸口……警察带走小董时，她的身上伤痕累累，眼睛肿得都睁不开。

　　丈夫因失血过多而死亡，小董也因犯故意伤害罪被判入狱服刑12年。狱中的小董仍然保持着勤劳、朴实的本性，生产劳动十分积极，她因改造表现突出先后三次获得减刑，这也意味着她将提前出狱与家人团聚。访谈的最后，当我们问及小董未来的打算时，她的眼神里充满了无助，在监狱里已经度过了将近十年的时光，对于外面日新月异的变化她很担心自己能否适应，她也担心凭借她自己的能力能否独立抚养女儿，给女儿以安定的生活。对此我们只能深深祝福这个不幸的女人，希望她出狱后能重新开始，未来的日子过得幸福美好。

三、检察官评案说法

平淡的讲述让我们对小董充满了同情。她是千千万万勤劳、淳朴的农村家庭妇女的一个缩影，也是无数被家暴女性的一个代表。失手致使丈夫死亡看似偶然，其实也蕴含着许多必然的因素。小董开始对丈夫的家暴行为一再妥协、忍让，实在受不了就选择短暂的逃离躲避，走投无路之下又回到家中继续忍受丈夫的唾骂与殴打，在忍无可忍之下走上了绝路。

没有充分了解周某的品行就"闪婚"，这让小董后悔不已，也为她婚后的不幸埋下了伏笔。从小董的身上，我们看到了农村大龄"剩女"被不断催婚时的无可奈何与无能为力。逢年过节见面即问怎么还不结婚、何时结婚，不少人把迟迟不婚和干脆不婚的人当作异类。迫于家庭、周围人的压力，加上年龄渐长，一些女性经人介绍，与男性见上几面便匆匆结婚，算是对大家、对自己有了交代，是否与自己性格相合、习惯相似等都来不及考虑，更别说兴趣、爱好等精神层面的内容了。

法律意识的缺乏、对法律的无知，让她错失改变命运的机会。开始遭受家暴时，因为觉得"家丑不可外扬"，一直没有向别人倾诉寻求帮助，也没有选择离婚来逃离，而是一直在默默忍受。她的隐忍没有换来丈夫的改过自新，而是越来越频繁、变本加厉的殴打，直至对丈夫不抱幻想，对婚姻充满绝望。因为不懂法，她一直以为如果丈夫不同意离婚，就不能结束这段婚姻，不能彻底摆脱丈夫。直到女子监狱中开展反家庭暴力主题讲座，小董了解到还可以到法院起诉离婚。如果当时小董面临家暴时选择起诉离婚，或者运用法律的武器去追究施暴者的责任，现在可能是另外一种截然不同的结局。

一直以来社会对家庭暴力的错误认知，也使小董深受其害、孤立无助。对于儿子对小董的殴打，公公婆婆不闻不问；亲戚看到小董身上的伤痕，认为是夫妻间"小打小闹"，还劝小董不要放在心上；邻居经常能看到小董丈夫对她拳脚相向，觉得是别人的家务事，自己不好插手。小董身边的人对于她的遭遇，司空见惯，"事不关己，高高挂起"，这在一定程度上也对小董丈夫的家暴行为起到了推波助澜的作用。可以说，周围人对于家暴的漠视为后来惨剧的发生埋下了隐患。

在一个文明和谐的法治社会里，家庭暴力不仅是对家庭秩序的破坏，对家庭成员的巨大伤害，更是对社会文明和法治底线的突破。由衷地希望每位女性在婚姻生活中都能得到应有的爱护与尊重；希望大众面对身边的家庭暴力时不再冷眼旁观；希望女性在面对家暴的不幸时不再沉默、忍耐，而要采取适当的方法使自己及时结束不幸婚姻，逃离"火坑"，希望家庭悲剧不再上演。

故意伤害罪，是指故意非法伤害他人身体并达到一定的严重程度、应受刑法处罚的犯罪行为。已满14周岁未满16周岁的自然人有故意伤害致人重伤或死亡行为的，应当负刑事责任；致人轻伤的，则须已满16周岁才能构成故意伤害罪。

《刑法》第234条：故意伤害他人身体的，处三年以下有期徒刑、拘役或者管制。

犯前款罪，致人重伤的，处三年以上十年以下有期徒刑；致人死亡或者以特别残忍手段致人重伤造成严重残疾的，处十年以上有期徒刑、无期徒刑或者死刑。本法另有规定的，依照规定。

由受害到施害：家暴酿成的悲剧

一、案情回顾

被告人：秀英，女，汉族，1970年2月1日出生，初中学历，无业，已婚，案发时42岁。

犯罪事实：秀英的好朋友小玉长期遭受其丈夫王某无缘无故的殴打，小玉不堪忍受丈夫的家庭暴力，想要杀害丈夫以摆脱痛苦生活，并委托秀英帮其寻找杀手。2011年夏天，秀英结识了老乡周某，并帮小玉雇用周某杀害王某。2011年年底的一天晚上，周某邀约黄某在一处停车场用弩射伤王某后逃离。之后因王某同意与小玉离婚，小玉放弃杀害王某的意图，告知秀英并让周、黄二人停止行动。但周某仍未放弃杀害王某赚取佣金的恶念。2012年11月25日晚10时许，周某和黄某窜至王某的画廊，残忍地杀害了王某。

判决结果：法院以故意杀人罪，判处秀英有期徒刑7年。

二、访谈面对面

幼年丧母，逆来顺受

"我出生十个月左右，妈妈就去世了，后来爸爸又娶了一个，我在家里一直过得小心翼翼的，就怕被嫌弃是多余的人。"眼前这个才40多岁就已经布满白发的女人，瘦瘦小小的，微低着头，有些腼腆。"小时候继母对我还可以，没有打骂过我，但是毕竟不是亲生母女，我们之间也没有很亲近，我也比较敏感，生怕被继母嫌弃，所以我总是尽力帮家里干活。后来继母生了五个弟弟妹妹，家里人口多了，负担也重了，爸爸和继母也挺辛苦的。那个时候我上初中了，看着家里这一大摊子，继母也照顾不过来，爸爸也明里暗里说过让我退学帮忙照顾家里，我读书成绩也不太好，所以就从学校退了学回家帮忙照顾弟弟妹妹。"秀英从小失去母亲，没有得到过多少母爱，在生活的压力下早早地成熟起来，也正是因为这种坎坷的命运和经历，才造就了秀英委曲求全、忍辱负重的性格。

继母虽没有苛待秀英，但秀英时常感觉自己是家中多余之人，父亲、继母和弟弟妹妹才是一家人。所以，长大后的她渴望结婚成家，有一个属于自己的家庭。但是，婚后的生活并没有像秀英所憧憬的那般幸福，而是另一段不幸的开始。

遭遇家暴，同病相怜

秀英经人介绍嫁给了李某，终于有了属于自己的小家庭。刚开始，夫妻二人相敬如宾，幸福和美，对未来的生活满怀期待。秀英从小勤劳懂事，丈夫也踏实肯干，两个人认真经营着小家庭的生活。1994年秀英跟丈夫一起开了家公司，经营建材。1995年儿子小风出生，给这个家带来了很多欢乐。公司的生意不错，几年下来赚了不少钱，生活条件也越来越好。都说男人有钱就变坏，秀英没想到自己的丈夫也是这样，李某变得越来越暴躁，易怒、偏执的性格逐渐暴露出来。李某平时忙于经营公司，经常应酬喝酒，每次喝多了回家就会打骂秀英。原来的幸福生活荡然无存，秀英每天战战兢兢地活着。她也曾想过摆脱这种生活，但又舍不得孩子。秀英自己从小就没有妈妈，在重组家庭中长大,所以,她知道一个完整的家庭对孩子有多重要。秀英坚持着"给儿子一个完整的家"的信念,多年来默默忍受着丈夫的暴力殴打。

都说"幸福的人生总是相似的,不幸的人生各有各的不幸"。事实上,有时候不幸的人也是相似的。小玉是秀英的好朋友,她和秀英的情况十分相似。小玉的老公王某也是个脾气暴躁的人,近年来做生意也赚了不少钱,就开始在外面吃喝嫖赌、找小三,回家后一不顺心就打骂她,严重的时候曾把小玉打成重伤而住院。长期的家暴让小玉痛苦不堪,甚至曾想要自杀以寻求解脱。同样是家庭暴力受害者的秀英,对小玉的痛苦非常理解,当自己被丈夫打骂的时候,也恨不得杀了他,一了百了。但秀英还是经常劝小玉看在孩子的份上尽量忍让。但小玉最终还是忍受不了,选择了这样一种极端的方式来摆脱家暴的折磨。

不懂法律,雇凶杀夫

2011年6月,小玉再次遭受家暴后,找到秀英哭诉。小玉不堪忍受长期遭受家庭暴力的折磨,心中生出杀了丈夫以寻求解脱的想法,还让秀英帮忙寻找杀手。秀英心中同情与自己同病相怜的好友,但仍然劝说她多考虑孩子,尽量忍让。2011年7月初,秀英到X市收结货款时,偶然遇到了老乡周某。秀英跟周某聊天时,提起了好友小玉不堪忍受家庭暴力,想要花钱雇个人杀了自己老公一事。周某最近刚好欠了一大笔高利贷要偿还,一听到有丰厚的报酬,便接受了秀英的雇请。秀英把这件事告诉了小玉,小玉很快就答应了。同年7月末,小玉让秀英请周某到Y市来,并把王某的照片、地址、驾驶的汽车牌号等信息以及预先支付的5万块钱,让秀英转交给周某。周某和一个朋友黄某一起来到Y市后,用那5万块钱购买了弹簧刀、锤子、弩和旧摩托车等作案工具,多次跟踪、蹲守,以寻找机会杀害王某。后来,周某多次打电话给秀英索要资金，小玉又通过秀英给了周某 10 万元现金。周某在秀英这里知道了王某经营的画廊地址。2011 年底的一天晚上，周某他们在一家餐馆发现了王某，当王某吃完饭到停车场去取车的时候，周某用事先准备好的弓弩射向王某的面部。王某受伤后大声呼救，周、黄二人迅速逃离了现场。王某以为遇到了抢劫，回家后告诉了小玉，心情不爽的王某对着小玉大发脾气，并要跟小玉离婚。小玉心里很害怕，一听王某要离婚，就想放弃杀害王某的想法。她迅速打电话给秀英告知了自己的想法，秀英又第一时间给周某打了电话，让他们停止行动，马上离开 Y 市。

接下来几个月相安无事，秀英和小玉以为事情就这么过去了。但是，她们没想到的是周某并没有死心，还企图杀掉王某获得佣金。2012 年 11 月 25 日晚上 10 点多的时候，周某和黄某又携带凶器来到王某的画廊将王某残忍地杀害。事后周某才打电话告诉秀英，他们已经把人杀了，并且索要潜逃的费用。听到这个消息的秀英十分害怕、慌乱，无奈之下只好给周某打了 5000 块钱。

原本是家庭暴力的受害者，但是现在却成了施害者。秀英谈到过往的种种，内心已经平静了，但是却无时无刻不在后悔，"当时不懂法律，现在想想当时真不应该那么做"。家庭暴力固然可恨，受害者本应该通过法律手段来保护自己的合法权益，而不应该剥夺一个人的生命。对法律的无知，促使秀英和小玉这些家庭暴力的受害者走上了犯罪的道路。

三、检察官评案说法

原生家庭影响了秀英的性格，导致她把家庭看作自己最重要的一部分。秀英出生没多久生母就去世了，父亲再娶后，秀英在家里的处境必是难以和普通家庭的孩子相比。尽管继母对待秀英还算和善，没有打骂和虐待，可也没有像亲生母女那样亲密无间。尤其是在有了弟弟妹妹们之后，秀英越发觉得自己跟这个家的关系疏远，父亲虽是亲生，但是他也是弟弟妹妹的父亲，他并没有因为秀英从小没有亲生母亲而给予她更多的关爱。在这种情况下，秀英一方面觉得自己像个局外人，没有归属感；另一方面渴望拥有一个属于自己的家。这也是后来在丈夫长期的家庭暴力下，她也没有选择离婚的原因。她想要一个完整的家庭。

秀英和小玉是好朋友，也同是天涯沦落人，所以最能理解彼此的痛苦。朋友和她有类似的经历，这让秀英能够真正理解朋友的痛苦和处境。尽管她觉得这样做是不对的，可是不懂法律、没有文化的两人不知道如何拯救自己，摆脱家庭暴力的折磨。虽然前面实施了雇凶杀夫计划，但是第一次行动的失败已经惊醒了她们，丈夫同意离婚，这也让小玉看到了希望，所以她终止了行凶计划。秀英作为一个帮助者，初心只是出于同情与自己有相同遭遇的好友，帮助她摆脱折磨，既然朋友已经放弃了，她自然也没有坚持下去的理由，但是后面发生的事情和结果，都已经超出了她们的掌控范围。周某的残忍和贪婪，使得这两个女人坠入深渊。

很多女性在遭受家庭暴力后，不能采取正确的方法来保护自己，大多因为她们错误的婚姻观。秀英和小玉都是典型的中国传统女性，"嫁鸡随鸡，嫁狗随狗"的观念极深，即便是婚姻不如意，也不敢轻易离婚。这种情况并不是个例，现代社会像她们一样的女性还有很多，她们在面对家庭暴力或者夫妻感情不和，婚姻难以为继的情况下，依然选择忍耐、将就，却不离婚。一是为了孩子，希望给孩子完整的家庭，害怕单亲家庭给孩子带来不好的影响。二是为了面子，很多女性觉得离婚是很丢人的事情，还有就是好强心理，不愿意让别人知道自己的婚姻不幸福。而社会也对离婚女性存在偏见，认为离过婚的女性在择偶方面处于劣势地位，再婚比较困难，尤其是年龄大的女性，一旦离婚很难再找到合适的，所以就选择忍受和将就。三是女性隐忍和软弱的性格导致她们选择默默忍受，委屈求全。软弱胆小，害怕提出离婚会加剧暴力，而没有勇气离婚；还有就是很多家庭中男方家暴或出轨，事后又道歉求原谅，女方因为心软，就会原谅对方的错误。四是女性婚后如果没有工作，没有收入、经济不独立，如果离婚的话就会失去稳定的生活，也使得她们得过且过。这些也正是秀英没有选择离婚的主要原因。

家庭暴力是社会上普遍存在的问题，以前总是被当作家务事对待，警察不愿管，社区管不了。而家庭暴力引起的后果是严重且多方面的，对女性、孩子、家庭、社会等，都存在很大的危害，造成很严重的后果。对女性来说，家庭暴力极易导致受家暴女性"恶逆变"犯罪。就像本案中的秀英和小玉，长期遭受家庭暴力的折磨，心理及其意志遭受严重摧残，用以暴制暴的方式来寻求解脱，但最终葬送了自己的人生。

故意杀人罪，是指故意非法剥夺他人生命的行为。雇凶杀人的，应当以故意杀人罪的共犯论处，构成故意杀人罪。

《刑法》第232条：故意杀人的，处死刑、无期徒刑或者十年以上有期徒刑；情节较轻的，处三年以上十年以下有期徒刑。

无奈抡起的木棒

一、案情回顾

被告人：兰兰，女，汉族，1978年1月29日出生，小学文化，农民，已婚，案发时32岁。

犯罪事实：2010年9月26日上午11时许，被告人兰兰因其丈夫李某酒后找自己吵闹而生恨意，便手持一木棒进入二楼卧室，趁李某不备之机，朝李某的头部猛打三下，致李某死亡。经法医鉴定，李某因右颞顶部遭受钝性外力反复击打所致的严重颅脑外伤而死亡。案发后，兰兰报警投案。

判决结果：法院以故意杀人罪，判处兰兰有期徒刑10年，剥夺政治权利1年。

二、访谈面对面

兰兰面容憔悴，也许是多年繁重的农活所致，也许是与丈夫多年的暴力有关。而且，兰兰操着一口浓厚的家乡口音，在访谈过程中，我们不得不聚精会神仔细聆听她说的每一句话，才得以使谈话顺利进行。

兰兰出生在一个小山村，家里以务农为生，家庭条件不太好，家中又是五姐弟，生活过的更是拮据。兰兰小学毕业之后就没再继续读书了，其他姐弟也是很早就辍学去赚钱了。兰兰辍学后就在家帮着务农，顺便照顾家里的弟弟妹妹。

20岁时，经人介绍，兰兰同李某认识并结婚，很快就生下了女儿，5年后，又生下了儿子。结婚之后，兰兰在家照顾家庭，顺带做一些农活。丈夫也是农民，偶尔在工地上接一些零活。小家庭的经济条件不是特别好，但也不愁吃喝。

结婚几年之后，丈夫开始嗜酒，常常一回家就喝上两杯，喝的越来越多。喝酒之后就喜欢找兰兰的茬，从刚开始吵嘴，发展到后面的动手。兰兰是个沉稳老实的性子，对于丈夫的酒后找茬一直不搭理，丈夫说了几句之后就自觉没趣，也就慢慢消停了。但是，丈夫越喝越多，吵闹的也越来越厉害。兰兰的婆婆就住在附近不远，丈夫实在不可理喻时，兰兰就跑到婆婆家里去"避难"。有婆婆在，丈夫就不会做得很过分。等丈夫稍微清醒一点之后，就会为此向兰兰道歉，并承诺再也不喝酒。但是，事实上，丈夫并没有做到，甚至变本加厉，动手的次数越来越多，也越来越重。而兰兰，为了家庭的完整，为了一双儿女，一直在退忍。每当兰兰觉得要忍不下去的时候，看到女儿和儿子乖巧的样子，想起丈夫不喝酒时对自己的好，兰兰就狠不下心来离开这个家。兰兰的容忍，再加上婆婆的"庇佑"，这个家庭确实也一直相安无事。

一天，丈夫又喝的醉醺醺回到家，像以往一样找兰兰的茬。这次是因为兰兰偷偷给自己母亲塞了50块钱，被丈夫发现了，丈夫借此对兰兰骂咧不停，见兰兰不理他，就开始推搡兰兰。兰兰赶紧跑到婆婆家里，婆婆知道事情经过之后，给了兰兰50块钱，让兰兰拿给丈夫，事情就可以平息了。兰兰在婆婆家里坐了一会之后，感觉丈夫应该消停一点了，就拿着钱回了家。回家之后发现丈夫躺在床上，兰兰松了一口气，准备去洗澡时，丈夫突然坐了起来，看到兰兰就大步冲过来将她推倒在地，拳脚相向。兰兰赶紧把婆婆给的钱拿给丈夫，然而丈夫根本不管，还摁着她的头往墙上撞击。兰兰的力气根本无力反抗，只能任他殴打。似乎经过了一个世纪那么漫长，丈夫终于消停了，走去卧室睡觉。兰兰坐在地上，好一会才缓过神来。想到自己多年来的辛苦付出，换来的却是丈夫蛮横的拳打脚踢，一阵浓烈的怨恨从心中升起。正好，桌上一根撵玉米的木棒映入兰兰眼帘，兰兰拿起了这根木棒，走去卧室想教训丈夫，丈夫已经进入了睡眠，兰兰挥起木棒，对着丈夫的头部猛击了几下，丈夫被打的闷哼了几声，就没了反应。看到满地的血迹，兰兰一下慌了，呼喊丈夫也没有反应，赶忙跑到楼下喊邻居。之后兰兰在邻居的陪伴下报警。警察赶到时，丈夫已经死亡。

讲到这里，兰兰痛哭流涕。"我真的不是故意的，我只是想教训一下他，我怎么会要他死呢？我们还有儿子和女儿要抚养呢，我不想拆散我们这个家的！我们那里的人都相信我，我婆婆也相信我不会想杀他的！"现在兰兰入狱之后，兰兰的一双儿女由婆婆抚养，兰兰的婆婆虽然对儿子的去世痛心疾首，但她知道兰兰的遭遇，也愧疚自己没有管好儿子，所以没有怪罪兰兰。

当我们问兰兰为什么要一直容忍丈夫的暴力行为时，兰兰认为丈夫也不是故意的，他只是喝醉了酒，他不能控制自己，他是得了"醉酒的病"。丈夫每次醒来之后都会对她诚恳道歉，并承诺不会再犯，然而，一次又一次的暴力，终于击垮了兰兰，导致了悲剧。

三、检察官评案说法

兰兰出生在农民家庭，家境不太好，供不起他们五姐弟读书，而且，在当地，文化程度并不是一个多么重要的事情。所以，兰兰小学毕业之后就辍学了，在家里帮着做农活，照顾弟弟妹妹，以减轻家里的负担。这之后的许多年里，兰兰的交际范围都局限在家里，所接触到的事物也多是家长里短的一些杂事。兰兰组建自己的家庭后，这一点仍然没有得到改变。劳累琐碎的家庭生活，使得兰兰一直局限在一个农村家庭妇女的形态里，不管是接触到的人和事，还是自己的思想。

后天教育的严重匮乏，更加限制了兰兰同外界接触的范围和方式。小学文化，兰兰还在塑造自我、形成世界观、人生观的重要时期，就已经失去了独立思考的能力及外界为她开阔视野、充实胸怀的可能。

在听兰兰讲述自己对家庭如何付出却遭受丈夫如何待遇时，我们最大的感受就是心痛，为一直默默承受苦难最终被逼无奈，采取"两败俱伤"方式的女性而心痛。家庭暴力一直是这个世界上无法完全禁止的事情，不论是在女性地位贱如草芥的封建年代，还是在形式上已经男女平等的现代文明社会里。到底是什么原因，要去这么严重地伤害你的家庭成员、你的亲人？

曾经在网上看过一个非常触动人的印度短片：一个披着一头美丽长发的印度女人来到理发店剪头发，理发师都感叹她的头发之美丽。然而她却要求将其剪短。理发师不忍剪掉这一头长发，每次都只剪掉一点点。然后女人不满意，一次一次地要求再剪短。最后，理发师将其剪到齐耳的长度，认为不可能更短了。女人却说，再剪短一点。理发师耐心耗尽，终于愤怒地说："你是有多懒，就这么没时间打理你的头发吗？"女人抓着自己的头发，默默地留下了眼泪："这样我的丈夫就再也不能抓我的头发了……"在场的所有人，包括理发师和其他顾客听到之后都惊呆了，望着她。这个视频很短，但是它在触动人的同时也发人深省。家庭暴力能将一个美丽的女人变成什么样子，我们好像可以想象，却也无法想象。在另一方面，这个短片也显示出很大一部分女性对于家庭暴力的态度，那就是忍受，换着方式、换着态度地去忍受。就像这个短片里的女人被丈夫实施暴力，却只想着将自己的头发剪掉好减少自己的痛苦，而不是想着如何从根本上解决问题。尽管这个短片更多的是想呼吁大家对于被家暴妇女的同情，但不可否认是，很多女性确实不敢、不愿、不能反抗。

兰兰也是这样，在被丈夫家暴的过程中，兰兰不是没有过犹豫，也想过要狠下心来离开。但是，一想到要抛下这个家，想到儿女没了父母中的一方会有多么可怜，还有丈夫的苦苦哀求，加上周围邻里和婆婆家人的各种劝说，兰兰就狠不下这个心了。加之农村家庭妇女群体普遍认为的"离婚是很丢脸的"思想，让兰兰脱离当地的文化影响，接受"独立女性"这样的观念，是很难做到的。

兰兰是可怜的，她一直作为受害者，无辜地承受着丈夫的殴打，她本该得到社会的同情和救助，还有法律对她的保护，然而，法律的救助不到位，社会的关心不及时，她不得已就采取了错误的办法，伤人害己，无可挽回。

> 故意杀人，是指故意非法剥夺他人生命的行为，属于侵犯公民人身权利罪的一种。
>
> 《刑法》第232条：故意杀人的，处死刑、无期徒刑或者十年以上有期徒刑；情节较轻的，处三年以上十年以下有期徒刑。

❓ 分析与反思

除了前面所述的案例之外,日常生活中关于家暴犯罪的报道也屡见不鲜。S 省 Z 市受家暴妇女李彦(化名),婚后不久开始遭受家暴,在 2010 年 11 月 3 日,不堪家暴的李彦用钢管重击丈夫谭勇(化名)的后脑勺致其死亡,随后李彦被判故意杀人,被判处死刑立即执行,2012 年底经最高人民法院核准了死刑。此外,S 省的仵某在遭受自己丈夫家暴后砍了丈夫 27 刀,被判死缓。本省另有罗某因不堪丈夫长期的家暴,手持斧头将丈夫杀死,被判有期徒刑 13 年。这些案件同小玲的案件性质一样,都是家暴后或长期家暴后,"恶逆变"反施暴杀死自己丈夫的案件。近年来,《反家庭暴力法》的出台,社会更加关注这类的新闻,这类案件的报道越来越多,女性由家暴被害人"恶逆变"转为犯罪人的现象值得关注。

一、"恶逆变"的背景

(一)遭受家暴的类型

此类案件中,有相当部分的女性长期遭受家暴,丈夫动辄对其进行打骂、侮辱,以殴打、捆绑、禁闭、残害或者其他手段对这些女性从身体、精神、性等方面进行伤害和摧残。家庭暴力直接作用于受害者身体,使其身体上或精神上感到痛苦,损害了她们的身体健康和人格尊严。同时,伴随着这些家暴行为,同时还有"冷暴力",这让案件中的妇女体会不到家庭和婚姻的幸福，进而长期处于一种消极情绪和担惊受怕当中。

（二）家暴的长期性和反复性

家暴的发生一般呈循环性，其过程分为：首先是紧张状态阶段，在这个阶段双方出现言语攻击和敌对状态的同时，伴随对受害者自信心的彻底打击；随后会进入武力阶段，随着紧张、压抑状态爆发，家暴行为转化为对受害者的攻击、袭击，随着紧张的缓解，施暴者可能表现出对受害者的歉意、温柔；之后是亲密阶段，反复攻击的施暴者常表现出深深的良心谴责、悔恨和不再会有类似行为发生的誓言，受害者常满怀希望，认为施暴者会改变，但是绝大多数情况是，这一循环再次简单地重复。这样一次又一次地长期且反复的过程不断致使家暴受害者积累怒火和绝望情绪，为"恶逆变"埋下伏笔。

（三）家暴方式对"恶逆化"犯罪手段的启发

对受害者来说，遭受的多种暴力形式常交互出现，施虐者对受害者进行肉体上的攻击可表现为：殴打，用拳或物击打、踢、掌掴，用武器（刀、枪）威胁等，交互出现，且反复发生，愈演愈烈。在长期遭受如此对待的情况下，家暴受害者很可能学习到这样的施虐方法，在"恶逆化"之时，对家暴施虐者的暴力报复，多半都会采用这些相同、类似的施虐方法，有的甚至更为恶劣。比如小玲案中，她直接一刀砍在喉咙处，并且碎尸；还有仵某连砍27刀，还有李彦钝击丈夫用的就是丈夫生前多次打她的钢管。

二、"恶逆变"的直接导火索

"恶逆变"的直接导火索一般是指在某次具体的施虐行为中，因某些主客观因素，导致家暴行为未能向往常一样"正常""顺利"进行，而使得女性有机会得以"逆变"成功，实施了犯罪行为。

（一）主观因素

这个主观因素来自家暴施虐者和受害者两个方面，是两者共同导致的结果：来自家暴施虐者的主观因素首先起作用，由于引发"恶逆化"发生的最近一次家暴过于恶劣，这样的恶劣来自施虐者主观上极大的伤害故意，从而成为了引发后续施虐者家暴行为的情绪引导。这种比平常更为恶意的主观情绪可能激发了家暴受害者的反抗，而基于以往家暴是"家常便饭"的心态，施虐者仍不依不饶地继续实施侵害行为，或者是看到受害人反抗，心有忿忿，变本加厉，从而成为家暴受害人突发性反抗的导火索。另一方面的主观因素是来自家暴受害人，也就是"恶逆化"者在接受到前文所述的来自施虐者不良主观情绪的影响以及自身反抗情绪的提升，两种完全对立的主观情绪，进而引发了后续的客观行为。

（二）客观因素

一是由施虐者和"恶逆化者"主观因素所引发的殴打、反抗行为，前文已经简要谈及，于此不赘。二是施虐者的身体状况、精神状况与平日不同。我们在许多案件中均发现了这样一个问题，几乎接近一半的施虐者在案发当天都喝了酒，或者是属于深夜比较疲惫的状态。也许，平时的殴打也是在酗酒之后进行，但是案发当天这样的醉酒情况，导致体力或精神上的不济，使得女性得以拉平与男性在体力上的差距，使得女性有能力、有条件"恶逆化"地实施犯罪行为。例如，湖北省罗某杀夫一案，就是正午时分受到丈夫殴打，午饭后趁丈夫酒醉午睡，手持劈柴的斧头砍下了丈夫的头。也许平时的家暴多在醉酒后进行，这是农村应该被摒弃的社会风气，但是不得不承认，正是由于丈夫的醉酒，才给予了女性"逆化"的机会。在平常的家暴中每一次女性都可能有机会，而正是这一次的机会结合了上文笔者描述的主观因素，二者共同作用，才发生了"逆化"。

（三）偶然因素与意外事件

偶然因素与意外事件本应该属于客观条件，属于客观因素，之所以笔者着重拿出来谈，是因为偶然因素与意外事件的作用在"恶逆化"的案件中甚至比客观因素中施虐者身体精神不济更为明显。仅就小玲的案件而言，据她本人描述，当天她已经被丈夫打的毫无还手之力了，丈夫还拿菜刀追赶，追赶途中不慎摔倒，小玲得以脱身，气愤激情之中，拿起菜刀，实施了杀害行为。可以说，小玲丈夫的滑倒是个意外事件，是个偶然因素，正是因为这个偶然因素才使得"恶逆化"得以发生。很难说，没有这个偶然因素，小玲会不会杀害其丈夫，笔者不妄谈假设，但是可以肯定的是，没有丈夫的摔倒，以小玲的体能是很难"逆化"成功的。笔者亦不谈，这个偶然因素发生的好与坏，因为很难去判断如果没有这个偶然因素，小玲和丈夫之后还会发生什么，假设性的问题，在此就不值得我们反思了。

之所以将偶然因素和意外事件单列出来，除以示重要之外，更因为这个偶然因素和意外事件的性质与女性暴力犯罪的特点有着逻辑上的紧密联系。女性因为自身生理和心理上的特点[①]，相较于男性，女性不太能主动地实施暴力犯罪，尤其是自己作为直接实行行为人。那么，女性暴力犯罪的发生，主观上基于情感，客观上的偶然因素是最大的推手，否则以女性自身的心理素质、身体素质，是很难实施成功这样的犯罪的，尤其是男性有防备的情况下（笔者还谈过女性杀人的案例，较常见的是女性作为帮助犯或者是谋划者，具体的杀害行为都是由同案的男性去实施）。笔者谈及偶然因素，意不在说明女性暴力犯罪是完全出于偶然，毕竟偶然是必然的偶然，犯罪结果的产生往往就是由无数个偶然拼凑在一起发生的；也不是为女性暴力犯罪开脱，无论是不是受到了家暴而实施杀害行为，我们都不能鼓励以剥夺他人生命的行为保护自己的法益不受侵害，我们可以要求对这些女性犯罪人从轻处理，但是对她们认定正当防卫或者是防卫过当是不适合的，因为尽管是偶然因素导致的结果，但是她们仍具有犯罪的故意。赘述偶然因素，旨在强调女性当时所具备的犯罪条件和其犯罪心理特征是吻合的。从客观层面肯定了对女性犯罪心

---

① 女性生理、心理特点参见本书关于"女性犯罪原因"部分。

理研究结论的可证性，对日后的犯罪预防有着极大意义。

三、"恶逆变"的过程

（一）关于"逆变"情节的认定

家暴情节的认定比较困难，调研案例中，只有 48.15% 的一审判决认定女性被告人遭受家暴。大多数女性受教育程度较低，维权意识淡薄，平日遭受家暴敢怒不敢言，少有寻求有效的帮助，因而没有留下太多关于遭受家暴的证据，证据链不完整法官也就无法采信这一情节的存在，对于量刑影响颇大。《关于依法办理家庭暴力犯罪案件的意见》虽然已经出台，但其中例如第 20 条对何为"情节较轻"方面的规范仍然过于笼统，不够细致，法官仍有较大的自由裁量权。因而在审理这样的故意杀人案件中仍会惯用普通故意杀人案件的思维去审理，量刑偏重。综上所述，家暴"恶逆变"女性在被害人有明显过错前提下所得到的量刑仍然超出了大部分人的预期值，使得"不公"感尤为强烈。故意杀人罪是侵害公民人身权利里面最重的罪名，其量刑幅度也相对其他罪行要高。我国《刑法》第 232 条规定："故意杀人的，处死刑、无期徒刑或者十年以上有期徒刑；情节较轻的，处三年以上十年以下有期徒刑。"即只要实施了故意杀人的行为，一般的量刑起点都是 10 年有期徒刑以上。如此看来，对于这类"恶逆变"杀人行为的量刑也不足为过。但在"情节较轻"这一档量刑最低却可是 3 年有期徒刑，可是我国刑法对"情节较轻"缺乏明确的解释，使得实践中对此认定标准不一。那么"恶逆变"的情况能不能算是情节较轻，就要从各方面的因素来综合考量了。而值得一提的是，在小玲案中出现了残忍的"碎尸"情节，这就不能说是情节较轻了，应该是情节恶劣，但是被告人在原先的夫妻关系中属于被害的一方，被害人在原先的关系中属于施虐一方，那这样的报复心理结合偶然因素的发生，尤其是被害人生前还在进行不法侵害，我们在这样的情节中如何认定"防卫""正当防卫""防卫过当""情节较重""情节较轻""被害人有过错"等，都是学理上和实务中争议的问题。

（二）关于"逆变"发生后的主观推断

"恶逆变"杀夫案件中，犯罪人杀人的原因普遍是出于极度的恐惧、对现状的绝望等因被害人施暴引起的负面情绪，而她们最终的目的仅仅是为了摆脱被打的现状。也就是说，她们的行为一定程度上是对非法人身侵害的反应，她们追求的是终止施加在她们身上的非法侵害而选择杀人的。这样的行为就其主观恶性来讲，比谋财、图色等而杀人的行为要轻得多。前者是对不法行为的"反抗"，后者单纯是对合法权益的侵害。根据罪责刑相适应原则，刑罚轻重应当与既往犯罪行为的恶意和损害程度相适应，主观恶性小的人犯罪对于法律规范、社会秩序和公序良俗的破坏的"故意"要低于主观恶性大的人，也即其罪过较小，应该得到较轻量刑。所以综合考量"恶逆变"者的主观恶性通常较低，在量刑时应当充分考虑。

值得注意的是，事后推演事中"主观"的做法是否合适，结合小玲案例，"逆变"之后采取残忍的"碎尸"情节除了毁灭罪证之外，有没有极大的报复恶性？包括连捅丈夫27刀的仵某，这属不属于主观恶性极强的行为体现？若是单纯出于对恐惧的"反抗"，笔者认为可以考虑从轻，但是情绪都不是单一的，每个人都是情绪的集合，女性更是感性的动物，在"逆化"行为实施的时候，因受到遭受侵害和自己反抗行为的双重刺激，滋生"报复""快意恩仇""同归于尽"的情绪是必然的；同样，事后试图掩盖罪证是人性使然，但采取"碎尸"做法，很难说没有报复情绪在里面，法官也很难给公众一个交代，一个"碎尸案"要从轻量刑，这是司法实践中经常遇到的法理和情理的矛盾，公正和舆论的矛盾。

（三）"恶逆变"的人身危险性

人身危险性是指基于犯罪嫌疑人人身因素可能给社会带来的危险，是犯罪人和潜在犯罪人的人身特征，强调其再次犯罪的可能性，属于行为人本身的特征，与社会危害性这一犯罪特征是不一样的。其与社会危害性不一定成正比，人身危险性受环境、性格等一些列因素影响，社会危害性大的犯罪人未必人身危险性就大。"恶逆变"就是很好的例子，小玲案件中，她杀人分尸烹煮这一行为社会危险性可以被判定为"极大"，但若要说人身危险性也就是她再犯的可能，那就未必同样大了。毕竟没有丈夫的长时间毒打，行为人也不会选择这样的解决方式。而笔者在访谈故事和心得中已经向读者展现了一个改造良好、温婉贤淑的小玲，也就是说，判定行为人的人身危险性要有一定的前提条件，要把行为人放置在该条件下考虑其再犯的可能性才是合理的。在"恶逆化"案件中，被害人都是存在严重过错的一方，这就使得行为人的应受谴责性大大降低。① 可以说，没有丈夫的吸毒、制毒，小玲应该是一个幸福的人，是一个可以给别人带来幸福的人。某种意义上说，小玲的行为在情理之中、法理之外。贝卡里亚指出："刑法如果超过了保护集存的公共利益这一需要，它本质上就是不公正的。"刑罚作为公权力维护秩序的一种手段必须要在合理的尺度之内行使才能保证这个社会的公正，刑法在保护法益的同时，也要保障人权，法院对小玲的判决是合理的，同时由于小玲本身的努力，她已由死缓改为有期徒刑，这正是报应主义和功利主义并重的理念，是法益保护和人权保障的理念，是公平、正义之所在。

四、"恶逆化"的预防

对于妇女犯罪的预防，学界已经有了很多探讨，"恶逆化"的犯罪是女性犯罪的一部分，对于"恶逆化"的犯罪预防，可借鉴其中的学说。但根据

---

① 马照平：《故意杀人罪中被害人过错对量刑的影响》，载《广西政法管理干部学院学报》2010年第4期。

"恶逆化"犯罪情节特殊、量刑多为重刑、社会较为关注的特点，笔者认为从法制预防的角度更为妥当。

完善《反家庭暴力法》应该是重中之重的，因为家暴可以说是"恶逆化"根源所在。《反家庭暴力法》已经出台，从中可见立法者对于家暴行为严惩不贷、高度重视的精神。其中的"人身保护令"更是体现了对家暴受害者加大保护力度，体现了对这一弱势群体的关怀与支持，反映了社会法治精神的发展进步。其中一个亮点是明确了"家暴"不再是家庭事，每一位市民或者相关单位都有责任举报身边的暴行，去帮助受害者。但也应该看到，《反家庭暴力法》仍然有许多不细致、不全面之处，例如公权力介入的方式、手段仍不明确，使得社会各方力量不知自己身处何位，该行使什么权利去保护这些正在遭受不幸的人。笔者认为，必须依靠社会和公力形成链条合力救济家庭暴力的受害者，才能有效从源头预防"恶逆变"的发生。毕竟一个悲剧足够让我们痛心，但这个悲剧却是我们有能力去阻止的。除了要从量刑上体谅这类型的行为人，在改造期间关爱、呵护这些人，更重要的是依靠一个全面、有效的法律系统帮助她们走出家暴的阴影，让她们不再"逆变"才是最重要的。因为，刑罚的预防目的就是减少犯罪。

第二节　情感背叛

结婚之时人们往往都许下了"执子之手，与子偕老"的诺言，"愿得一人心，白首不分离"也是所有女性对于婚姻生活的期盼。然而，理想的婚姻生活常常被现实生活中的诱惑击垮，本章的案例集中展示了由"婚外情"引发的女性犯罪。"婚外情"在过去被贬称为"通奸"，是违背伦理道德、备受谴责的行为。改革开放以来，随着社会价值观的多元化，这一叫法逐渐被相对中性的"婚外情"一词所取代，反映了人们对这类行为采取了比过去较为宽容的态度，但这绝不意味着这种行为不应受到谴责。尤其是近年来，女性犯罪尤其是暴力犯罪与婚外恋有着密切的关系，更值得我们关注。

法不容情

一、案情回顾

被告人：小珍，女，汉族，1961年8月14日出生，小学文化，农民，离异，案发时47岁。

犯罪事实：被告人小珍与被害人曾某相识后于2001年开始同居生活。

2008年10月21日晚7时许，小珍回到出租屋内，正遇见曾某的情人王某某，两人发生争吵。不久，曾某回来，故意在王某某面前说小珍老了，不是他老婆之类的挖苦、刺激的话，并与小珍发生争吵，王某某见状离开。小珍和曾某继续争吵至晚上11时许，后曾某上床睡觉。被告人小珍想到曾某花她的钱，还在外面沾花惹草，遂起报复之心，从厨房拿了一把菜刀朝熟睡中的曾某头、颈连砍数刀。事后，被告人小珍将菜刀扔在隔壁黄某家门口，逃至湖南省藏匿，后被公安机关抓获。经法医鉴定，被害人曾某系遭锐器（刀）砍击，颈总动脉破裂、颈内动脉离断导致其急性失血休克死亡。

判决结果：法院以故意杀人罪，判处小珍死刑，缓期二年执行，剥夺政治权利终身，赔偿附带民事诉讼原告人曾某经济损失人民币3000元。

二、访谈面对面

屋漏偏逢连夜雨

粗糙的脸，一双饱经风霜的眼上架着一副圆框老花镜，镜角还有破裂的痕迹，头发花白而凌乱，举手投足之间给人一种老态龙钟之感，这便是小珍。她出生在湖北省C市，家中有六个兄弟姐妹，她排行老三。父亲现在已经85岁，住在老家，母亲早年因病去世。从小家庭条件不是很好，加上兄弟姐妹又多，因此只读过半年夜校，到现在也只能勉强写自己的名字。不识字给她的生活带来了不小的麻烦，逢年过节出门她都必须把乘坐的车次和乘车地点背下来，只有这样她自己一个人才不会走丢。

22岁的时候，小珍结婚，嫁到了湖南省，和老家也不算太远，只隔着一条河，婚后先后生下了一儿和一女。丈夫在市玻璃厂上班，她基本不出门，平时就在家操持家务和照顾两个孩子。本来一家四口的生活勉强还过得去，怎奈30岁那年夫妻两个闹矛盾，亲戚朋友们谁也劝不住，最后选择了离婚。双方约定孩子跟着男方，主要由爷爷奶奶抚养。离婚后前夫没有重新组建新的家庭，他一个人为了两个孩子忙得不可开交；而离开丈夫后的小珍，生活过得甚是凄惨。母亲早就去世，年迈的父亲跟着自己的大哥住在一块，哥哥嫂子已经年过半百，不仅要照顾自己的家庭还要赡养年迈的老父亲，自己如果这时候回去，只能是给哥哥嫂子添负担；而作为姐姐，弟弟妹妹那边更是不好意思去打扰的，情面上也过意不去，所以她就打消了回娘家的念头。没有了生活来源，就得出去找事做，可是自己大字不识一个，力气活又干不来，一直没有找到一份稳定的工作，手上连租房子的钱都不够。那段时间，她每天以捡垃圾、帮人擦皮鞋为生，晚上也没有住的地方，就只能露宿街头。每天下来也就能挣个几十块钱，保证自己不会饿死。

人生长恨水长东

这样的生活持续了一年左右，直到认识了陈某。陈某是经自己弟弟的岳父认识的，和自己年纪差不多，住在乡下农村，也离过婚，有三个孩子，条件不怎么好，但听小珍说人长得挺好看的。两人没交往多长时间就同居了，随即小珍住到了陈某家中，结束了过去颠沛流离的生活。小珍跟了陈某五年，两人没有办理过正式的结婚手续，在这期间，她每天的生活就是种田、喂猪和帮陈某带三个孩子，日子过得比较拮据但却比较充实，总之比自己一个人要强。然而，陈某却不怎么顾家，白天基本上看不见人，晚上总是深更半夜才回来，后来干脆就夜不归宿，对自己的儿女也不闻不问。小珍问他一直以工作忙为理由搪塞，后来才知道他在外面有了别的女人，天天在外面鬼混。小珍越想越气，就去找陈某理论，两人还大打出手，忍受不了这种委屈，后来小珍就拍屁股走人了，这段感情也就此结束。

和陈某分手后，小珍又开始了一个人的生活，后来一个偶然的机会让他结识了曾某，也就是本案的被害人。曾某父母双亡，自己的弟弟妹妹都相继成了家，他以前因为赌博罪坐过牢，坐牢期间老婆带着孩子一走了之。2001年，曾某与小珍相识并同居。曾某也没有一份稳定的工作，天天混迹于各大游戏厅，小珍托自己弟弟找关系把曾某搞到弟弟所在的粉碎厂上班，可由于曾某和弟弟关系不好，相处的并不融洽。有一次做工的时候，曾某和弟弟发生口角，更是不小心将弟弟的手臂搞进粉碎机里轧断了，好在没有生命危险，据小珍说工厂老板还赔了17万元。也正是这次事故之后，曾某便没继续在粉碎厂上班了。后来他和一个朋友合作搞了几台老虎机，靠这赚点钱。小珍虽说没读过多少书，但他知道曾某搞老虎机这个事并不是什么好事，其实就是在钻空子，性质类似赌博，警察抓得紧，所以风险很大，时刻得提心吊胆。但只要老板自己不参与其中，玩老虎机的人十赌九输，收入还算可观，小珍也就没多说什么。

小珍以为自己总算可以过点安稳日子了，可现实却不尽如人意。曾某有很多陋习，抽烟喝酒、打牌赌博，脾气也不好，甚至还有暴力倾向，往往喝完酒之后一言不合就打小珍。他每天接触的都是些社会闲散人员，整个人十足就是个混社会的，有一次吵架还说要拿老鼠药毒死小珍。时间久了，小珍有时真的是万念俱灰，也曾有过自杀的想法和举动：她曾服过老鼠药，后来被邻居发现送往医院抢救过来了；她还跳过井，也被人救起来了。小珍一想到自己这已经是第三段感情了，再去吃第四碗饭就没意思了，咬咬牙也就忍了，只怪自己命苦。小珍也向曾某说过自己的想法，可曾某根本不予理会，他不仅没有认识到自己的错误，而且还变本加厉。

据小珍回忆，那天是自己爸爸的生日，想着和曾某一起回趟家陪爸爸吃顿饭，可曾某说有事情，打死不肯去，小珍只得一个人回了娘家。晚上回来时，撞见曾某和一个女的在一起（王某某），小珍一气之下，朝着二人大骂，曾某也不甘示弱，当着王某某的面，说小珍年老珠黄，根本不是自己老婆之类挖苦、刺激的话，王某某见此情景，转头就离开了。王某某走后，小珍和曾某二人一直吵到晚上十一点多，后曾某懒得理会才独自一人上床睡觉去了。小珍想到自己辛辛苦苦地经营着这个家，曾某不仅对这个家没有做过什么贡献，而且对自己一点都不好，现在还在外面有女人，遂起了报复之意。趁曾某熟睡，将其杀死。

来到监狱后，儿子和女儿一起过来看过自己一次，其他时间都是打亲情电话。儿女们都成家了，有了自己的孩子，自己母亲坐牢的事，儿女们一直瞒着自己的配偶。他们也是住在农村，条件不怎么好，一直也没说过出狱后接小珍同住之类的话。小珍的兄弟姊妹们，自她犯事进来之后，几乎就断了联系。小珍的余生也只能在悔恨里度过。

三、检察官评案说法

整个访谈过程中，小珍说着说着眼泪就情不自禁地掉下来，一度哽咽的说不出话来。命途多舛的她，让人心生怜悯与同情。小珍的悲剧，一时冲动的背后隐藏着更深层的社会原因。

命运就像过山车一样和她开着玩笑，她想要什么仿佛就会失去什么。她无比地渴望一份稳定的生活，却经常风餐露宿；她无比地期望一份美好的爱情，身边的男人却总是一次又一次打破她的幻想；她无比地希望能够和儿女们共享天伦之乐，却永远承受着人情的冷漠。沾花惹草，对爱情不专一，这是向来对爱情忠诚而且对生活充满美好期待的小珍所无法忍受的，或许是抱着一种"既然你不仁，就休怪我不义"的心态而毁灭了自己的爱人。

在落后的农村地区，女性得不到应有的尊重和权利，有些甚至遭受虐待，成为家庭暴力的受害者。长期的家庭暴力侵害了女性的人格尊严和身心健康，甚至威胁生命。女性作为弱者往往无法及时有效地遏制家庭暴力，如果受害者本人又不知运用法律武器来保护自己的话，在忍气吞声、长期遭受暴力的扭曲心态下，就会采取法律禁止的手段——杀人，从而酿成恶性事件。小珍在这种长期家庭暴力的环境下，忍让的过程中产生的怨恨和愤怒情绪不断积累，积累到一定程度就会爆发。小珍在忍无可忍的情况下杀害曾某，就是其情绪体验在某个特定的时间和地点释放出来产生巨大的危害社会的结果。

小珍由于从小没有接受过学校文化教育，其文化程度低，法律意识淡薄，所以她想当然地认为曾某这种人死有余辜，自己不应该受到法律惩罚，这也是她采取杀人这种简单、粗暴的问题解决方式的原因之一。她不懂得寻求法律途径或者其他理性途径来解决问题，最终导致了这一悲剧的发生，这是认识水平低导致应对问题方式不成熟的结果。

故意杀人罪，是指故意非法剥夺他人生命的行为。生命是行使其他一切权利的基础和前提，任何公民的生命都受法律保护。凡年满14周岁并具有刑事责任能力的自然人，均可以构成故意杀人罪的主体。

《刑法》第232条：故意杀人的，处死刑、无期徒刑或者十年以上有期徒刑；情节较轻的，处三年以上十年以下有期徒刑。

为了"他"杀害丈夫,值得吗?

一、案情回顾

被告人:阿容,女,汉族,1981年7月19日出生,小学毕业,已婚,案发时27岁。

犯罪事实:被告人阿容与丈夫陈某婚后关系素来不和。2008年3月,被告人阿容与陈某来到某砖瓦厂打工,并认识了同在砖瓦厂打工的被告人张某,因张某、阿容经常互发内容暧昧的短信,陈某为此多次与阿容发生争吵。阿容遂起杀人之心。同年4月26日晚,阿容与张某电话联系,以陈某经常殴打她,还扬言不放过他们为由,要张某将陈某杀死,并承诺到时候与张某结婚。张某表示同意,并商定次日在陈某陪阿容回家的路上将陈某杀死。4月27日下午,阿容约陈某到某诊所陪其输液,并将自己输液之后的行程电话告知张某,要求张某伺机作案。张某接到电话后窜至附近埋伏。当天晚上8时许,张某从路边冲出,持砖块朝陈某的头部猛击数下,致陈某当场死亡。随后,阿容帮助张某将陈某的尸体拖至路边草丛里,后由张某将尸体弃于砖瓦厂泵站的水池内。经法医鉴定,被害人陈某系被他人以钝器打击头部造成脑功能障碍死亡。

判决结果:法院以犯故意杀人罪,判处阿容死刑,缓期二年执行,剥夺政治权利终身。

二、访谈面对面

初见阿容，小小的个头，细长的眼睛，坐到我们面前时，脸上的神情很平淡，给人一种朴实、温顺的感觉。然而，随着访谈的深入，一个跟我们想象中完全不一样的阿容慢慢呈现在眼前。

阿容出生在农村，父母都是农民。阿容还有两个姐姐，父母一直想生个儿子，无奈生了三个女孩，家里经济条件又不好，只得作罢。从小，父母务农就很忙，陪她们的时间就很少，更不要说管教了。由于家庭经济条件的限制，阿容小学毕业之后就没再继续上学了，这期间，父亲因病去世，而两个姐姐在外地打工，家里负担很重，于是阿容就留在家里帮着母亲务农。阿容很干练和强势，也很精明，即便年纪不大，但家里的事情很多都是由她做主，她将家里打理的井井有条。

在家里待了四年多之后，阿容年龄也不小了，总在家里待着也不是长久之事。而且，看着大家都去外面做事了，阿容也想出去看看，还能多赚点钱。因此，阿容就去投奔两个姐姐打工的城市，在一家砖瓦厂当工人。一年后，家里人为她介绍了对象，也就是她现在的丈夫。阿容跟丈夫见过几次面之后，觉得还不错，就结婚了。婚后，阿容在家务农，丈夫跟着阿容的一个远房叔叔在外做生意。后来阿容怀孕了，生下了儿子，就一心在家带孩子，日子过的很平淡。然而，丈夫突然与那个远房叔叔因为生意闹的特别僵，两家也因此断了往来。为这事，阿容与丈夫关系开始恶化，阿容怪罪丈夫，觉得都是丈夫性格不好，为人有问题，才导致他们两家闹掰。尤其是后来，那个远房叔叔有一天还拿着刀去她们家里，将阿容的儿子和侄女都砍伤了，儿子差点没命，住了好长时间医院。阿容一直将这个事情归咎于丈夫，两人经常吵架，日子过的十分辛苦。

丈夫生意失败后，家里经济来源缩减了很多。光凭两人在家务农，很难维持生活开支。于是,两人决定外出打工。即便是换了一个新环境重新开始,阿容和丈夫仍然是天天吵架,阿容越来越看不惯丈夫。这时候,阿容认识了同在一个地方上班的张某。张某对她很好,同令人生厌的丈夫一对比,阿容更加倾向于张某,二人慢慢地开始产生了别样的情愫。一天,阿容的手机落在家里,被丈夫看到她与张某之间的短信往来。丈夫大发雷霆,和阿容爆发了激烈的争吵,甚至还动了手。阿容彻底对丈夫失去了耐心,再想到之前的事情,顿起杀心。

　　阿容将这样的想法告诉了张某,张某有些害怕,不敢去做。阿容告诉他,如果丈夫陈某活着,就不会让他们好过。只有他死了,他们才能在一起。经不起阿容的挑唆,张某同意了。于是,二人开始商量细节。到了那天,阿容以自己生病要去输液为由,让丈夫去接她。而张某就在路边埋伏。陈某出现的时候,张某拿着砖块朝着陈某的头部猛击数下,导致陈某当场死亡。随后,阿容和张某一起将陈某的尸体丢弃到砖瓦厂的水池内。

三、检察官评案说法

　　访谈过程中,阿容一谈到丈夫就非常激愤,埋怨丈夫这也不对,那也不好,总觉得是丈夫对不起她。谈到丈夫的死亡,阿容认为是张某和丈夫有矛盾而杀的他,跟自己无关,自己是无辜的。说实话,不管阿容与丈夫感情之间谁对谁错,对于丈夫的死亡一点都不伤心难过,仍在埋怨一个已死之人的生前过错,我并不觉得她会有多善良。

　　整个访谈下来,我都在思考,坐在我面前的这位一开始还给我温顺柔和印象的女人,为何如此自私。是的,我只能想到用"自私"这个词来形容她。当然,每个人都希望对自己最有利,这无可指摘,但是,人之所以为人,就该有最起码的底线。逾越了这个底线,不仅违背了大家通常的价值观、道德观,更违背了法律。我们并不阻碍个人追求自己的幸福,但绝对不该用刻意伤害他人的方式来达到自己的目的。也就是，我们从小被教育的——做人要善良，最基本的，就是不能够伤害他人，这应该是做人的底线。

　　在女子监狱访谈的十几位对象里，导致她们犯罪的原因，总是存在着各种各样的悲剧，了解到了她们的不幸，总是为她们感到心疼和惋惜。然而阿容，却是个例外。撇开她和丈夫感情里的谁对谁错不谈，即便没有了感情，大可采取其他方式来解决问题。而且其丈夫并没有到十恶不赦的地步。阿容完全不顾念往日情分，唆使自己的暧昧对象将丈夫杀害，事后竟然没有一点悔恨，仍然对一个已死之人极言其生前过错，为自己开脱。这是怎样的心理？这样的罪犯，要将其教育改造成守法公民，何其难！

　　阿容的性格有很大的缺陷，这些缺陷的形成有很多原因，比如家庭教育的缺位、学校教育的缺乏、自我修养的不够等，但是，不论有什么原因，法律界限决不能逾越！故意杀人是自然犯，达到一定年龄、精神正常的人都知道这个事是不能做的、是犯罪。这个基本的法律意识，阿容不会不知道。但是，她仍心存侥幸，觉得自己能躲过一劫、能逃避法律的惩罚，这仍然是法律意识欠缺的表现。任何违反法律的行为，都将受到法律的制裁，坚信这一点，心存敬畏，才能在万千诱惑面前坚守法律底线。

　　故意杀人罪，是指故意非法剥夺他人生命的行为。生命是行使其他一切权利的基础和前提，任何公民的生命都受法律保护。凡年满14周岁并具有刑事责任能力的自然人，均可以构成故意杀人罪的主体。

　　《刑法》第232条：故意杀人的，处死刑、无期徒刑或者十年以上有期徒刑；情节较轻的，处三年以上十年以下有期徒刑。

我真不应该继续纠缠他

一、案情回顾

被告人：金一凡（化名），女，汉族，1970年12月12日出生，初识字，务农，案发时40岁。

犯罪事实：2011年11月24日16时许，被告人金一凡在其租住屋内，因感情问题与被害人银角发生争执过程中，拿起床头柜抽屉内的一把水果刀作势割腕自杀来吓唬被害人银角，银角进行阻拦，在与金一凡拉扯夺刀过程中，银角被水果刀刺破颈部左侧颈静脉致急性失血性休克，在送往医院途中死亡。

判决结果：法院以过失致人死亡罪，判处金一凡有期徒刑6年6个月。附带民事诉讼原告人要求被告人赔偿损失的项目、数额应依法计算确认。

二、访谈面对面

金一凡走进谈话室时紧锁眉头，有些紧张地看着我们，当我们表明来意之后，她也一直撇着嘴闷闷不乐地喃喃："为什么选我，我怎么这么倒霉。"

我们谈话不到三分钟，她说了几遍自己身体不好，为了减缓她的紧张情绪，我们便问她哪里不舒服。她说自己每个月月经都要来十几二十天，她感到很害怕，以前没有过这样的情况。金一凡的情况乍听仿佛很可怕，但其实就是个人体质差异，也没什么大问题。于是我们给她分析出现这种情况的原因，一是心情不舒畅，精神压抑，身体状况发生了一些变化；二是个人体质差异，有些人确实体质如此，也没什么大不了。听完后她变得轻松起来。

"按部就班"的生活

金一凡今年47岁，是家里老二，也是唯一的女儿，家在农村的父母要供三个子女上学实在是太困难，于是她小学一年级就没读书了，回家帮助父母务农，照顾弟弟，再大一点就在镇里打点杂工为哥哥弟弟挣点学费。她并不是很想读书，认为女孩子不读书对以后也没有多大关系，只要找个好人家嫁了便是了。家里除了读书这件事，对金一凡也还算好，并没有很明显的重男轻女的行为，相反，爸爸妈妈还因为没让金一凡读书对她有些愧疚，生活中对她还有些偏袒。

1990年，经人介绍，与老公陈某认识并结婚了，1992年大儿子出生了，1993年小儿子出生了。本来陈某是在家务农，两口子的生活也能凑合，但是两个儿子出生后，奶粉钱都成了问题，再想到以后还要送两个儿子去学校读书，读书的费用肯定不少。于是，陈某决定去北京的一个建筑工地打工，每个月给家里寄钱，每年只有过年的时候才回来一次。金一凡便每日在家里务农带儿子，日子就这样平淡无味地过着。直到大儿子初中毕业后去市里打工了，家里负担便小一些了，小儿子又特别喜欢读书，成绩也很好，夫妻俩便决定让儿子接受更好的教育，让金一凡带着小儿子去市里读高中。她在市里租了房子每天给他煮饭洗衣，照顾饮食起居，老公在北京打工赚得钱也越来越多，一家人的日子渐渐好起来。

初尝禁果乐逍遥，矛盾渐现难回头

金一凡每日待在家里，儿子不在的时候就有些无聊，再加上手上也有了些钱，便开始出去寻乐子，渐渐地开始打起麻将来了，也通过打麻将认识了银角。银角是当地一位比较有钱的官员，虽然他们都是有家庭的人，但是还是被彼此吸引，开始了地下恋情。他们一起打麻将，一起四处游玩。因为久久没有感受到老公对自己的疼爱，偷情的她每天都十分兴奋，睡觉都会笑醒。银角也因为一时新鲜和激动，对金一凡很是疼爱，还承诺会为她离婚。两人见面越来越频繁，也越加大胆。

天下没有不漏风的墙，终于有一天，银角的老婆发现了他们之间的关系，银角在老婆的压力下和她提出了分手，她有些赌气，也有些生气，便同银角吵了一架，之后去北京找老公，准备忘掉这段感情。在北京待了几个月后，她以为自己已经忘记了，小儿子又开学了，便回来了。可是当自己再次见到银角的时候，她发现自己始终抹不掉这段往事，银角对她也还有余情，也是犹犹豫豫、当断不断，反而还经常给她打电话。这样他们就又偷偷在一起了，但是他们之间已经不像之前那样默契无忧了，经常产生矛盾，也经常发生争吵。有一次，金一凡怒火中烧，跑到银角家里同他老婆大闹了一场，在此之后，银角很长时间没有再找过她，金一凡不甘心，也放不下，还是经常给他打电话，可大多数时候银角都不接电话，或是几句寥寥敷衍，这段日子，金一凡过得很艰难。

矛盾激化酿悲剧

案发当天，银角喝醉了酒来到金一凡家里，说自己好想她，也忘不了她，让她给他一些时间离婚。金一凡又被打动了，两个人便又开始互敞心扉。这时，银角的老婆突然打电话让他回家，银角不得已要走，金一凡不开心，讽刺这才刚见面又要走，果然还是夫妻情深。于是两人又吵了起来，其实她只是想留住银角，再与他多待一会，银角执意要走。她见留不住银角，情急之下，她跑去厨房拿起菜刀架在自己脖子上，威胁他说道："你今天走了，我就死给你看。"银角情急之下就去抢菜刀，两个人都不肯松手，而银角刚喝完酒力气很大，一下就把刀抢了过去，刚好刀口对着自己这边，刀子竟硬生生地插入了银角颈部。金一凡吓坏了，马上过去看，发现银角脖子上有一道很长的伤口，慌张拨打"120"，可是当"120"赶到时，银角已经因为失血过多而死亡。

金一凡被判了6年6个月的有期徒刑，她没有请律师，她觉得确实是自己的原因导致了银角的死亡，她一开始就主动提出给他的家属赔偿2万元钱，本来打算再赔给他们4万元，但是她的资金当时被法院冻结了，开庭的时候她也忘记说了，心里特别自责。她知道自己赔再多的钱也没用，但是这样做能让她自己心里舒服一点。她坦诚自己心里一直很难过，并反复说要是早听朋友的劝离开他就好了。另外，她认为自己没读什么书，不然也不会发生这样的事情。

在监狱里，金一凡的老公来看过她，她老公说事情既然已经发生了，但他选择原谅金一凡，并且希望她能够好好反省，争取早日出狱。儿子也常常来看她，一家人都盼着她早日出去。可是说到出去以后的打算，她又开始忧心忡忡，她还是觉得这个事情给家里造成了很大的困扰，特别是小儿子结婚了，她担心发生这样的事情让儿子在朋友面前抬不起头，而且她身体也不好，出去后也会给家里造成负担。她既羞愧又自责，既难过又忧虑。通过耐心疏导安抚，她表示自己会放宽心，出去以后回老家种地，好好带孙子，多做好事，希望有机会可以赎罪。

三、检察官评案说法

婚外情从来就是不道德的,是对家庭、对自己不负责的行为。导致婚外情发生的原因有多种,有图一时刺激的,有因丈夫长年打工在外寂寞难耐的,也有因丈夫家暴得不到爱护的等。无论何种原因,都不能以婚外情的形式来解决问题。家和万事兴,家庭是社会的细胞。当一桩婚姻、一个家庭出现问题或摩擦时,不去选择积极沟通、正确疏导和解决,而是选择逃避和婚外情来填补自己的需求,这解决不了问题的根本,也很难让自己真正幸福,只能增加自己内心的纠结,造成两个家庭或更多的人痛苦。尤其是有孩子的婚姻中,家庭不和、父母感情生活混乱,直接影响孩子的健康成长,有时形成恶性循环。婚姻亮红灯、感情出现裂痕,要积极面对,理性解决,如果能回归家庭,就好好珍惜现在的幸福;如果不能继续,就和平分开。本案这种畸形的不健康的婚外情,最后带来的苦果只能自己去承担。

过失致人死亡罪,是指因过失致使他人死亡的行为。过失致人死亡罪的认定需要区分以下两种情况:

一是过于自信的过失致人死亡与(间接)故意杀人罪的界限。两者的相同之处在于都造成了死亡结果,行为人都认识到自己的行为可能导致他人死亡结果的发生。区别在于:过于自信的过失致人死亡,行为人对死亡结果的发生是持一种轻信能够避免的心理态度,并且这种心理状态是以一定的主客观条件为根据,如以本人的能力、经验、当时的环境和其他客观条件为判断基础,在客观上表现出一些积极避免死亡结果发生的行为;而间接故意杀人的行为人对死亡结果的发生是持一种放任的心理态度,既没有依据某些条件避免结果发生的意图,也没有避免结果发生的行为,无论结果发生与否都不违背行为人的意志,所以是放任死亡结果发生。例如,甲意图谋害妻子,在妻子的食物中投放毒药,看着其子丙与其妻分食食物而不作任何表示,乙、丙均中毒身亡。本案中，甲在认识到其子可能被毒死的情况下，没有采取任何可能防止结果发生的举措，对其子的死亡结果听之任之，采取了放任的态度，属于间接故意。又如，甲意图杀害妻子。某日清晨，甲在乙炸油饼时投放了可以致死的"毒鼠强"，甲为防止其6岁的儿子丙吃饼中毒，将丙送到幼儿园，并嘱咐其子等他来接。不料乙当日提前下班后将其子接回，并与其子一起吃油饼。甲闻讯赶回家中，乙、丙都已中毒身亡，为防止该结果，"将其子送到幼儿园，并嘱咐其子等他来接"，甲认为这一举措可以避免丙死亡，但最终丙仍然死亡，故甲对丙的死亡不是间接故意，而是过于自信的过失。

二是疏忽大意的过失与意外事件致人死亡的界限。二者相同之处，在于行为人对于死亡结果的发生都未预见，而且，对结果的发生都持否定的态度，区分二者的关键在于行为人对于死亡结果的发生是否应当预见。这需要根据行为人是否具有一定的经验、认识能力、当时所处的环境、本人的一些具体情况等综合分析判断。如果行为人应当预见而没有预见，就是疏忽大意的过失致人死亡；如果行为人在当时情况下根本不可能预见，则属于意外事件，不负刑事责任。例如，汽车司机在雨夜行车，从农民放在公路上的稻草上驶过，轧死了睡在稻草下的一个瘦小的精神病人，属于意外事件。又如，甲、乙长期一起赌博。某日两人在工地发生争执，甲推了乙一把，乙倒地后后脑勺正好碰到石头上，导致颅脑损伤，经抢救无效死亡，甲对引起乙死亡的结果本应当预见、能够预见，因此成立过失致人死亡。

> 过失致人死亡罪，是指因过失致使他人死亡的行为。
> 《刑法》第233条：过失致人死亡的，处三年以上七年以下有期徒刑；情节较轻的，处三年以下有期徒刑。本法另有规定的，依照规定。

我的情人是黑帮老大

一、案情回顾

被告人：真真，女，汉族，1975年6月20日出生，初中毕业，A公司副总经理，已婚，案发时41岁。

犯罪事实：(1) 组织、领导、参与黑社会性质组织的事实。从2004年开始，为了组织利益，真真参与的黑社会组织共实施故意伤害1起、敲诈类所3起、寻衅滋事3起、非法拘禁4起、妨害公务1起、职务侵占4起、强迫交易7起，还容留他人吸食毒品，开设赌场，并造成1人死亡、2人轻微伤的严重后果，社会影响极其恶劣。(2) 故意伤害的事实。2011年3月12日，贾嘉认为余某与真真有染，且认为余某预谋绑架其子贾贾，遂对余某进行殴打。次日凌晨贾嘉将真真邀至现场，责令真真与余某进行对质，真真当场否认与余某有染，并打了余某耳光。次日，贾嘉又指示多人前后共10次以踢打的手段殴打余某胸部、背部、腰部等部位。余某于当日下午被送往医院进行救治，同月17日，余某经抢救无效死亡。(3) 职务侵占的事实。2008年，C项目建设工程需要对A公司位于D村的砖厂进行征地拆迁，A公司于2009年1月6日收到拆迁补偿款7039937.5元。贾嘉、大熊、真真及贾七、阿吉、贾二从A公司账户虚报冒领了4938168元，其中真真分得338168元。(4) 开设赌场的事实。2004年至2008年期间，被告人贾嘉先后网罗被告人真真、余某、贾三、贾四、贾五及贾六等人在W村开设赌场，并分工管理，采取摇骰子、猜单双的方式聚众赌博，非法敛财数百万元。

判决结果：法院以犯参加黑社会性质组织罪，判处真真有期徒刑4年；犯故意伤害罪，判处有期徒刑3年；犯开设赌场罪，判处有期徒刑2年，并处罚金人民币2万元；犯职务侵占罪，判处有期徒刑6年，决定执行有期徒刑11年，并处罚金人民币2万元。

二、访谈面对面

真真是土生土长的W村人。W村是一个典型的城中村，村民都拥有自己的土地，他们通常都会将属于自己的土地利用得淋漓尽致，一块土地上的房屋都建满六层，然后大多以出租房屋或卖土地为生。真真1995年初中毕业，后结婚生女，1998年进入W村集体从事财务工作。在W经贸发展公司担任财务科科长，主管公司的会计事务。后来东窗事发，以故意伤害、职务侵占、开设赌场罪等数罪并罚判处11年有期徒刑。为何真真牵扯到这么多罪名，她又是如何被卷入这一系列的风波之中的呢？

真真的丈夫一直在外打工，作为妻子，她认为自己在村子里端个铁饭碗就好，日子也就平淡地过着。2003年，一次偶然的机会，真真结识了贾嘉，当地有名的"混混"，两人不久就开始热恋，并从此不可避免地卷入一系列事件中。说起贾嘉，真真眼里闪过一丝亮光，话也多了起来，但在接下来的交谈，她显得非常机械，仿佛备好了台本。

2004年以来，贾嘉伙同贾二等人强占吴天等人在W村开设的赌场，并纠结一些社会闲杂人员，在W村一带开设赌场，非法敛财。真真借了一些资金给贾嘉经营赌场，为其提供庄家资本。她声称自己并未参与其赌场盈利额的分红，所以到现在仍不明白为什么自己构成开设赌场罪。

2006年4月，A$^+$公司拟定更名为A公司，整个村508人都成为了公司的股东。贾嘉威胁W村原支部书记小四务必使其进入董事会，贾嘉入选后，又逼迫小四同意其当公司副经理并分管人事、内勤、安保大队。贾嘉通过打击竞争对手、树立个人淫威等一系列不法手段攫取了W社区居委会的领导权。并且从2007年9月开始担任A公司董事长，从2009年7月开始，兼任W社区党委书记。在攫取A公司领导权的过程中，与A公司董事长大熊互相勾结，先后将赌场人员真真、吴天、贾二、余杰、庆国、阿六及余某等人陆续安插、网罗至A公司、W社区。

贾嘉利用自身的合法外衣，采取"以红养黑，以红护黑"的手段，以A公司名义对组织成员发放工资、配发公司股份、分地建别墅、为骨干成员配备汽车等方式笼络组织成员，并通过日常管理和有组织地实施一系列违法犯罪活动，逐步形成了一套组织纪律，贾嘉拥有绝对的领导权、指挥权；大熊为贾嘉出谋划策；真真在贾嘉的安排下进入公司董事会分管公司财物，掌控公司的经济来源；吴天、贾二、余杰、庆国、阿六及余某直接接受贾嘉的指令进行犯罪活动；贾三、贾四、贾五受贾六及余某的指示进行违法犯罪活动。该社会组织在W社区形成恶名后，在贾嘉的指挥下有组织地实施非法犯罪活动。

2008年12月，C项目建设工程需要对A公司位于D村的砖厂进行征地拆迁，A公司于2009年1月6日收到拆迁补偿款700万元。2009年2月，A公司董事长贾嘉和他安置在公司的各高层主管合谋侵吞该笔款项，虚拟以贾一的名义在该拆迁地上自建了塑料制品厂，A公司须向该制品厂支付400万元的拆迁补偿款事由。随后，贾嘉指示贾一在虚假的《塑料制品厂自建房屋协议书》上签字，并填写了领款单、收据等。贾嘉及各高层主管通过上述手段，从A公司账户虚报冒领了500万元。作为A公司的财务科科长，真真称自己并未参与此次合谋，但是对此事完全知情，而且500万元的侵吞款确实是打在了她的银行卡账户上，并由她一直掌管这个"小金库"，已经分到个人的赃款她自己也拿到了几十万元。她继续说道："他们做的非法勾当我都知道，我也知道这样做是不对的，但是从未想过这样做的后果，也觉得同自己没有多大关系，我只需做好贾嘉吩咐我做的事，一般都是些很简单的事，到时候分了钱出去玩就好了。有一次钱太多了，我有点害怕，想过要辞职，并且交了辞职信，但是董事长并没有回复，后来我就不敢提了，自己立场也不是很坚定，到分钱的时候就又开心起来，所以就一错再错了。"

贾嘉虽然当了董事长，仍然不改小混混那套横行霸道的作风，把Ａ公司当做和社会一样来管理。不仅自己吸食麻果，还在董事会上逼迫自己的兄弟都要吸食麻果，不然就是对自己不忠，不仅予以开除，还要打残。在一次吸食麻果的董事会上，余某吸食麻果过多，精神变得恍恍惚惚，还称自己与贾嘉老大的情人真真上过床。贾嘉听后便将其一顿暴打，并喊来真真当场对质，真真称自己什么都不知道，并打了余某一巴掌就跑到隔壁房间去了，后贾嘉又将余某暴打一顿，致使余某因多器官功能衰竭而死亡。我们问她你有想过如果当时报警，余某可能不会死吗？她瞬间哽咽，哭了起来，称自己当时什么都没想，只是很害怕。"你觉得余某的死与你有关系吗？"她说："都判了我非法拘禁罪，肯定和我有关系啊，但我真的不知道和我有什么关系。"

贾嘉多年来集结一伙人的犯罪行为都随着余某的死而渐渐浮出水面，真真作为黑社会老大背后的女人，事事知情并间接参与其中，也受到了法律制裁。

三、检察官评案说法

真真的案例之所以特殊主要是由于其背后的黑社会组织帮派过于强大，所涉及的连案太多，而自己又身居一定的职位。这让我不禁想到黑社会组织中老大的女人到底扮演着一个怎样的角色？大家往往一想到女性，就会想到柔弱、受害者、无辜等字眼。在某些情况下，女性确实很容易成为犯罪分子利用的对象，因为她们较男性来说，本身更容易冲动，情感更脆弱，更容易感情用事。本案中的真真，她所涉及的这一系列犯罪，的确是在主犯贾嘉的指示、操控下完成的。

激进主义女权理论的核心概念是"父权制"。父权制是通过性别分工的社会化和"核心性别认同"的形成来确立和维持的，通过"核心性别认同"，男性和女性都相信男性在很多方面是优越的。在这种性别认同的基础上，男性可能在人际互动中统治女性，并扩大到社会的所有制度和组织中。因此，在真真与贾嘉的恋爱关系中，贾嘉处于统治地位，扩大到这个黑社会组织，他也是真真所有犯罪行为的"统治者"。其实，在很多女性犯罪中，女性作为从犯，帮助主犯从事犯罪的原因都有情感因素（爱情）。据相关统计，婚外情导致的犯罪（包括涉及人身安全、财产安全、毒品等犯罪）在女性犯罪中占了相当大的一部分比例。

在认识贾嘉后，真真觉得自己过上了梦寐以求的生活。真真承认知道把公司的钱挪出来做成一个"小金库"的行为是不对的，但并不知道这是犯法的。在贾嘉的压迫、自己的不坚定以及利益的驱动下，也就顺从和服从了。她不敢拒绝是因为惧怕贾嘉，除了惧怕，也体现了她法律意识的薄弱，她没有认识到事情的违法性，更没想到检举、揭发贾嘉。在贾嘉非法拘禁余某的那个夜晚，真真也在现场，甚至与余某对质，但是她当时只想着怎么撇清自己与余某的关系，害怕自己也被打，完全没有意识到贾嘉一伙人的行为就是非法拘禁，也没想过贾嘉会将余某殴打致死。

> 组织、领导、参加黑社会性质组织罪，是指组织、领导或者参加以暴力、威胁或者其他手段，有组织地进行违法犯罪活动，称霸一方，为非作歹，欺压、残害群众，严重破坏经济、社会生活秩序的黑社会性质组织的行为。

《刑法》第294条：组织、领导黑社会性质的组织的，处七年以上有期徒刑，并处没收财产；积极参加的，处三年以上七年以下有期徒刑，可以并处罚金或者没收财产；其他参加的，处三年以下有期徒刑、拘役、管制或者剥夺政治权利，可以并处罚金。

境外的黑社会组织的人员到中华人民共和国境内发展组织成员的，处三年以上十年以下有期徒刑。

国家机关工作人员包庇黑社会性质的组织，或者纵容黑社会性质的组织进行违法犯罪活动的，处五年以下有期徒刑；情节严重的，处五年以上有期徒刑。

犯前三款罪又有其他犯罪行为的，依照数罪并罚的规定处罚。

黑社会性质的组织应当同时具备以下特征：

（一）形成较稳定的犯罪组织，人数较多，有明确的组织者、领导者，骨干成员基本固定；

（二）有组织地通过违法犯罪活动或者其他手段获取经济利益，具有一定的经济实力，以支持该组织的活动；

（三）以暴力、威胁或者其他手段，有组织地多次进行违法犯罪活动，为非作恶，欺压、残害群众；

（四）通过实施违法犯罪活动，或者利用国家工作人员的包庇或者纵容，称霸一方，在一定区域或者行业内，形成非法控制或者重大影响，严重破坏经济、社会生活秩序。

故意伤害罪，是指故意非法伤害他人身体并达到一定的严重程度、应受刑法处罚的犯罪行为。

《刑法》第234条：故意伤害他人身体的，处三年以下有期徒刑、拘役或者管制。

犯前款罪，致人重伤的，处三年以上十年以下有期徒刑；致人死亡或者以特别残忍手段致人重伤造成严重残疾的，处十年以上有期徒刑、无期徒刑或者死刑。本法另有规定的，依照规定。

职务侵占罪，是指公司、企业或者其他单位的人员，利用职务上的便利，将本单位财物非法占为己有，数额较大的行为。

《刑法》第271条第1款：公司、企业或者其他单位的人员，利用职务上的便利，将本单位财物非法占为己有，数额较大的，处五年以下有期徒刑或者拘役；数额巨大的，处五年以上有期徒刑，可以并处没收财产。

开设赌场罪，是指客观上具有聚众赌博、开设赌场、以赌博为业的行为。一旦赌场开始正式营业，并有人实际使用，就成立本罪既遂，与开设者是否实际获得利润无关。开设赌场的人自己参与赌博，并以赌博为业的，可以考虑以本罪和赌博罪并罚。

《刑法》第303条：以营利为目的，聚众赌博或者以赌博为业的，处三年以下有期徒刑、拘役或者管制，并处罚金。

开设赌场的，处三年以下有期徒刑、拘役或者管制，并处罚金；情节严重的，处三年以上十年以下有期徒刑，并处罚金。

❓ 分析与反思

综合分析这几起关于婚外情案件，这些女性有的自己充当第三者，有的是配偶陷入婚外情之中。我们发现案件当事人年龄跨度大，几乎涵盖成年人的各个年龄层面，女性犯人的职业分布也很广泛，但她们有一个共同的特点，就是文化水平偏低。

朝三暮四和喜新厌旧的婚外情行为，是有悖于爱情婚姻的专一性和排他性的，是一种不道德的行为，不仅会破坏他人家庭的稳定，而且也影响了个人家庭的和睦。这种行为有悖于我国的民族传统和家庭伦理，同时还将破坏家庭和谐和社会安宁，甚至引起不良社会后果。婚外情这种不道德行为，往往造成夫妻离婚，离婚问题得不到妥善解决，就有可能导致矛盾激化，从吵闹、打架到诬陷、谋害或自杀，引发家庭悲剧。有的犯罪人缺乏正确的婚姻道德观，当婚姻出现矛盾时，采取犯罪手段来处理。在杀人、伤害案件中，就有相当数量的犯罪是出于奸情和婚外情的动机。由于奸情行为发生后，随着通奸双方感情交流和情绪体验的满足，就有可能出现发展的趋势，为了达到与对方长期苟合或组建新家庭的目的，在离婚无望的情况下，就可能把自己的配偶或对方的配偶看成是自己幸福的障碍，从而引发杀人动机。

只有找到其根源才能正视和正确预防这类行为的发生。从女性犯罪的原因分析，由女方出轨的婚外情引发的女性犯罪主要分为两种类型：一种表现为情感依赖，另一种表现为金钱依附。

一、女性因婚外情犯罪的原因

（一）情感上的依赖

从女性的特点来说，女性感情脆弱，对婚姻家庭及感情问题看得重，对这方面挫折的心理承受能力偏弱，处理问题的方式感情化色彩较浓。案例中的阿容怂恿情人合伙杀夫的直接目的仅仅是为了摆脱原有婚姻，另结新欢。无论是合法婚姻的女方，还是第三者，一旦不堪被冷落、被遗弃、被虐待之苦时，会变得情绪偏激，丧失理智，较易采取极端的方法解决感情问题，在采取行动前完全没有考虑其行为的法律效果，以致走上犯罪的道路。

有关研究发现，男性和女性对待婚姻的态度有很大的不同。古今中外，女性承担生育子女、抚育后代的家庭职责，女性投入家庭建设的时间精力相对于男性而言要多得多，根据经济学中成本与收益理论，女性对婚姻家庭的期望要远远高于男性，而这种期望的最重要表现就是婚姻家庭关系的存续。所以，一旦婚姻家庭关系出现变化，较之男性而言，女性受到的伤害更大。

（二）金钱上的依附

把爱情的责任与情感相分离，这违背了爱情的本质。在这种观念的驱使下，有的人把金钱与爱情搅和在一起，认为感情是可以用金钱来衡量的。爱情道德还要求相爱双方必须保持独立的人格，若爱情沾上铜臭，就有可能丧失自己的人格。这里的人格，主要是指人最起码的自尊自爱、爱情的自主性和对生活目标的追求等。

男女双方平等，谈不上一方对另一方的依赖，没有自尊和独立人格的爱情，那是不道德的爱情。如攀龙附凤、"傍大款""傍富婆"式的爱情，甘愿做有权势或有钱人的"二奶"等，这既是践踏自己人格的表现，也是变相的"钱色交易"和"权色交易"，应被社会伦理道德所唾弃。这种违背爱情道德和丧失人格的行为，也常常成为刑事案件和治安案件发生的根源。某些女性贪慕虚荣，奢望不劳而获，为换取金钱与物质，不惜牺牲青春与肉体，沦为他人的情妇，一旦关系破裂往往引发恶性暴力事件。目前，绝大部分重婚、养情妇等婚外情关系是以金钱与情欲的交易为基础的。钱与欲交易关系的稳定性极低，一旦金钱或物质基础发生变化，或者不复存在时，这种不牢固的关系也随即走向破裂。心理失衡的一方就容易产生报复心理，采用暴力杀人。

二、女性因婚外情导致暴力犯罪的特点

值得一提的是，由于女性无论是在心理上还是生理上都存在着与男性不同的特点，所以女性家暴型暴力犯罪也相应地呈现出了不同的特点。主要表现为：

（一）以暴抗暴，预谋性比较突出

在许多女性因为家庭婚姻而发生的犯罪中，女性本身也可能是婚外情这种不道德行为的受害者，她们觉得自己在家庭中处于附属地位，同时受传统男尊女卑封建思想的束缚，当丈夫朝三暮四，背叛婚姻，背叛家庭时，绝大多数女性选择隐忍的态度，觉得家丑不可外扬，不会果断地选择离婚。但是，作为出轨者的丈夫对女性的伤害程度特别是精神上的折磨超越了女性的容忍程度时，她们一方面会失去理智，想通过暴力的方式将自己所受的委屈一并发泄出来；另一方面由于女性心思缜密、做事谨慎的特点，她们往往会对作案手法、作案时间与地点以及案发时的应对策略进行长时间的思考。因此，在很多因丈夫出轨而发生的暴力犯罪案件中，女性使用的暴力手段不是像男性暴力那样的即时暴力，而是在经过很长一段时间的沉闷与压抑之后，经过反复的考虑才予以报复。

(二）手段残忍，不计后果

从犯罪准备方面，因为在体力方面女性与男性悬殊较大，所以女性选择暴力犯罪的报复方式，一般会经过深思熟虑，适当地选择犯罪方法、犯罪手段和犯罪地点等，这样才能确保取得预想的犯罪效果。当犯罪时机成熟时，想要报复丈夫出轨的女性或是想要摆脱丈夫的出轨女性往往会采取足以致人死亡的犯罪手段和犯罪工具，采取较为残忍的方式打击被害人的致命部位，这样能确保被害人的死亡，从而达到暴力犯罪的目的。很大一部分女性暴力犯罪无论在犯罪工具的选择上，还是犯罪手段的选择上，都具有一定的残忍性，以期能够一击致命，纾解自己的愤怒，达到以绝后患的目的。

(三）犯罪心理和犯罪手段上有特殊的依附性

这种犯罪心理和犯罪手段的依附性主要针对女性在谋划实施犯罪过程中的地位和作用而言。女性暴力犯罪案件中，大多数女性通常依附于男性，且大多处于从犯和帮助犯的地位。其一，从心理上来看，较男性而言，女性性格更为温顺、羞怯、胆小，这容易造成女性依附于男性、缺乏主动性的特点；其二，从生理上来说，女性在体力和体格方面与男性相比处于弱势地位，所以一般在男性和女性共谋的暴力犯罪中，男性是实行犯和教唆犯，女性则是帮助犯或胁从犯；其三，从社会学角度来看，从传统习惯形成的男性与女性不同的社会地位，对女性性格及其行为有决定性的影响，人们习惯把男性看作是社会中的主导者，处于领导与支配地位，而女性被视为弱势群体，处于从属地位。受这种社会文化道德支配，女性在犯罪实施过程中常常成为男性犯罪的同案犯，且处于从属、附随地位。不过，从近几年的犯罪形式上看，女性暴力犯罪有由依附男性作案到独立作案发展的趋势，但总体来说，女性独立犯罪具有依附性。就女性因婚外情杀夫的案件而言，其中很大一部分都不是出轨的女性独立实施的犯罪行为，她们往往选择与情人合谋杀人或者直接花钱买凶杀人。

三、总结

一般认为,女性与暴力犯罪是相去甚远的两个概念,但女性因家庭婚姻产生暴力犯罪改变了这一传统观念。同时,它也引发了许多前所未有的社会问题。女性因婚外情犯罪是一个非常复杂的问题,它不仅是一个法律问题,还涉及到生理学、心理学、文化传统、价值观念等多方面的内容,[1]同时女性暴力犯罪有其自身独特的特征,因此它的解决不会是一蹴而就的,而是需要动员社会方方面面的力量,从女性家庭暴力犯罪的特征入手,从各个环节、各种渠道上防患于未然、止患于既然、治患于已然。

台湾有位女性作者曾经有段很精辟的话:外遇,触及人性底层最恐惧、最容易引发痛苦的"背叛"情结,会给当事人带来难以平复的巨大的心理创伤。的确,受到背叛是令当事者最震惊、最难以置信、最易使精神信仰行为准则颠覆的。婚姻的意义,原本在于相互之间的绝对信任,互为依存,应对人生——在踏上婚姻的红地毯之时,我们大多这样认为。这便使我们暴露了一个毫不设防的薄弱点,当婚外情来临,不少人便不能面对这样的背叛,会做出一系列疯狂的行径。只有人格成熟者,才比较容易从这样巨大的心理打击下摆脱出来,注意保持冷静,不断提醒自己如何把灾害减到最低,以免损人不利己。同时,当自己面临婚外情的诱惑时,应严格防守道德底线,只能在彻底结束上段感情生活,从婚姻中抽离出来,才能去追求新的生活。

审慎地评估自己的婚姻,是否还有救,自己是否也愿救,如果答案是肯定的,那就为之做出努力。这种努力会有两方面的好处:一是可能挽回自己家庭的完整和亲情;二是当对方仍然执意离去时,可以看清事情的真实面目,使自己现在不犹豫、将来不后悔。

更需要提醒大家的是,如果对方确实已经移情别恋,千万不要陷落在患

---

[1] 张德发:《女性心理与犯罪》,群众出版社1991年版,第46页。

得患失、爱恨交织的情绪里，要勇敢地放弃他，走出这个婚姻，不要忘记自己还有无数美好的明天，惩罚对方最好的方法就是让自己活得更好。这个婚姻失败了，但不等于自己的人生彻底失败了，女性要独立、要自信，要以最骄傲的姿态面对生活。

第四章
女性犯罪之教育篇

管仲曾说:"一年之计,莫如树谷;十年之计,莫如树木;终身之计,莫如树人。"只有受过一种合适的教育之后,人才能成为一个人。教育对女性的重要性不言而喻,它能够帮助女性摆脱传统文化中的弱势社会地位和封建角色束缚,培养女性独立思考和判断能力,树立"自尊、自强、自信、自立"的新时代女性主体意识。教育是终身的,从其出生开始直至死亡,无时无刻不需要接受教育。任何一个阶段教育的缺失都会增加女性走上犯罪道路的可能性。

贪婪背后的"无知"

一、案情回顾

被告人：芬姐，女，汉族，1975年7月31日出生，大学文化，案发时40岁。

犯罪事实：芬姐从事办理信用卡中介事务。2014年11月，芬姐将为冯某以其妻熊某的名义所申办的某银行信用卡一张予以隐匿，在未经冯某允许的情况下，冒用被害人熊某的名义持上述信用卡套取现金人民币41000元，用于偿还自己的债务。冯某向公安机关报警后，芬姐退还冯某人民币4700元。案发后芬姐的亲属代为退还上述透支款及利息共人民币47000元，并取得谅解。

判决结果：法院以信用卡诈骗罪，判处芬姐有期徒刑1年6个月，并处罚金人民币2万元。

二、访谈面对面

芬姐面容保养的很好，一点也不像四十多岁的女人。她是本地人，还有一个弟弟，比她小两岁，父母都是普通工人，家庭经济条件一般，不算富裕，但也够他们生活。让我们些许惊讶的是芬姐的大学文化水平。因为，在她们那个年代，能读大学的毕竟还是少数。当我们问到这一点时，芬姐腼腆地笑了笑，"对，是比较少，我那时候读书确实还可以，所以全家支持我上大学"。

芬姐小学、初中、大学都是在本地读的,一直没离开过家,与父母及弟弟的关系很亲近。但是,自小由于父母工作比较繁忙,照顾他们的时间比较少,于是,芬姐就更多地负起了照顾自己和弟弟的责任,也就慢慢养成了成熟、果断的性格。

大学毕业之后,芬姐找到一份很好的工作,在一家公司上班,专业对口,薪水不错。芬姐凭借其过人的胆识,很快爬到了中层职位。这时,芬姐遇到了她的前夫,二人坠入爱河,就结婚了。婚后,芬姐慢慢厌倦了在公司上班,觉得时间不自由,也没什么挑战性。前夫是做生意的,于是芬姐就辞了职,跟他一起做生意。两人一起创业开了个小公司,在芬姐的经营下,公司走上了正轨,给他们带来了很多收入。其间,芬姐也生下了两人爱的结晶——漂亮的女儿。然而,好景不长,丈夫出轨被芬姐发现,芬姐毫不犹豫地和他离了婚。"我果断地和他离了婚,他当时那么求我,我都没有回头,因为我眼里揉不得半点沙子,我为这个家辛苦付出这么多,公司的事情也都是我在管理,女儿也是我父母在带,他还去找小三。我是不可能原谅他的。不过,这些都过去了,我已经不在意了。"芬姐平淡地说着。

离婚后,芬姐离开了他们共同创办的公司,自己和父亲在邻省开办了一个养猪场。由于离家比较远,芬姐常常忙于工作,陪伴女儿的时间很少,都是芬姐的母亲在照顾女儿。但是,女儿很听话,而且舞蹈跳的非常好,考到北京一所专业舞蹈学校。芬姐非常高兴,将女儿送到北京去学习舞蹈。虽然女儿才十几岁,但是芬姐并没有过于担心她一个人在北京无法照顾自己。她说起女儿的时候十分自豪,"我女儿一直很独立,照顾自己照顾地非常好,从不让我担心。这一点和我一样。"同时,芬姐也同现在的丈夫再婚了,丈夫小她9岁,本来芬姐的父母因为年龄关系是很反对的,但是芬姐很坚持,而且丈夫确实对她很照顾和体贴。于是,芬姐的父母也不再反对了。丈夫还参与到了他们养猪场的管理中,芬姐就慢慢退了出来,回到家里,重新开办了一个小公司，做信用卡中介业务。芬姐的生活很正常、平稳地在向前推进着。

但是，养猪场突然因为政策问题陷入停滞期，设备的维持和工人的开支，成了一笔很大的负担。芬姐自己公司的资金运转也出了一点问题。一天，芬姐之前的债权人找芬姐催要借款，芬姐的钱基本全部投到其他地方，有四万多元的缺口一下子填补不上。多日来为养猪场和公司筹集资金，芬姐疲惫不堪，实在没了办法，看到自己办公桌上客户的信用卡，就动了歪心思，冒充其名义套现四万余元，匆匆还了欠款。她以为只要自己先过了债权人这一关，然后自己再从其他地方凑齐套现的钱还给客户就相安无事了，压根没有考虑过后果。然而，事情并没有她想的这么简单。被害人发现信用卡被套现，于是报了警。

芬姐来到监狱已经大半年了，不久就要出狱了。她以前一直过着比较养尊处优的生活，但是，对于狱中的生活，竟然出奇地适应。除了在劳动上，芬姐稍微有点跟不上。"以前我过于专注在工作上，总是为了工作拼尽全力，却忽略了很多更重要的东西，比如我的家人和我自己。"芬姐表示，这一次她由于法律意识淡薄所犯的这个错误让她付出了代价，但是也给她带来了新生。正好借着这个机会，她回望自己的前半生，懂得了在未来的日子里，需要慢慢放下脚步，享受生活，陪伴家人。

三、检察官评案说法

芬姐思路清晰，表达能力很强，访谈过程的很大一部分其实都是由她来把控着节奏。对我们提出的问题，芬姐能很快明白我们的意图，给出答案，甚至还能够脱离她自身，和我们讨论整个大方向的问题。访谈进行得十分顺畅。

芬姐的家庭十分普通，父母健在，感情良好，且都有稳定的工作，自己还有一个弟弟。芬姐顺利地读完小学、初中、高中，甚至还考上了当时大部分人都难以企及的大学。有着在当时比较稀少的大学文凭，找起工作自然十分顺利。芬姐有着"女强人"的形象。学历高，行事果敢有魄力，成熟聪明，表达能力强，工作能力无可挑剔。但是，就是这么一个在很多人看来比较"优秀"、受过高等教育的的人，却在人生关键时期，因为缺乏法制观念迷失了。访谈中，芬姐表示不知道套现他人信用卡的行为是犯罪。尽管她学历高，且从事信用卡中介业务多年，但仍然对于法律规定不够了解。芬姐以为，自己只是暂时挪用，虽然有些不妥当，但会想方设法归还，这最多就是民事赔偿，怎么也想不到这样的行为会是犯罪。

芬姐的经历，让人惋惜，一念之差，一个优秀的职业女性便要为自己的行为付出惨痛的代价。芬姐的经济条件不用多说，如果知道因为仅仅四万元钱就要在狱中失去一年多的自由，芬姐绝对不会做这样的选择。这样的结果不是我们想看到的，但如果能够从中有所反思和顿悟的话，那么也不完全是个悲剧。

> 信用卡诈骗罪，是指以非法占有为目的，违反信用卡管理法规，利用信用卡进行诈骗活动，骗取财物数额较大的行为。
>
> 《刑法》第196条：有下列情形之一，进行信用卡诈骗活动，数额较大的，处五年以下有期徒刑或者拘役，并处二万元以上二十万元以下罚金；数额巨大或者有其他严重情节的，处五年以上十年以下有期徒刑，并处五万元以上五十万元以下罚金；数额特别巨大或者有其他特别严重情节的，处十年以上有期徒刑或者无期徒刑，并处五万元以上五十万元以下罚金或者没收财产：
>
> （一）使用伪造的信用卡，或者使用以虚假的身份证明骗领的信用卡的；
>
> （二）使用作废的信用卡的；

（三）冒用他人信用卡的；

（四）恶意透支的。

前款所称恶意透支，是指持卡人以非法占有为目的，超过规定限额或者规定期限透支，并且经发卡银行催收后仍不归还的行为。

盗窃信用卡并使用的，依照本法第二百六十四条的规定定罪处罚。

无知的背后

一、案情回顾

被告人：秀红，女，1963年2月27日出生，小学毕业，案发时46周岁。

犯罪事实：2005年3月至2009年7月间，被告人小香等人交叉结伙，通过被告人刘某、尹某等人在Y省等地收买婴儿40余名，转运到外省S县，然后通过秀红、王某某等人联系介绍，贩卖给当地人。

判决结果：法院以拐卖儿童罪，判处秀红无期徒刑，剥夺政治权利终身，并处没收个人全部财产。

二、访谈面对面

"我生活的小村庄位于中国北部，偏僻而又闭塞。我和丈夫已经在那里生活了二十多年，儿子和女儿也都居住在那里，务农的日子过得虽辛苦倒也自在"，秀红的双眼中充满着怀念。

平凡生活

秀红打小在村庄长大，村口有一所小学，村里所有娃娃都在那里读书。因为课业很轻，每天放学后，秀红和小伙伴就到村里爬坡遛弯，挨家挨户地串门闹腾。村里的大人大多不识字，也很少有愿意供女孩继续读书，毕竟日子并没有这么富裕,再者初中必须去县城读。他们觉得,女孩能认得字、认得钱就可以了,有读书的时间不如帮家里务农。秀红小学毕业后便不再读书,在家照看弟弟妹妹,顺便帮父母种地务农。稍大一点,就有热心的阿姨帮秀红找了一门好亲事。很快,秀红就嫁给了邻乡的小伙子,孩子接连出生后,也与周边的邻居们熟悉起来,因为性格豪爽,为人热心,秀红的人缘很好。

偶成"美事"

"我们村子里有很多小伙子因为经济条件不好或品行不好而很难找到对象,他们只能偷偷地收买那些从西南边一些偏僻的乡镇过来的女孩,而后结婚生子。我们经常能看见一些陌生面孔,也不惊讶,最多会在背后说一两句闲话",秀红谈起小香时如此说道。小香就是从云南嫁过来的,来的时候还把弟弟也带了过来。小香的弟弟在村外矿地里打工,偶然间与秀红相识,便请秀红帮他姐姐的忙。原来,小香的姐姐在云南那边生了一个男孩,因家里太穷养不起,所以托小香留意这边是否有人想收养孩子。正巧,秀红的舅舅无法生育,几天前还专门请秀红帮忙留意是否有人家生下孩子却不想要的。秀红觉得这事可行,于是前往小香家看望孩子。孩子很健康,哭声洪亮,也有正规的出生证。秀红放下心,立刻联系舅舅告诉他这个好消息。事成之后,小香给了秀红300元,美其名曰"辛苦费",秀红推辞不过只得收下,心中却有些沾沾自喜。

利益链条

第一次的成功交易让两人顺利搭上了线。小香每隔一段时间就托秀红给她介绍买家,每次都借口说:这些是家里妹妹、外甥女的孩子。家那边太穷了，养不起。秀红只当是帮个小忙，于是积极地帮她联系买家。临近的几个村庄里，有很多家没有男孩，或者唯一的孩子意外夭折，迫切地想要孩子。好不容易随了心愿，他们对秀红感恩戴德，过年过节还会送点东西表示感谢。转眼间，两年过去了，小香依然经常托秀红帮忙介绍买家，她慢慢地有点起疑心，毕竟家里的人再多，在两年内也不可能生出这么多孩子。小香却安慰她说："大姐，你放心。我不可能去抢或偷别人的孩子，这些孩子的来路没有问题。其实，是因为村子里其他人家知道我姐姐妹妹把孩子送到这边，过得反而比家里好，就都想把孩子送过来，不用跟着她们吃苦。咱们这是在做好事啊！"秀红转念一想：不管小香说得是真话还是假话，我只是介绍人，买卖是双方你情我愿的事情，与我没有太大关系。而且我还有钱可拿，确实对双方都有好处。于是，秀红心安理得地继续做小香的联系人。四年间，秀红帮小香转卖出20多个孩子，一共收了2万多元辛苦费。秀红的丈夫和孩子也知道她在居间介绍买卖孩子，但都认为这不是什么大事，只是乡里乡亲帮帮忙而已。

悔之晚矣

直至身处公安机关的讯问室里，秀红才意识到自己犯法了。"我当时才真正慌了，心里又后悔又委屈。我有时也纳闷，小香哪里来的这些孩子？小香说这些孩子不是偷来、拐来的。我只是以为在做好事罢了。后来，警察和我说，小香的联系人不止我一个，她拐卖来的孩子也远不止二十多个，甚至还有孩子在途中夭折了，我才知道真相。"秀红被抓后，积极地配合警方救出那些被转卖的孩子，并上缴了所有赃款，最终被判了无期徒刑。入狱后，因为隔得太远，家里人很少来看她，所以她也不清楚丈夫和孩子的现状。一想到这些，秀红一阵黯然，苦涩地说："我现在知道了，自己的孩子自己养。以后再遇到这种事，给多少钱我都不管了。"

三、检察官评案说法

秀红个子不高、体型微胖、反应有些迟缓，与我们想象中精明狡猾的形象大相径庭。在回答我们的问题时，秀红显得畏畏缩缩，闪烁其词。最初，她始终咬定自己从未怀疑过孩子的来路，以为是在做好事，在行善积德。在借口被拆穿后，她又开始陈述自身的不容易，说自己身体不好，以后再也不干此类事情了。秀红是否像其所说的那样无辜呢？事实上，秀红的心理与大多数的收买者如出一辙。收买者往往认为自己是在为家境困难的超生儿童"做好事"，在给贫穷家庭的孩子创造美好生活，从而使自己的犯罪行为被"非罪化"，消除自己的犯罪感，在民间习俗层面获得一种合理乃至合法性存在。① 实际上，她们不过是用"做好事"这样的借口掩盖自己贪利的目的和动机，对婴儿的来源睁只眼闭只眼，收钱收得更心安理得，而不问这种行为给儿童、儿童的亲生家庭所造成的伤害。显然，这种借口也无法成为脱罪的理由，不过是自欺欺人的借口。

除了贪图利益，秀红的无知和法律意识的淡薄是她走上犯罪的主要原因。在她看来，买卖儿童的行为对她、对整个村子里的人而言，都不是大事，更不是犯罪行为，自己是在积德行善；在谈到刑期较长时，她认为，是因为自己老老实实地向司法机关供述了所有犯罪事实，根本没有意识到是因为自己贩卖儿童数量之大、影响之恶劣、后果之严重；也未意识到，导致她走上犯罪道路的根本原因在于无知和贪利，而不是她所说的"热心肠"。这也充分说明，对秀红的教育和改造任务还很艰巨，尤其是对其的法律知识教育和反思教育。

在利益的诱惑下，出于侥幸和无知，秀红冒着风险，昧着良心，不仅毁了自己的人生，而且给二十多个家庭带来了毁灭性的打击。即使秀红最终帮助警察找到了这些孩子，但让孩子回家却还有很多工作要做。如果无法回去，

---

① 参见王金玲：《中国拐卖拐骗人口问题研究》，社会科学文献出版社2014年版，第441—444页。

他们注定成为孤儿,生活在福利院或孤儿院中,无助地等待好心人的领养;而他们的亲生父母会因此痛苦内疚一生。严厉打击拐卖儿童犯罪,需要全社会行动起来。除了打击,也要加大普及防范教育和法制教育,希望随着女性受教育水平普遍提高,像秀红这样走上歧路的女性能越来越少。

> 拐卖妇女、儿童是指以出卖为目的,有拐骗、绑架、收买、贩卖、接送、中转妇女、儿童的行为。拐卖妇女、儿童罪是侵犯公民人身权利、民主权利罪中的重要罪名,侵害了被拐卖者在原本的生活状态下的身体安全与行动自由。
>
> 《刑法》第240条第1款:拐卖妇女、儿童的,处五年以上十年以下有期徒刑,并处罚金;有下列情形之一的,处十年以上有期徒刑或者无期徒刑,并处罚金或者没收财产;情节特别严重的,处死刑,并处没收财产:
>
> (一)拐卖妇女、儿童集团的首要分子;
>
> (二)拐卖妇女、儿童三人以上的;
>
> (三)奸淫被拐卖的妇女的;
>
> (四)诱骗、强迫被拐卖的妇女卖淫或者将被拐卖的妇女卖给他人迫使其卖淫的;
>
> (五)以出卖为目的,使用暴力、胁迫或者麻醉方法绑架妇女、儿童的;
>
> (六)以出卖为目的,偷盗婴幼儿的;
>
> (七)造成被拐卖的妇女、儿童或者其亲属重伤、死亡或者其他严重后果的;
>
> (八)将妇女、儿童卖往境外的。

身陷传销骗局

一、案情回顾

被告人：白琼，女，1990年10月22日出生，高中肄业，案发时19周岁。

犯罪事实：2014年5月18日，白琼以谈朋友为名将网友刘某骗至H省一传销窝点内，该传销窝点负责人唐某安排传销人员看管刘某，并将其关在出租屋内学习传销知识。2014年5月24日，唐某及另一传销窝点负责人王某、白琼、吉某某、刘某某将刘某带至男寝室，唐某、王某二人让刘某以将人打伤需要钱治疗为由给家人打电话，刘某打完电话后，唐某找刘某要银行卡及卡的密码，遭到刘某拒绝，唐某指使吉某某、刘某某将刘某按在地上，唐某用皮带抽打刘某，王某用鞋子打刘某，刘某被迫将银行卡及密码交给唐某，唐某从卡内支取18000元，白琼从卡内支取300元，后二人将钱交给刘某要其购买五套虚拟的传销产品。5月25日，因刘某坚持要回家，被传销人员送走。经鉴定，刘某为轻微伤。

判决结果：法院以抢劫罪，判处白琼有期徒刑3年4个月，并处罚金5000元。

二、访谈面对面

"我从未想过，自己有一天会被关进看守所，等待着法院判决。那种无力和慌乱让我觉得这一切都只是噩梦，但周遭阴冷的气息和生锈的铁栏杆都在告诉我,这都是真的。"白琼沮丧地说着。

发小来电

事情发生时恰好接近年终,白琼好不容易忙完了实习和考试,正准备收拾东西回家。她在一所专科护理院校就读,虽然离家很远但是专业很好,以后工作有保障。想起近半年没有回过家,想到家里孤零零的父亲,白琼回家的心思更迫切了。自从母亲过世之后,父亲为了供她和两个弟弟上学,过得越发辛苦。"当时我最大的愿望就是能早点赚钱,这样就可以减轻爸爸的负担,让他好好休息",白琼回想着。打算返家的前一天,白琼接到了发小的电话。原来,在外省打工的老乡生病了,想请白琼过去照料一段时间。因为两人是打小的情谊,白琼听闻其生病后非常担忧,便毫不犹豫地答应了。抵达H省的那个夜晚,风呜呜地吹着,看到好久不见的发小小李,白琼的心霎时热了起来。小李的脸上并没有明显的病容,白琼放下心,抓紧洗漱睡下。第二天早上,白琼发现小李竟与好几个人一起居住,便开口询问这些人的来路,小李这才把事情的原委道来。

陷入传销

白琼这才明白过来,小李正与这些人一起做生意,把她叫过来是想拉她入伙。小李给白琼详细介绍他们的生意,他们的主要业务是产品推广,这个产品是其他朋友家里的公司开发出来的,现在需要向社会推广,于是便找了他们这群人。每推销出一份便能拿一份提成,如果能发展其他人加入团队也能够拿到提成,因为现在从事产品推广的人数太少。"你别看现在我们这个团队不大,以后人多了壮大起来,可能不只接这个公司的产品推广,还会发展其他公司的业务。这个阶段的主要任务是吸纳人才，充实我们的队伍。"小李这样劝说白琼。白琼听完这段话，觉得有些不对劲，赚钱哪有这么容易呢？小李看到白琼有些犹豫，继续说道："光说你肯定不信，所以我才让你过来亲眼看看，这样，你先参加培训课程，之后再考虑要不要加入。"

"我当时想着，发小不可能害我，再说听几节课也不是什么大事，万一真的能挣钱呢？于是，我就上了一个星期的课，了解了所需要推广的产品的大概情况，推广的主要方式以及发展他人进入团队的要求。我慢慢觉得这事可行，说不准真的能赚点钱，于是就同意加入团队"，白琼回忆道。没想到进入团队必须先购买一定数量的产品，白琼有些舍不得。"舍不得孩子套不住狼啊！而且，吃饭和住宿都是团队全包的，要你交点钱很正常啊！到时候你发展几个人进来自然就赚回来了。要干大事，要把眼光放长远一些！"小李劝道。白琼觉得发小说得有道理，于是把身上的几千块钱都投了进去。白琼又上了两个星期的课，却一直没有见到真实的产品，只是不停地看到有新人进来。她有点着急，开始不停地催促小李拿出真实的产品给她看看，每次都被小李以各种理由搪塞过去。"我当时已经有点怀疑自己被骗了，但是我又很相信小李，再者，他们说的有鼻子有眼，还不停地有新人进来，所以就安慰自己：他们估计只是一时拿不到产品。"白琼说起这些，感到无比后悔。

为利执迷

随即发生的事情却让白琼意识到自己不过是在自欺欺人。那天，白琼从门缝里偷看到团队里的负责人对一个新人拳打脚踢，仅仅因为那个新人不愿意出钱购买产品，白琼吓得一身冷汗，想到自己当时要是没出钱也有可能被暴打，她一阵后怕。此时，她才确定：这个所谓的产品推广团队不过是个传销组织，她被小李骗了。她急忙向发小求证，却发现发小已经深陷其中，被洗脑了。白琼不知道该怎么办，此时团队负责人得知她有所怀疑，便派人紧紧盯着白琼。白琼无论走到哪里都有人盯着，连打电话的时候都有人在旁监视，她打消了逃跑的念头，决定把投进去的钱拿回来再做打算。

白琼在团队里待了好几个月，连产品的影子都没有见到。此时，负责人唐某和王某要求白琼发展下线。白琼觉得这是个把钱拿回来的好办法，不过她不想骗身边的朋友，便打算在网络上寻找对象。白琼在网上找到一个老乡，很快就与他熟悉起来。白琼提出与他见面，刘某很高兴，两人约好了见面的时间地点。没想到刘某在听了几天的课程之后，立即提出要离开，还威胁他们如果不让他离开便报警。唐某和王某一听就火了，开始对刘某拳打脚踢，并威胁他给家人打电话要钱，并向其索要银行卡及密码。拿到银行卡后，唐某带着白琼前往银行网点取钱，唐某让白琼也取一点钱，白琼刚刚被吓到了，完全不敢违拗唐某的意思，于是也支取了一点钱。两人将取出的钱交给刘某要求他购买产品，刘某立刻同意购买，但是要求事后将其放走，并保证绝对不会报警。见他十分坚持，唐某同意了，没想到，刘某刚逃离他们的控制，便报了警，白琼等人最终落网。

三、检察官评案说法

打击非法传销已有很多年，但是依然有很多人分辨不清传销行为合法与非法的法律界限。为什么组织内部的成员会像着魔一般，丧失了基本的判断能力，始终不能甚至是不愿脱离传销组织呢？人类的野心和欲望是传销组织最好的帮手。皮格马利翁效应认为：赞美、信任和期待具有一种能量，它能改变人的行为，当一个人获得另一个人的信任、赞美时，他便感觉获得了社会支持，从而增强了自我价值，变得自信、自尊，获得一种积极向上的动力，并尽力达到对方的期待，以避免对方失望，从而维持这种社会支持的连续性。① 在非法传销的洗脑课上，培训老师极力灌输所谓的"成功学"，鼓励受训者激发潜能，相信只要努力一夜致富不是问题。受训者很容易受到此种鼓舞，加倍努力，绞尽脑汁地施展骗术，盲目相信这种欺骗式的鼓励。

对于白琼来说，家庭经济压力使之极度渴望挣钱，在面对这个看起来似乎非常有发展前景的生意时，她的警惕心被金钱利益所淹没，再加上传销组织的鼓舞和激励，她更容易相信这个生意可以帮助她获得成功，帮她的家人过上更好的生活。

当然，深究根源，白琼走上犯罪道路的根本原因在于法律意识淡薄，缺乏明确的是非判断能力。听到小李给她介绍生意的时候，白琼没有立即反应过来，反而出于对小李的盲目信任而接受传销组织的授课；在意识到自己陷入传销组织后，白琼没有想尽办法求助逃走，反而轻易放弃，甚至打算等回本后再想离开的事情；在唐某要求其发展会员时，她没有一丝抗拒，反而渴望通过发展下线挣钱回本；在唐某和王某对刘某施暴时，白琼没有奋起反抗，最后甚至在唐某的指使下从刘某的银行卡里提取现金购买传销产品。她没有意识到自己的行为是犯罪行为，甚至潜意识里还把自己当作受害者，当作被迫如此行为的人，认为自己是被迫实施违法行为，自己本身是无辜的，却没有意识到自己在决定看管新人或是发展下线时，就已经从一个受害者变成了加害者。是非判断能力的低下和法律意识的淡薄在她们的身上体现得极为明显。

这种淡薄的法律意识源于法律基础知识教育的缺乏。如果能接受系统的基础法律知识教育，辅之以足够的法制宣传，她们的是非判断能力和法律意识得到相应提高，或许能够及时识破传销组织的骗局，早早抽身，而不至于成为传销组织的帮凶。

---

① 陈敏：《皮格马利翁效应》，北京工业大学出版社2005年版，第7页。

抢劫罪，是指以非法占有为目的，当场使用暴力、胁迫或者其他方法，强行劫取财物的行为。凡年满14周岁并具有刑事责任能力的自然人，均可以构成抢劫罪的主体。抢劫罪是侵犯财产罪中最为严重的犯罪，在通常情况下，抢劫罪既侵犯了被害人的财产，更为重要的是还危害到被害人的人身安全。

《刑法》第263条：以暴力、胁迫或者其他方法抢劫公私财物的，处三年以上十年以下有期徒刑，并处罚金；有下列情形之一的，处十年以上有期徒刑、无期徒刑或者死刑，并处罚金或者没收财产：

（一）入户抢劫的；

（二）在公共交通工具上抢劫的；

（三）抢劫银行或者其他金融机构的；

（四）多次抢劫或者抢劫数额巨大的；

（五）抢劫致人重伤、死亡的；

（六）冒充军警人员抢劫的；

（七）持枪抢劫的；

（八）抢劫军用物资或者抢险、救灾、救济物资的。

❓ 分析与反思

爱迪生曾说过，教育之于心灵，犹如雕刻之于大理石。教育是女性学习社会文化、掌握社会规范、培养良好自我约束能力和是非判断能力、形成健全人格并得以成功社会化的主要渠道。百年大计，教育为本，教育对提高人民思想素质和科学文化素质、培养人才具有基础性的作用，这种作用使之成为民族振兴的基石和国家发展的根本。

一、对本章三个案件的总结与分析

根据犯罪人特征可将这三个案件分成两类，受过系统教育的犯罪人犯罪和未受过系统教育的犯罪人犯罪。案例一（芬姐）和案例三（白琼）均是接受过系统教育的群体，但是她们依然因为是非判断能力的缺乏和法律意识的淡薄而走上犯罪道路；案例二（秀红）则未能接受系统教育，秀红甚至只有小学文化水平。她们均是因为对法律产生错误认识，在不知情或自欺欺人的状态下犯了罪。对这三个案件的犯罪原因分析最终都聚焦于法律意识错误、法律观念淡薄以及缺乏守法的行为素养这三个方面，而致使这些问题显现的根本原因在于法制教育的低效和无效。此处基于这三个案件探讨我国法制教育存在的问题。

在反思法制教育中存在的问题之前，必须对本章存在的价值和意义作出说明。本章在整本书中起着承前启后的作用，一方面，教育包括家庭教育、学校教育和社会教育，都是女性犯罪社会因素中的当然组成部分，特别是家庭教育功能的缺失与家庭结构和家庭关系密不可分，但是它又无法与家庭环境归为一类，因为家庭结构和家庭关系的改善意味着女性所处的外在环境，即家庭环境的改善，而教育的完善则意味着女性个体人格的健全，所以无法归为一类；另一方面，教育功能缺失带来的价值观念偏差、法律意识淡薄、道德意识扭曲等都是女性犯罪个人因素中的当然组成部分，它与女性特有的心理特征均是女性形成健康人格的内容。但是女性的心理特征是基于性别差异形成的，是先天的，而道德意识、法律意识的淡薄则是后天形成的，是可以通过教育改变的，所以无法归入同一个篇章中。综上，本章无法完全独立于家庭篇和个人篇，甚至与个人因素和家庭因素息息相关，此处专设一章的作用在于承前启后，弥补家庭篇和个人篇中可能存在的疏漏。

二、法制教育的基本原理

在分析与反思之前，首先应当弄清楚法制教育究竟是什么？它包括哪些内容？法制教育的目的是什么？只有弄清楚这些问题，开展法制教育才有意义。

法制教育是指通过各种形式的教育，有目的、有计划、有组织地传授法律知识，培养人们的法律意识，形成人们的法律信仰，从而使人们具备符合社会要求的法律素质，为我国依法治国基本方略的实现提供良好的社会法律基础的实践活动。[1] 法制教育的基本形式包括家庭教育、学校教育和社会教育三种，主要内容包括公民意识教育、法制观念教育、权义意识教育和纪律教育。公民意识教育就是对个体进行自我评价与自我认识教育，培养其对自身政治地位和法律地位的自我认知；法制观念教育主要包括三观教育、是非判断能力和法律运用能力的培养教育；权义意识教育是对个体进行权利意识

---

[1] 宋婷：《回溯与反思：新中国成立以来高校法制教育历程研究》，南开大学出版社2014年版，第27页。

和义务意识的教育,从而使其具备处理权利冲突,承担多重义务的意识和能力;纪律教育的目的在于培养纪律意识,从而帮助个体形成自我约束的思想观念。①

法制教育的终极目的究竟是什么?是传授法律知识提高法律的普及度,还是促使社会民众遵守法律?都不是。法制教育的目的与教育的目的是相同的,在于促进个人的发展和个人的价值,进而促进整个国家的发展。传授法律知识,使法律家喻户晓或许是法制教育的重要内容,但绝对不是其终极目的。传达法律精神,使这种精神内化为个体的价值观念和需求,从而提高其自觉运用法律、遵守法律的意识和能力才是法制教育的真正目的。

三、法制教育的缺失与女性犯罪之间的因果关系

在我国,学校品德及法制教育的缺失、形式化或不到位常被视为导致犯罪的重要因素;加强思想品德教育,尤其是法制教育,被许多学者当作预防犯罪的"当然药方"。②在对H省64位女犯的访谈中发现,声称不清楚自己所实施的行为是犯罪行为的大约有10人,约占1/6。其中,部分女犯出生于教育水平低、思想观念陈旧的地区,自身的文化水平也比较低,如案例二中的秀红;部分女犯接受过系统教育,文化水平较高,甚至在事业上取得了不错的成绩,却将犯罪行为当作违反道德的普通行为,这种情形在金融犯罪中比较常见,如案例一中的芬姐就是这样。除此以外,其他女犯都是在明知行为性质的情形下实施了犯罪行为。

因为我们并未对整个H省女犯接受法制教育的情况进行调查,所以无法轻易地下定论。但是,在所访谈的女犯中,教育(特别是法制教育)的缺失所导致的法律意识淡薄或错误足以成为解释她们犯罪的独立原因。再者,如

---

① 参见赵婷:《微时代背景下大学生法制教育研究》,九州出版社2014年版,第30—32页。
② 宋鑫等:《未成年人暴力犯罪危险因素的研究》,载《现代预防医学》2003年第3期。

上文所述，法制教育的目的不仅在于使民众知晓法律，还在于将用法、守法的意识内化为个体的价值观念，从而使其自觉遵守法律，运用法律。从这个角度来说，那些明知行为性质，却仍然实施了犯罪行为的女犯同样可以归结为法制教育失败的群体中。另外，我们虽然无法武断地论述法制教育的缺失与女性犯罪之间存在直接因果关系，但是法制教育的缺失致使个体人格的不健全却与女性犯罪有着直接的因果关系，所以，可以肯定地说，法制教育的缺失与女性犯罪之间具有间接的因果关系。对我国法制教育的开展进行反思，并提出完善之策，对完善个体人格、减少犯罪、构建社会和谐具有潜在的长远价值。

学校是开展法制教育的主要场所，也是女性接受法制教育的主要渠道，而家庭和社会教育则是部分未能接受系统教育的群体接受非系统性法制教育的渠道，故本书着重对学校法制教育的开展进行反思，捎带提出家庭法制教育和社会法制教育中存在的问题。

四、法制教育中存在的问题分析

调研中发现，H省女犯中不乏高学历者，有的甚至是国内一流大学的毕业生，但是，系统的义务教育甚至是大学教育并未能帮助她们培养良好的价值观念和守法意识，她们依然无法抵抗形形色色的诱惑，以致走上犯罪道路。案例一中的芳姐接受过大学教育，在事业上也小有成就，却不知道冒用他人信用卡套现的行为属于犯罪行为，这让我们不禁开始反思，法制教育究竟怎么了？

（一）校园内的法制教育

法制教育的内容涉及教育什么、用什么进行教育、让教育对象获得什么的问题，这就要求对法制教育的内容应当有一个明确的指定，法制教育内容制定的适当与否直接关系到受教育者吸收知识的效果。现今，我国法制教育教材内容存在过于庞杂、广泛的问题。在不甚清晰的教育目的的引导下，法制教育变成纯粹的法学教育，法制教育的内容几乎含括了法律专业所有的基础课程；教育者不知道应该传导什么给受教育者，只能照本宣科，把教材上的内容变成一个个知识点让学生死记硬背。教育内容的广泛庞杂导致教育本身趋向于形式化。事实上，法制教育完全不同于法学教育，内容的系统性和知识性并不是其追求的目标，培养学生的法律素养、传达基本的法律精神和正义价值观、提高受教育者的法律思维能力和法律技能才是其真正的目的。

在法制教育的各个环节中，人文价值薄弱，工具价值意识凸显。个体为什么要接受法制教育？是为了掌握法律技能，培养法律思维能力，树立用法和守法的意识。但是，我国的法制教育过于注重知识的灌输，而忽视了与司法实践的结合。司法实践是法律的生命，只有与实践相结合，才能理解法条的含义，学会运用法律思维思考问题，从而真正地运用法律，并将法律精神内化为价值观念。另外，法制教育没有真正关涉人的生活和人的发展，未能从受教育者的实际出发，教会她们如何在现实生活中运用法律，维护自身的合法权益。如此下去，诸如"法制教育似乎没有实际用处"的观念扎根于学生的价值观念之中，使她们对法制教育课程丧失学习的兴趣和欲望，连带着对法律也丧失了敬畏之心。

目前，我国法制教育采取的主要教学方法依然是传统的填鸭式课堂教学模式，用灌输的方法作为传授法制教育知识的唯一手段和方式。这样的教学模式不仅枯燥无味，而且无法调动学生学习和探索法律知识的兴趣。有些学校为了激发学生学习法律知识的积极性，在教育的过程中插入案例进行教学。这本是一种革新教学方式的有效手段，但是很多教师往往因为片面追求法制教育的趣味性，而将法制教育等同于案例的讲述，将大量时间花在播放法制类节目上，却忽视了对案例的深入分析和探讨，弱化了法制教育的本质内涵，舍本逐末，同样无法达到法制教育的教育效果。①

（二）家庭法制教育

父母是家庭法制教育中的教育者，除了日常法律知识的普及和教育外，家庭法制教育实质上是一种榜样教育。行无言之师，是最好的教育。因为，受教育者总是通过观察教育者的行为获得对教育者讲解的法律知识的直观理解。②对未成年人来说，效仿和模仿父母的行为是其开始接触世界的第一步，正面榜样的树立对未成年人的健康成长具有极为重要的作用，对成年人来说也是如此。家庭法制教育的低效和无效，往往是因为父母嘴上说一套，在实际生活中做的又是另外一套。父母自身纪律意识和规则意识的缺乏，甚至是法律意识的缺乏，都会在日常行为中淋漓尽致地展现出来，当受教育者观察到这种"教"和"行"中的矛盾时，便会对长篇大论式的法制教育产生厌恶心理，再加上自身判断能力和辨别能力的缺乏，反而会倾向于模仿父母的不良行为，最终导致家庭法制教育的失败。

（三）社会法制教育中存在的问题

在我国，社区是社会最基本的构成单位，但由于社区工作者专业水平和社区发展水平的限制，并不能开展系统的法制教育课程。社区法制教育只能以短期活动的开展为主要形式，但这种通过发放宣传资料、张贴宣传画报等传统宣传形式开展的普法活动对于民众法律意识的提高作用不大。社会法制教育的缺失，加上拜金主义、享乐主义泛滥，个别影视、网络作品的不良影响，法制观念无法真正地深入人心，社会也就无法营造良好的法制环境，犯罪率才会日趋上升。

---

① 赵婷：《微时代背景下大学生法制教育研究》，九州出版社2014年版，第52-53页。
② 蒲鸿志：《法制教育的人文价值研究》，中国社会科学出版社2015年版，第56页。

第五章
女性犯罪之个人篇

第一节　心灵的闭塞

女性由于性格特征的独特性，使得其作为一类特殊的犯罪主体而存在。除此之外，每一个女犯之所以实施犯罪行为，还受到其自身独特的心理因素影响。本节将从女性的性格和心理特征的角度对女性犯罪进行探讨。

难言的不幸

一、案情回顾

被告人：小燕，女，土家族，1983年1月3日出生，初中文化，无业，离异，案发时31岁。

犯罪事实：2014年8月20日4时许，小燕与张某在某宾馆房间内因感情纠葛发生争执，小燕趁张某背过身之际，持事先准备好的锤子猛击张某头部，并在张某反抗时多次用锤子击打张某头部致其死亡。小燕将张某杀害后，用卫生卷纸书写遗书，喝农药自杀未遂，于当日5时许电话报警，并在案发现场等候处理。经鉴定，小燕为应激相关障碍，部分（限定）刑事责任能力。

判决结果：法院以故意杀人罪，判处小燕有期徒刑8年。

二、访谈面对面

为谁辛苦为谁甜

小燕生长在一个普通的农村家庭,除了爸爸妈妈,家里还有一个妹妹。爸爸患有高血压、脑溢血等多种疾病,长期待在家里,没有合适的事情做。妈妈白天在一家皮鞋厂车间做工,有时晚上还会带回一些手工活,常常加班到凌晨两三点。微薄的收入无法维持家人的生计以及爸爸越来越贵的医药费。于是,爸爸决定外出打工。好在很长时间以来,爸爸凭借着药物的支撑,身体状况没有恶化。而妹妹,正是在家里特别困难的时候来到了这个世界。妹妹的出生并没有给家里带来太多的欢笑,而是沉重的负担。但爸爸妈妈仍然节衣缩食、竭尽所能让姐妹俩吃饱穿暖。妹妹出生后不久,爸爸不顾身患多种疾病,央求别人给他找了一份工地上的搬运工作,拼命地干活。而妈妈除了做皮鞋车间的工作外,还利用一切可能的时间赚钱,甚至一边背着妹妹,一边捡垃圾。

家庭现状使小燕初二那年便辍学,让成绩比较优秀的妹妹继续上学。依稀记得那时候爸爸抱着自己说:"孩子,爸妈没有能力同时供你们姐妹俩念书,希望你不要埋怨我们,理解爸妈的苦衷。"或许是因为这场变故,爸爸像变了一个人似的,憋足了劲儿,起早贪黑,四处奔波找些零散的力气活干。那时,什么苦活、累活他都接,有时候还一个人做几个人的活,根本不顾自己的身体。那时尽管日子过的紧巴巴,生活很清苦,爸妈依然非常疼爱她,总是竭尽所能地满足她的要求和愿望,给她足够多的幸福和快乐。随着年龄的增长,她更能深深体会到爸妈那厚重的爱。在他们身边,会感到很满足和幸福。每次看到爸妈劳累、疲惫的身影时,她就会产生强烈的想法,希望自己快快长大,到那时就能找一份工作,和爸妈一起并肩作战,从容面对一切了。

痛苦的不是过去,而是记忆

成年后,小燕就外出打工了,在省会的一家服装厂上班,工资不高,但挣的钱基本可以维持自己的日常开销,有时候运气好还能积攒一点,补贴家里。几年之后,经朋友介绍,认识了同县的黄某,双方交往一年多就结婚了,第二年便生下一个大胖小子。小燕的丈夫是一名长途汽车司机,每天往返于两地之间,每天的吃喝都是在路上,小燕一边工作,一边照顾自己的小孩,小两口的日子也算过得比较安稳。很快孩子到了学龄,小燕把他送到服装厂附近的一所小学,这样既不影响上班,也能够很好地照顾孩子,就这样过了十来年。

慢慢地,夫妻俩暴露出越来越大的性格差异,并且由于双方工作的原因,聚少离多,彼此之间缺少经常的沟通,最终两人选择了离婚。双方约定,孩子跟着男方一起生活,主要是男方的父母帮着带孩子,小燕每月给付一定的生活费,并且可以随时探望孩子。对于自己的这个决定,爸妈没有做过多的干预,只是提醒小燕,千万不能耽误了孩子的成长和发展。离婚后的小燕依然在服装厂上班,每天过着有条不紊的生活,直到张某(被害人)闯进了她的生活。张某是经同厂的工友认识的,一来二往,关系还处得不错,可到了最后,这个人却永远地消失了,而害死他的正是小燕。小燕不怎么愿意谈及这段让她悲伤不已的经历,只是简单地说道:"只怪自己太冲动,做事没考虑后果,我现在不想再回忆起这件事,它让我很痛苦,对我而言是很大的不幸。"不好强求,也就没有深究下去,毕竟揭人伤疤是件很残忍的事情。

至少还有你

小燕本来就比较内向，这件事对她的打击很大，尤其精神上遭受了巨大的痛苦，人也变得更加安静，平时只顾低头干活，和同改在一起才会轻言细语地聊两句。来到女监已经一年多了，每天都会有劳动任务，跟以前服装厂上班差不多，每天按工时计算，因为自己年纪相对较轻，所以工时偏多一点。虽然工作时间长，但对小燕来说劳动强度还是合适的。她每天都能完成自己的工作量，有时还能超额，目前已经累积了两个表扬。她将在监狱的劳动当作一个学习的过程，在劳动中平静自己的情绪，反思自己的错误。她也一再强调，自己是个老实人，并不是想去犯错误，一时冲动才犯下大错，陷入了犯罪的深渊，以后绝对不会再做违法犯罪的事情啦，现在的每一天都是靠亲情在支撑，亲情是她的全部精神寄托。有时候心情很烦躁、很郁闷，好在妹妹和孩子会定期来看望自己。妹妹还会定期给她写信，告知她爸妈的身体状态和家中情况，鼓励她好好改造，调整心态，重拾生活的信心。只要读读妹妹写给她的信，她的心就会安静下来。小燕知道，只要自己在监狱表现得好，就能尽早回家与亲人团聚。外面还有值得自己牵挂的人，所以小燕努力地调整自己、改造自己，努力使自己从过去的伤痛之中走出来。小燕为自己的冲动和罪过已经付出了多年的青春和自由，未来的路还得勇敢地走下去。

三、检察官评案说法

小燕虽然没有对案件的前因后果进行过多的阐述，不过访谈过程中我们能深切感受到她的后悔与无奈，还有那份对于自由的强烈渴望。

小燕的家庭环境与她的过激行为之间有着密切的关系。她很早就辍学在家，看着日夜为了温饱而操劳的父母，小燕早早知道了生活的艰辛；上班后，工作中的她很努力，手头上稍微有点积蓄就往家里寄，只因她深切地爱着自己的父母和妹妹。从小燕平时的表现来看，她无论如何都是不会杀人的，一是因为没有那个勇气，二是她是一个顾家的人，什么事她都会首先考虑到家人的感受。所以很难想象，像小燕这样循规蹈矩的女子，是怎样的冲动和恨意才能让她不顾自己的大好年华，不顾亲人，举起锤子结束了另一个人的生命。可以看出，小燕是承受了很大的家庭压力的，不仅要养活自己，还要补贴家里，离异后还要按时给付孩子的生活费，所以她身上的担子很重。长期这样的环境很容易使人崩溃。

感情上遭遇的挫折是小燕走上违法犯罪的最大诱因。每个女人都渴望一份美好的爱情，想要经营一个幸福的家庭，可现实却往往给了她们狠狠的一巴掌，猝不及防。十年的时间里，小燕和前夫聚少离多，长期的分离让两人在性格方面也暴露出越来越多的不同，而生活又没有给他们足够的时间去磨合，争吵也就在所难免。当夫妻感情完全破裂的时候，婚姻的灵魂便丢失了，离婚就成了必然的结果。正是这个失败的婚姻，让原本就注重感情的小燕在以后的日子中变得更加小心翼翼。也正是因为这种战战兢兢、如履薄冰的心态让她在感情面前显得分外脆弱。她患有应激性精神障碍，在与张某的交往中，一旦暴露与作为创伤事件的象征或很相象的内心或外界迹象之时，就会出现强烈的心理痛苦烦恼，情感受到限制，从而做出一些过激的行为。过去每一件事情的发生，可能都给小燕造成到不小的刺激。这些事件就像在骆驼身上堆的稻草，而与张某的相识和感情纠葛，便是压死骆驼的最后一根稻草。

女性罪犯中，很多是因为无知或者一念之差的冲动，而做出了漠视法律、无法挽回的举动，入狱后会产生很大的自责情绪，包括对家人的愧疚。而此时，家人是否选择理解和包容便成了女犯最大的顾虑，也是她们能否保持平心静气的关键。小燕明白，只有痛定思痛，才能破茧重生。在遭遇生活的重创之后，这个简单、隐忍的女性准备用自己的方式重新开始生活。真诚地希望经历过人生的艰难苦楚、尝遍各种辛酸的女人未来可以变得更加坚强,可以走出自己的一片新天地,把自己逝去、蹉跎的时光弥补回来,活出本应属于她的更精彩的人生。

> 故意杀人,是指故意非法剥夺他人生命的行为,属于侵犯公民人身权利罪的一种。
>
> 《刑法》第232条:故意杀人的,处死刑、无期徒刑或者十年以上有期徒刑;情节较轻的,处三年以上十年以下有期徒刑。
>
> 《刑法》第18条:精神病人在不能辨认或者不能控制自己行为的时候造成危害结果,经法定程序鉴定确认的,不负刑事责任,但是应当责令他的家属或者监护人严加看管和医疗;在必要的时候,由政府强制医疗。
>
> 间歇性的精神病人在精神正常的时候犯罪,应当负刑事责任。
>
> 尚未完全丧失辨认或者控制自己行为能力的精神病人犯罪的,应当负刑事责任,但是可以从轻或者减轻处罚。
>
> 醉酒的人犯罪,应当负刑事责任。

我只是想要拿回自己的钱

一、案情回顾

被告人：晓梅，女，汉族，1974年12月2日出生，初中文化，无业，已婚，案发时40岁。

犯罪事实：2014年4月13日晚上，晓梅以还债为由，将孟某及随同前来的何某骗至某地，并安排王某、吴某等人，将孟、何二人强行带到山上，对孟某进行殴打，逼迫其写下收到晓梅欠款3万余元的收条。晓梅拿到收条后，继续让王某等人殴打并持刀威胁孟某，强行索要2万元。何某见孟某被殴打、威胁，遂提出家中有1万元可以借给孟某，孟某被迫答应并向其出具借条。晓梅、王某等人随即带何某回家中取来1万元后，将二人释放。后案发。

判决结果：法院以抢劫罪、敲诈勒索罪，判处晓梅有期徒刑5年6个月，并处罚金人民币5000元。

二、访谈面对面

为了消除赌债并要回自己输掉的几万元钱，晓梅请了几个小混混将自己的老板痛打一顿，逼其写下收条，强行索要2万元。虽然晓梅顺利地拿到了借条和钱，但随之而来的是警察的追捕以及法律的制裁。晓梅为什么会用这样极端的方式处理事情？

黑心老板，设赌坑骗

晓梅结婚之后，为了生计，与丈夫离开老家，在城市寻找工作。几经周折，在现在这个老板孟某的小工坊内上班。晓梅的丈夫在一个大型公司做销售工作，每天起早贪黑，下班时间不固定。相反，晓梅的工作比较轻松，上班时间也比较灵活，空闲时间也较多。晓梅在老家时就喜欢打麻将，在老板孟某的邀请下，不上班的时候偶尔打几场麻将，晓梅也没有感觉到有什么不妥之处。

时间一长，晓梅开始有了一些赌瘾，一天不打麻将，就感觉浑身不舒服。为了打麻将，晓梅干脆不再上班，每天上班的时间出门，然后在孟某的家中打麻将，一打就是一天，中间有输有赢，晓梅也没有在意。只是没过多久，晓梅慢慢地发现情况不对了，每次与孟某打麻将，自己总是输多赢少，赢也是赢的小钱，而孟某每次都能赢。但是，晓梅也没有太放在心上，本身孟某的牌技也不错，抓的牌面也不差，晓梅也就打消了心中的想法。

"那段时间，我没有其他的事情做，每天都是找一些朋友，约在孟某家中打麻将，蛮沉迷于其中的。疯狂的时候，我们几个人一玩就是两三天，然后各自回去休息两三天再玩。"但是，后来晓梅每天都输，慢慢地累计输掉了七八万元，另外还欠老板三四万元。她将自己之前上班的工资和丈夫交与其保管的钱都输掉了，晓梅只能一直瞒着丈夫，不敢说出来。就算是这样，晓梅还是停不下来，一有时间就会去孟某家中打麻将，可每次还是输。一次偶然的机会，晓梅看到孟某在调试麻将机，才知道孟某在麻将机上做了手脚。晓梅这才意识到孟某设局坑骗了她。一气之下，晓梅找到孟某理论，孟某看事情败露，也承认了在牌局上作了假。但是，孟某就是不愿意退回晓梅输掉的钱,甚至威胁晓梅可以去告他,反正她也没什么证据,自己在法院还有关系,她不可能告赢。晓梅也知道孟某的能力,没有选择报案,一直找孟某理论,也没有什么结果,心里始终窝着一团火。

夫妻争吵,感情破裂

纸始终是包不住火,事情还是被丈夫知道了。丈夫每次看到晓梅疲惫的回来,开始以为是工作辛苦。但是,妻子的反常还是引起了他的怀疑。在丈夫的追问下,晓梅说出了原因。丈夫了解到晓梅早已不上班,且每天沉迷于麻将赌博,与妻子大吵了一架。但是,丈夫的苦苦相劝依然不起什么作用。晓梅像是铁了心,面对丈夫的劝告,全然不听,反而变本加厉。"我每次连续打一天多的麻将,眼睛都快睁不开了,一次孟某拿出一些药丸,说吃了这个会有精神,我也猜到了是什么,但没想多少就吃了,吃完之后就睡不着了,整个人都处于亢奋之中。"这个时候,晓梅为了强提精神,不惜吸食少量毒品。

本来为了麻将的事,丈夫已经再三要求晓梅不要再深陷其中,开始对她有所埋怨。不凑巧的是,一次偶然的机会,他到孟某家中找妻子,才发现晓梅沾染上了毒品,这让他接受不了。也因为这个,他与晓梅又大吵一架,甚至还动了手。但是,他所做的一切,也没有等来晓梅的悔改,妻子每天还是迷恋于打麻将,偶尔吸食毒品。面对不知悔改的妻子,他感到心灰意冷,在一次争吵之后,他提出了离婚。但是,这也没有吓唬到晓梅,"当丈夫要和我离婚的时候,我可能也是烦了他每次都和我争吵,一气之下就去民政局办了离婚手续。"

请人相助，逼迫妥协

离婚后，晓梅还是到孟某家中打麻将，也时常自己约几个牌友一起打麻将。为了要回输掉的钱，晓梅又多次找到孟某理论，每次都遭到拒绝。迫于孟某的势力，晓梅也一直不敢做出过分的事情，但心里一直窝着火，不甘心自己这样被欺骗，想要讨回公道。

晓梅在长时间的赌博中，也认识了一些当地开设棋牌室的老板。一次与这些人吃饭闲谈中，晓梅说起了被孟某坑骗的事。她说要孟某给个说法，但是一直苦于没有什么办法，实在不知道该怎么办。这些人听了晓梅的诉苦之后，就问晓梅需不需要帮忙，可以找几个人跟着她去找孟某的麻烦，帮她拿回钱。晓梅一听到这几个老板肯帮忙，未加思考就答应了下来。这几个人随后就喊了王某、吴某等人跟着晓梅去办这件事。

事情败露，害人害己

晓梅有了这几个人的帮助，底气也足了一些，一心想着要把钱要回来。2014年4月13日晚上，晓梅带着王某等人，以还钱为由，让孟某到市某地来拿钱，不知道孟某是不是看出了晓梅的意图，喊了何某一起陪同。随后发生了案件中描述的经过。晓梅安排王某、吴某等人，将孟、何二人强行带至某山上，开始对孟某进行殴打，逼迫其写下收到晓梅欠款3万多元的收条。

晓梅拿到收条后，想着自己还输掉了几万元钱，就继续授意王某等人殴打并持刀威胁孟某，向孟某强行索要2万元现金。孟某身上没有带多少钱，何某见孟某被殴打、威胁，遂向晓梅求情，并提出其家中有1万元可以借给孟某。晓梅、王某等人便和何某到家中拿钱。吴某等人受晓梅的安排，在原地看守孟某,并继续威胁、逼迫孟某出具一张金额为1万元的欠条。晓梅等人从何某家拿到1万元后返回,将孟某放走。

晓梅拿到钱之后满心欢喜,毫不考虑事情的后果。就在晓梅想要感谢这些朋友帮忙的时候,派出所民警找到晓梅,其后,与晓梅一起逼迫孟某的几人也相继归案,将要面临法律的制裁。

三、检察官评案说法

访谈中,晓梅一直为自己的行为感到冤屈。她认为孟某的心太黑,坑骗她的钱,还导致她家庭破碎,应该得到报应。自己只是采取了过激的手段拿回属于自己的钱,孟某也承认了自己在麻将机上做手脚,这怎么会是犯罪?

打麻将本是个娱乐消遣活动,如果以营利为目的,就演变成赌博行为,而赌债是不受法律保护的。根据法律规定,行为人为索要高利贷、赌债等不受法律保护的债务,非法扣押、拘禁他人的,依照《刑法》第238条(非法拘禁罪)的规定定罪处罚。如果索要的债务超出其赌资范围,就具有非法占有的故意,一般认定为索财型绑架罪。

晓梅以索要赌债为由,不仅绑架了孟某,还绑架了无辜人员何某,并且采取暴力手段当场取得何某1万元,晓梅的行为已演变成以非法占有为目的的抢劫犯行为。其要孟某写下欠条的行为也符合敲诈勒索罪的犯罪特征。

晓梅沉迷于赌博,导致家庭不和甚至离婚,使原本幸福的家庭化为泡影,最后走上犯罪道路,不仅毁了自己的生活,还毁了"帮助"她的几个年轻人,使他们也跟着她遭受牢狱之灾。实在令人惋惜。

我们在查看晓梅的案卷时,发现其也曾因开设赌场罪被执行拘役4个月。可见晓梅牵涉赌博时间之长、受到赌博影响的程度之深。希望这一次的访谈可以带给她一些触动,可以帮助她重新认识和正视自己的行为,在监狱积极接受教育改造,早日开启新的生活。

抢劫罪，是指以非法占有为目的，当场使用暴力、胁迫或者其他方法，强行劫取财物的行为。凡年满14周岁并具有刑事责任能力的自然人，均可以构成抢劫罪的主体。抢劫罪是侵犯财产罪中最为严重的犯罪，在通常情况下，抢劫罪既侵犯了被害人的财产，更为重要的是还危害到被害人的人身安全。

《刑法》第263条：以暴力、胁迫或者其他方法抢劫公私财物的，处三年以上十年以下有期徒刑，并处罚金；有下列情形之一的，处十年以上有期徒刑、无期徒刑或者死刑，并处罚金或者没收财产：

（一）入户抢劫的；

（二）在公共交通工具上抢劫的；

（三）抢劫银行或者其他金融机构的；

（四）多次抢劫或者抢劫数额巨大的；

（五）抢劫致人重伤、死亡的；

（六）冒充军警人员抢劫的；

（七）持枪抢劫的；

（八）抢劫军用物资或者抢险、救灾、救济物资的。

敲诈勒索罪，是指以非法占有为目的，对被害人使用威胁或要挟的方法，强行索要公私财物的行为。敲诈勒索罪是一种重要的侵犯财产罪，其犯罪对象是公私财物。

《刑法》第274条：敲诈勒索公私财物，数额较大或者多次敲诈勒索的，处三年以下有期徒刑、拘役或者管制，并处或者单处罚金；数额巨大或者有其他严重情节的，处三年以上十年以下有期徒刑，并处罚金；数额特别巨大或者有其他特别严重情节的，处十年以上有期徒刑，并处罚金。

花季少女的迷途人生

一、案情回顾

被告人：晓娟，女，汉族，1995年1月10日出生，中专文化，酒店服务员，案发时18周岁。

犯罪事实：被告人晓娟以非法剥夺他人生命为目的，持刀杀人。

判决结果：法院以犯故意杀人罪（未遂），判处晓娟有期徒刑4年。

二、访谈面对面

童年噩梦

晓娟出生在西北一个偏远的小县城里，父亲是公务员，母亲是家庭主妇。刚开始晓娟作为家里唯一的孩子，享受着来自父母无微不至的关爱，是父母的"掌上明珠"，也是家里的"小公主"。随着弟弟的出生，父母的关注点都在弟弟身上，对自己越来越忽视。在姐弟俩的成长过程中，弟弟所有的要求父母都会尽力满足，有时面对弟弟的无理取闹，爸爸妈妈也丝毫不会训斥。截然相反的是，父母对于晓娟的请求经常不理不睬，每次晓娟犯了错误即使是很小的错误，妈妈或爸爸都会大加呵斥。晓娟对此也曾有过怨念和不满，但因为胆小、性格内向不敢向爸爸妈妈提出来，习惯把自己的情绪深埋于心中。

随着年龄的增长，她与父母的关系越来越疏远，与弟弟也始终亲近不起来。

在晓娟小学一年级时，一场"噩梦"降临，彻底改变了她的人生轨迹。刚刚上小学的晓娟学习成绩有些跟不上，为了提高晓娟的学习成绩，晓娟的父母把她送到邻居那里补习功课。在补习功课的过程中，邻居把魔爪伸向了年幼的晓娟，对她实行了性侵，并且威胁她不要告诉父母。懵懂无知的晓娟已经知道这是一件让人羞耻的事情，向父母羞于启齿。重男轻女的父母也丝毫没有注意到女儿身上的变化，晓娟变得越来越沉默寡言，十分抗拒去隔壁邻居家补习功课。父母在训斥晓娟偷懒、不爱学习之后，还是一如既往地送女儿去邻居家补习功课，以至于晓娟的"噩梦"不断重复上演，一直持续到晓娟小学二年级时全家搬离宿舍才结束。这场"噩梦"带给晓娟的阴影到现在都无法磨灭，这是她内心永远无法愈合的一道伤疤，自那以后她变得更加胆怯、内向。

悲剧发生

童年的阴影让晓娟很难再向别人敞开心扉，她一直与父母保持着淡漠、疏远的关系，也没有亲近的朋友，甚至从小学就开始产生了人生已经毫无希望的悲观想法。在学习上，因为上课时注意力很难集中，学习成绩一直在班级后列徘徊。这样的成绩难以让父母满意，初中毕业后在父亲的安排下晓娟来到了离家千里之外的某机电学校学习会计。一直以来晓娟心仪的专业是服装设计，但是家人觉得学习服装设计很不务实，就业前景也不明朗，晓娟多次向父亲提出转专业，父亲一直都不同意，无奈放弃。但她一直也提不起对会计的学习兴趣，再加上中专学校不重视学习的氛围，老师照本宣科地讲课以及同学之间的相互攀比，都让晓娟感到无所适从。在学校待了一年半以后，晓娟瞒着父母辍学在一家餐馆打工，闲暇之余去网吧上网看看视频、打打游戏，日子一直在平淡中度过。

一天，晓娟在逛集贸市场买东西时碰到一陌生男子，该男子热情地帮晓娟讨价还价，告诉她挑选衣服的方法。两人聊得还算投机，男子提出要晓娟的手机号码，单纯的晓娟直接把号码给了陌生男人。随后，该男子给晓娟发短信约见面并把晓娟带到他的家中，言谈中男子告诉晓娟他是单身，觉得两人十分投缘，想跟晓娟发展成情侣关系，晓娟对这个人的印象也还不错，就没有拒绝。两人第三次见面时，男子把晓娟带到了宾馆开门见山地提出发生性关系，并承诺给1000元，晓娟想到父母已经很久没给她生活费了，打工辛辛苦苦挣的钱只够温饱，没有多余的钱让她像其他正值青春的女孩子一样打扮自己，经过一番激烈的思想斗争之后，她答应了。发生了关系以后，男子反悔，拒付报酬并对晓娟说了许多侮辱性的语言，这些难听的话刺激了晓娟的神经，让她想起了小时被性侵的痛苦经历。愤怒在晓娟的心里堆积，她憎恨这个人渣、败类，想着自己活着也没什么指望，不如亲手要了他的命，就算被判死刑也值得。于是她偷偷拿出放在手提包里的水果刀，趁男人熟睡的时候朝他左胸捅去……

捅了人之后的晓娟害怕地蜷缩在一旁，在男子的哀求下拨打了120，男子忍着疼痛打电话叫来了自己老婆，男子老婆来后报了警。晓娟这才知道该男子已经结婚的事实。

迷途知返

当谈起过往的经历，腼腆的晓娟有过情绪失控，不时地小声啜泣。晓娟很庆幸当初冲动的行为没有造成无法挽回的后果，被害人只是受了轻伤，她也已经醒悟过来，言语中充满了对受害人及其家属的歉意。被判处4年有期徒刑的晓娟即将刑满释放，当问到未来的计划，这个年轻姑娘的脸上重新焕发了神采，她计划利用在监狱中学会的缝纫手艺先去打工挣钱，等积累够资金以后就自己开店做生意。晓娟说道，在监狱的几年里一个人反思了很多，过去的那段不愉快的经历她已经放下了,她要把曾经放弃的自我重新找回来。同时她也提到过去的自己太单纯、太容易相信别人,有了这次教训她以后能更好地识别好人坏人,更好地保护自己。看着女孩脸上恬淡的笑容,我们很庆幸这个女孩能迷途知返,在心里也充满了对她深深的祝福!

三、检察官评案说法

晓娟被欺骗后充满愤怒,抱着置欺骗者于死地的想法,持刀捅向被害人胸部,后因害怕拨打了120,被害人因此得救。晓娟的行为符合故意杀人的犯罪特征,后续采取措施避免死亡结果的发生,所以构成故意杀人未遂。

晓娟的经历让我们联想到,近年来关于性侵、猥亵幼女儿童案件的新闻报道屡见不鲜,这些报道可能还只是揭露了已发生的同类型案件的冰山一角。受害者往往是少不更事的幼女,有的甚至是还在上幼儿园的女童。犯罪人把犯罪目标集中在幼女身上,一方面这些幼女儿童的自我保护意识不强,容易被控制,犯罪人容易得逞;另一方面在犯罪人的威逼利诱下,这些幼女在事发之后往往不会主动向大人倾诉自己所受到的侵害,这就给了犯罪嫌疑人逃脱法律制裁以可乘之机。

性侵、猥亵幼女的恶性案件近年来集中发生在农村留守儿童身上。资料显示,过去三年里,仅广东省就有超过2500名女童被性侵,近半数在14岁以下。而根据全国妇联2013年发布的一份留守儿童调查报告,广东正是留守儿童高度集中的省份之一,占全国留守儿童总数的7.18%。据《新京报》调查,宁夏灵武市一个村庄内,过去一年,有12名幼女在村里的幼儿园被教师性侵,其中11人为留守儿童。在只有100多户人家的村庄中,这意味着约十分之一的家庭受到伤害。①

---

① 胡涵:《中国留守儿童现状:广东有超2500名女童被性侵》,载 http://news.sohu.com/20150713/n416639916.shtml。

晓娟虽然不是留守儿童，一直与父母生活在一起，但他们对于女儿的成长过程漠不关心，与孩子缺乏沟通交流。因为他们的过失与疏忽让晓娟年幼时长时间生活在"噩梦"中，使她的性格产生了极大的转变。一方面封闭自己的内心，很难去融入一个群体，很难交到知心朋友；另一方面，晓娟在与人交往方面极为单纯，缺乏自我保护意识，对陌生人不保持戒心，以至于她对被害人一无所知的情况下对其提出的不轨要求也不加拒绝。父母是子女成长过程中关系最密切的人，所以应该在青少年生长发育的过程中，密切关注他们的生理、心理变化。有些青少年天性内向腼腆，不会主动向父母倾诉、反应问题，此时就需要父母在日常生活的细节中发现子女异常的蛛丝马迹后，与子女进行深入地沟通交流，了解他们内心真正的想法。父母与子女建立的亲密关系对于以后子女性格的养成、预防犯罪均有着重要影响。晓娟的家庭环境及家庭教育对她后来的误入歧途产生了不可估量的影响。广大父母应当从中吸取教训，关注子女的成长，当他们在成长过程中遇到困难挫折时应提供必要的指导，从而才能更好地促进青少年的成长。

此外，晓娟父母重男轻女的思想也对她产生了很大影响，自卑、缺爱、怀疑自己，一旦有人对她好一点，就会受宠若惊，感到"从来没有人对我这么好"，不能理性地判断对方的为人，很容易上当受骗。

故意杀人，是指故意非法剥夺他人生命的行为，属于侵犯公民人身权利罪的一种。

《刑法》第232条：故意杀人的，处死刑、无期徒刑或者十年以上有期徒刑；情节较轻的，处三年以上十年以下有期徒刑。

性格决定命运

一、案情回顾

被告人：晓霞，女，1985 年 1 月 16 日出生，小学文化，无业，未婚，案发时 31 岁。

犯罪事实：晓霞与男友小周同居期间，一天趁小周不备，将小周的身份证和 2 张中国农业银行藏匿。次日，晓霞利用写在银行卡背面的密码，在自动取款机上分三次取款 4600 元，用其中的 1550 元买了一部白色"OPPO"手机，后被公安局抓获。

判决结果：法院以盗窃罪，判处晓霞有期徒刑 9 个月，并处罚金人民币 2000 元。

二、访谈面对面

艰辛的童年

晓霞出生在一个艰苦的农村家庭，父亲在外打工，母亲在家务农，奶奶和她们住在一起，一家人生活的很拮据。在晓霞 9 岁的时候，妹妹出生了，本来清贫的一家又要为妹妹的奶粉钱而发愁，晓霞明白家里人的负担，她自愿选择了辍学，每天在家里帮助妈妈和奶奶做农活。在妹妹 1 岁的时候，命运又跟这个艰苦的家庭开了个玩笑,她的父亲因为癌症去世,一家人在追思父亲的痛苦中不得不又开始为生计而发愁。晓霞看着沉浸在悲痛中的母亲、一无所知的妹妹、年迈的奶奶,她打心底觉得这个家现在需要一个承担责任的人,虽然她只有10岁,但是她决心将这个家扛在肩上,因此,她决定去镇上打工赚钱养活家庭。由于她还只有10岁,很多店铺都不敢雇用她,但是她没放弃,一直在苦苦寻找着工作,终于有一个好心的饭店老板答应让她在店里干活。她每天的工作就是擦桌子、洗碗、拖地,一个月每天这样辛勤的劳动能换来500块钱的收入,晓霞对此已经感觉到很满足了。每次拿到工资后,她都会立刻上交给妈妈,自己也从来不留多余的钱,日子就这样一天天过着,在她16岁时,妈妈嫁给了一个叔叔,她没有选择和妈妈、妹妹一起和叔叔生活,而是继续留在奶奶身边,一边打工一边照顾奶奶,几个月后,钱包里有点积蓄,她买了一些水果和妹妹喜欢吃的零食,来看望妈妈和妹妹,见到妈妈后,妈妈说要把买水果的钱给她,这让她心里很不舒服,她觉得妈妈已经疏远了自己,把自己当做外人了。另外,妈妈嫁的那个叔叔对她态度不是很好,叔叔不喜欢她把自己打扮成男孩子模样,并且觉得她很邋遢,十分嫌弃她,并且让她以后少去找她妹妹。她听到叔叔的这句话后怒不可遏,当场就和叔叔大吵了一架,彻底和妈妈断绝了来往。

坏脾气初现

2015年5月的一天,晓霞正在上班,一个平时和她关系很好的大姐跟其他人说她偷了自己的东西,晓霞说她根本没做过这件事,她不知道大姐为什么要这么冤枉她,于是她跟大姐解释,但是大姐不听。无奈之下,晓霞就只好叫保安调取了监控录像。监控显示,拿走东西的不是晓霞,而是另外一个人,但是大姐知道实情后非但没有跟她道歉,反而继续埋怨她,晓霞终于控制不住自己的情绪了，一怒之下她就当着大姐面拿走她1000多元，大姐要她把钱还给自己，她不听，大姐说再不归还她就要报警了，晓霞说报警就报警，她不怕。于是大姐报了警，警察迅速赶到了现场，将晓霞带回了派出所。在警察问话的时候，她对拿走大姐钱的事实全部承认，并且没有为自己辩解，只是反复强调说："大姐不是说我拿她东西吗，我就是拿她东西了。"她这种傲慢和不知悔改的态度，让警察觉得她的主观恶性较大，需要进行改造，于是将她的案子移送检察院，检察院以抢夺罪对她提起了公诉，最后法院判处她有期徒刑7个月。收到判决结果时，她没有想过上诉，也没想过请律师，她想的是自己从小就尝尽了人间的苦楚，在监狱里的日子再苦自己也能过下去。

不思悔改

在看守所里，虽然每天接受教育和改造，但是晓霞仍旧没有认识到自己的错误，她始终觉得这件事是大姐冤枉了自己，自己只不过是稍微报复了一下她而已。因此，虽然改造了七个月，晓霞的思想还是没有太大的改变。2015年4月，晓霞刑满释放，找到了一份在餐馆打杂的工作，每个月工资还不错，有1500元，就是有点累，什么事情都要干。在2016年2月份，她存了一点钱，想休息一段时间。其间，她认识了男朋友小周，没多久他们就同居了，小周没有工作，每个月领取低保，两个人同居期间的开销都是她从饭店打工的积蓄。小周在农村有一个旧房子，他在房子附近种了很多树苗，树苗的价值还不错，一个好的树苗养好了卖出去能赚一两万元，但是他喜欢赌博，赚的钱都被他输光了。晓霞说过他很多次，让他不要赌博了，两个人一起攒钱修一个好的房子，但是他都不听。在把她的积蓄6000元全部用完之后，晓霞提出要用小周的钱，小周断然拒绝，说自己没钱，但是当晓霞后来从小周的朋友那里了解到他还有5000元时，她非常气愤，觉得他欺骗了自己,并且一想到两个人在一起的日子花的都是她的钱,心里十分不平衡。因此,有一天,当晓霞发现小周的银行卡落在床上时,动了心思,先把卡藏了起来,然后拿卡去银行取钱。小周丢了卡十分着急,去银行挂失的时候发现自己的钱被别人取走了,在他准备报案的时候,晓霞跟他坦白了,说是她把卡藏了起来,然后去把钱取出来了,因为奶奶身体不好,她要陪奶奶看病,但是她的钱都被他们两个人用完了,他有钱但是不给她,她是没有办法才这样做的,但是小周还是报了案,在审讯过程中,她没有为自己做过多辩解,虽然后来小周写了谅解书,但是因为她之前受过处罚,属于累犯,这次还是被判了9个月的有期徒刑。

彻底醒悟

在监狱里,刚开始的时候,晓霞还是和上次在看守所一样,根本没有认识到这件事是自己的错,因此虽然每天在接受改造,但是她的内心还是想着出去后怎么复仇。管教人员很快就发现了晓霞的不对劲,她做事不认真,心事重重,情绪很不稳定,于是管教人员找到了晓霞,想问清楚具体的情况,但是晓霞掩饰说没事,只是还没适应监狱的生活,随着监管人员不遗余力的追问,晓霞知道自己瞒不住了,就坦白了。对此,管教人员并没有责骂晓霞,而是对她进行了悉心的教导,帮她分析了屡次犯错的原因,纠正了晓霞出去后要报复的错误思想。晓霞在管教人员不懈努力的教导下终于意识到自己的问题所在,认识到了自己前后两次入狱都是因为自己的臭脾气,为此她十分悔恨,埋怨当时为什么管不住自己,并且放弃了出狱后报复小周的打算。同时她也感到一丝的庆幸,因为她自己也知道,自己的脾气确实太差了,还好自己只是以拿别人东西的形式报复别人,否则后果不堪设想。现在的她能认认真真工作,积极接受改造教育,期盼着早点出去照顾奶奶。

三、检察官评案说法

晓霞的故事真的让人十分惋惜,一个独立坚强有责任心的花季少女因为自身性格原因两次入狱,人生轨迹彻底改变。综观晓霞前后两次行为,都是因为生活中的一些琐事与人产生了矛盾,进而采取了犯罪的方法来报复他人。第一次,因为大姐冤枉她偷钱,她觉得十分愤怒,就当着大姐的面强行拿走了大姐1000块钱,大姐要她归还被她拒绝,大姐说要报警了,她仍然拒不归还,在警察问话的时候她还是一副拒不认错、无所谓的样子。第二次,因为感觉小周骗了她,就偷偷地把小周的银行卡拿走,把钱取了出来用于消费,虽然她可能只是一时冲动冲做出这些的行为,但是这些行为已经违反了我国刑法有关规定,需要进行刑事处罚。晓霞犯罪,都是因为一些很小的事情,完全可以通过合理的途径来解决,但是晓霞却因为自己的火爆脾气和处理问题的极端方式而付出了沉重的代价。

归根结底,她的性格、脾气的养成和她成长的环境有很大的关系。很小辍学,没有接受到教育,使她对一些行为没有清楚、理性的认识。同时,自幼在外打工,没有人管她,她在学会独立的同时也养成了以自我为中心的性格和暴躁的脾气,听不得一句不好听的话。暴躁的脾气使得她处理问题的方式特别极端,当一句话不符合她的心意,她就会感觉到很生气,把他当作敌人,然后采取各种措施来报复他,这反映出了她与人沟通存在着很严重的障碍。这缺陷的性格是她前后两次采取极端方式来报复他人的根本原因。

> 抢夺罪,是指以非法占有为目的,乘人不备,公开夺取数额较大的公私财物的行为。盗窃罪,是指以非法占有为目的,盗窃公私财物数额较大或者多次盗窃、入户盗窃、携带凶器盗窃、扒窃公私财物的行为。

《刑法》第267条第1款：抢夺公私财物，数额较大的，或者多次抢夺的，处三年以下有期徒刑、拘役或者管制，并处或者单处罚金；数额巨大或者有其他严重情节的，处三年以上十年以下有期徒刑，并处罚金；数额特别巨大或者有其他特别严重情节的，处十年以上有期徒刑或者无期徒刑，并处罚金或者没收财产。

最高人民法院、最高人民检察院《关于办理抢夺刑事案件适用法律若干问题的解释》第1条：抢夺公私财物价值一千元至三千元以上、三万元至八万元以上、二十万元至四十万元以上的，应当分别认定为刑法第二百六十七条规定的"数额较大""数额巨大""数额特别巨大"。

《刑法》第264条：盗窃公私财物，数额较大的，或者多次盗窃、入户盗窃、携带凶器盗窃、扒窃的，处三年以下有期徒刑、拘役或者管制，并处或者单处罚金；数额巨大或者有其他严重情节的，处三年以上十年以下有期徒刑，并处罚金；数额特别巨大或者有其他特别严重情节的，处十年以上有期徒刑或者无期徒刑，并处罚金或者没收财产。

最高人民法院、最高人民检察院《关于办理盗窃刑事案件适用法律若干问题的解释》第1条：盗窃公私财物价值一千元至三千元以上、三万元至十万元以上、三十万元至五十万元以上的，应当分别认定为刑法第二百六十四条规定的"数额较大"、"数额巨大"、"数额特别巨大"。

《刑法》第65条第1款：被判处有期徒刑以上刑罚的犯罪分子，刑罚执行完毕或者赦免以后，在五年以内再犯应当判处有期徒刑以上刑罚之罪的，是累犯，应当从重处罚，但是过失犯罪和不满十八周岁的人犯罪的除外。

分析与反思

女性作为一种特殊的犯罪主体而存在,往往是有其不同于男性的性格和心理特征。本节的案例中,有的是人身权利犯罪,有的是财产犯罪。虽然犯罪性质有所不同,但究其致罪原因,女性自身的性格和心理特征起到很大的作用。

人本主义精神分析学家弗洛姆认为,恶性的攻击表现出来的惨忍性和破坏性是人类特有的。他强调,攻击性冲动在大部分时间里汇集于一个相对稳定的性格结构中,性格是任何非本能追求的相对持久的系统,人通过这个系统与人的世界和自然世界相联系。①

一、女性犯罪人的性格特征表现

(一)女性在人格特征方面表现出情绪的不稳定性

生活经验告诉我们,"女性普遍地容易感情用事,其情绪的跳跃性强、波动大。有时可能持续性狂躁、兴奋,有时可能持续性低迷、抑郁,或是两者交替出现,有时狂喜狂怒,自己无法控制,有时情感低落,终日忧郁寡欢,悲观掩饰,谨小慎微。这种不稳定的人格特征容易造成激情犯罪"。② 由于无法控制自己的情绪,在受到外界刺激之后变得冲动和任性,从而实施伤害甚

---

① 参见邱国梁:《犯罪心理学的理论与运用研究》,群众出版社2005年版,第3—7页。
② 张锋、朱海燕、宋志一:《毒品与暴力型、财产型罪犯人格特征及其类型的比较研究》,载《健康心理学杂志》2003年第6期。

至杀害等行为，这是绝大部分女性进行暴力犯罪的主要原因。尤其对于在法律上属于限制刑事责任能力的精神病人而言，精神疾病的存在使得行为人在人格特征方面的情绪不稳定性更加严重，从而也增大了其犯罪的可能性。访谈案例"花季少女的迷途人生"中的晓娟因为被害人在与其发生性关系后拒绝支付承诺的报酬，还以语言相侮辱，便认为自己活着也没有什么意思啦。愤怒在心里堆积，才想要亲手结束被害人的生命，表现出情绪的极不稳定性。

（二）女性的个性缺陷使其应对问题的方式不成熟

根据笔者访谈的女性犯罪人的情况来看，在应对生活困境方面，只有极少数人使用了"解决问题"这类积极的应对方式，例如制定一些克服苦难的计划并按照计划去实施，而普遍地会采取"退避""转移注意力""幻想"等不成熟型的消极的应对措施，表现出一种退责症性人格缺陷。[①] 这些方式可能与犯罪行为有着直接的关联。访谈案例"难言的不幸"中的小燕，与被害人出现感情纠纷后，不懂得去寻求理性的途径解决，而是采用杀人之后再自杀的行为来逃避现实，从而导致悲剧的发生。

（三）心胸狭窄，报复心理强

根据一般的社会价值观念，女性普遍没有男性大度，在某些方面甚至显得心胸狭窄，尤其是遭受感情上或者利益方面的伤害之后，更是如此。部分性格偏激的人会将伤害转化成愤怒和报复心理，为了表达自己的不满和愤恨，可能会孤注一掷地选择毁灭对方，产生具有强大破坏力的犯罪倾向。[②]

在女性犯罪中，侵犯财产型犯罪占据主要地位，在这些侵犯财产性犯罪中，女性基于报复犯罪动机实施犯罪行为占据着一定比例。特别是在女性暴

---

① 参见王婧杰：《女性犯罪的原因及对策研究——以 G 省女子监狱为例》，中南大学 2013 年硕士学位论文。

② 参见王婧杰：《女性犯罪的原因及对策研究——以 G 省女子监狱为例》，中南大学 2013 年硕士学位论文。

力性犯罪中,大多是出于报复心理,通常在这之前客观上存在对女性的伤害。报复起因可能是家庭矛盾、婚恋受挫、人际关系矛盾及其他方面的伤害,女性在遭受这些伤害的时候,一开始是忍受、委曲求全,当这种忍受不足以平息伤害、愤怒之后,女性会出现烦躁、怨恨心理。当女性这种消极情绪超过了限度,又有外在因素干扰的时候,女性往往会使用违法的途径来发泄,最终导致暴力性犯罪的发生。①

在客观上存在的诸多伤害中,情感上的矛盾纠葛是女性比较脆弱和敏感的地方,导致恶性事件发生的可能性极大。并且,随着社会经济的快速发展,一些不道德的思想在迅速蔓延,"婚外恋""二奶""小三"等词语不断出现在人们耳边,这使很多夫妻、恋人之间出现了感情危机。这其中,很多受伤害的女性心理失衡,对感情看得过重,部分性格偏激者则将爱转化成仇恨,因被害人对感情不专一而采取极端的手段进行报复。不难看出,小燕和晓娟都是因情感或者利益方面受到伤害,基于报复心理实施杀害行为,以发泄心中的不快。

二、导致女性犯罪的原因分析

(一)文化程度低,法律意识淡薄

随着经济社会的发展与进步,女性的受教育水平有了很大提升,然而,文化水平不高依然是实施犯罪的女性普遍存在的问题。由于文化水平有限,她们往往无法对某一问题进行具有科学性的分析和思考;同时,法律意识的淡薄让她们在处理问题时所采取的手段与方法比较直接、简单和粗暴。在访谈的案例中,犯罪人的文化水平都不高。

具体而言,小燕因情感纠纷而与被害人发生争执,但由于她对自己与被

---

① 参见张保平、李世虎主编:《犯罪心理学》,中国人民公安大学出版社2011年版,第303页。

害人之间的情感拉扯没有一个科学合理的认识与把握,如是什么因素导致二人之间的矛盾,在所有导致矛盾的因素中哪个是最主要的,有哪些合理途径可以解决矛盾等,从而导致分析问题和解决问题的过程受阻,进一步将双方矛盾激化,以至于最后选择杀人这种极端的行为方式。其实,故意杀人作为最典型的侵犯公民人身权利的犯罪,是最古老的犯罪类型之一。女性犯罪人实施杀害行为在于她们不懂得尊重他人的生命权,法律意识的淡薄更体现在她们不知道法律对公民的生命权实行绝对保护,即使是大奸大恶之人,非经法定机关批准和正当程序,任何人都无权剥夺他人的生命。

再如"我只是想要拿回自己的钱"中的晓梅,为了拿回因赌博输掉的钱财,不惜采取暴力、胁迫手段强行劫取他人财物,还实施了敲诈勒索,根本没有认识到自己行为的社会危害性。她一再认为,被害人在麻将机上做手脚才导致自己输钱,她只是采取了过激的行为手段拿回本该属于自己的钱,这怎么会是犯罪?然而,"不知法律也不能免责",法律是具有客观含义的规范,刑法所表现的是通过长期历史经验和多数人社会舆论形成的客观伦理。当法律与个人的信念相对立时,法律处于优先地位,也即法律认识错误不是免责事由。

(二)性格越外向的人,越富有冒险精神

心理学家艾森克假设,性格外向的人皮层唤醒水平低,他们更喜欢参与到喧闹的活动中或者出入各种娱乐场所,以寻求刺激。他们具有较强的冒险精神,为了寻求刺激可以不顾法律规范。越是外向的人,他们就越难建立或完成完善的社会化,容易卷入犯罪,因为他们的皮层兴奋水平低,其皮层抑制快,所以建立条件反射就比较慢,学习社会规范较困难,往往因违规行为较多而遭受惩罚。这个假设可以解释为什么性格外向的女性犯罪者居多这一现象。[1]

---

[1] 参见李洪海:《国外犯罪心理学研究文集》,中国展望出版社1986年版,第149页。

访谈案例中的晓梅，平时空闲时间多，而又不太喜欢平静的生活，就经常邀约朋友一起打麻将，彩头还不小。成天参与到这种场所和娱乐活动之中，对金钱的贪欲就会越来越大。在知道自己为什么输钱之后，靠着自己平时结交的当地棋牌室的老板的帮助，便有胆量谋划抢劫和敲诈勒索行为。以晓梅为代表的这一类性格外向、交友广泛的女性，在自己遭受欺骗或者不利益之后，一般不是忍气吞声，而是选择要讨回公道，并且在选择方式方法时也不顾及法律规范，从而触碰到法律的界限。她的经历很好地诠释了艾克森的假设。

（三）心理创伤可能成为以后实施违法犯罪行为的诱因

本节访谈案例中的晓娟在小学时代曾遭受性侵犯，这给她带来的创伤是难以抚平的。性侵会给女童带来生理创伤和心理创伤，对于曾经历过难以忍受的痛苦的心理创伤的个体，分离的心理防御允许外在的生活继续进行，但以牺牲内在世界为代价。外在的生理创伤虽然结束了，它的影响似乎也被个体"遗忘"了，但创伤所导致的个体心理后遗症却继续存在，并对其内在世界不断产生影响。[①]

国外研究表明，儿童性侵事件对儿童心理影响的程度最为深远。性侵对受害女童造成极大的精神与心理压力及伤害，严重影响其自尊、人际关系等。儿童为这段不堪回首的经历而感到羞耻和恐惧，在相当长的一段时间内会产生不同程度的精神状况，如焦虑、忧郁、自责、自卑和愤怒等。心理创伤可以影响整个人的身体、智力、情绪和行为，被侵害的儿童极易产生各种心理问题，表现如下：第一，性格发生极大改变。性侵会给受害儿童带来性格上负面的变化，其中，偏向于沉默寡言、内向的占多数。第二，会产生自卑感。遭受过侵害的儿童极易产生自卑感这样一种相对比较消极的自我评价和认知。

[①] 徐汉明、刘安求：《儿童性虐待对受害者心理的影响》，载《医学与哲学》2001年第1期。

面对侵害事件，受害儿童一方面感到无能为力，另一方面又担心被他人知晓。在这双重的压力之下，儿童会产生极端的自我评价，即过度的贬低自己，自卑感很强，并且伴随着成长过程中对社会规范和性知识了解的增多，那种内心自卑感会更加突出。这种自卑感发展出来的世界观可能导致儿童内疚、羞耻、自尊降低、无价值感。第三，会闪现当时的场景，受到强烈的刺激。受到性侵的当事人常常会体验到此类症状，如不经意地会浮现出事发时的情境，易产生幻觉，缺乏安全感，无法控制自己的情绪。第四，产生恐惧的心理阴影。恐惧是对可怕环境的本能和习得性反应，儿童在生命威胁的情境中往往本能地体验到恐惧，神经系统会释放出大量的肾上腺神经递质，从而强化焦虑。[1]性侵给儿童留下终身难以磨灭的心理阴影，有的以噩梦的形式出现，有的是恐惧与侵犯事件相关的特定物品和场景。

晓娟受到性侵犯时虽然只是一名刚上小学的幼童，但她知道这是一件令人羞于启齿的事情。长大后的她觉得自己已经变得不干净，才抱着"破罐子破摔"的心态去跟陌生人发生性关系。在受到被害人言语上的刺激之后，让她回忆起年少时的痛苦经历，由此导致情绪失控，激情杀人。晓娟是一个比较典型的例子，因为童年的阴影而改变了她的人生轨迹，同时给我们如何预防心理原因导致的犯罪留下了深深的思考。

综上所述，女性的性格和心理特征构成女性犯罪的主要原因之一。在女性自身方面，要加强自我修养，善于自我调节情绪；社会、家庭、单位应给予女性更广泛的关注，加强女性的心理健康教育，保护女性的权利。

---

[1] 蒲昭和：《儿童性虐待的危害性及防护措施》，载《医学与哲学》2011年第12期。

第二节　无尽的欲望

饱暖思淫欲，这似乎是一个亘古不变的真理。伴随着经济社会的发展，女性的社会地位不断提高。在解决温饱问题之后，少数女性的精神生活却越来越空虚，一些不良的思想在蔓延。本节将探讨现代女性精神需求与犯罪之间的关系。

毒之殇

一、案情回顾

被告人：玉兰，女，汉族，1969年7月8日出生，小学肄业，案发时46岁。

犯罪事实：2015年5月至6月，被告人刘某分别安排赵某、程某作为司机驾车，伙同玉兰、唐某等人，分别在E市多镇，以老婆婆作为诈骗目标，假称找神医治病并请求婆婆陪同寻找，刘某冒充神医的孙子坐车经过并搭乘三人一同找神医，途中刘某以回家见神医为由下车，由玉兰、唐某在车上与婆婆聊天套取其家庭情况，司机听后下车打电话告知刘某，刘某再回到车上，假称婆婆家有灾祸，需要将家中金银财产开光消灾，婆婆因误认为刘某熟知其家庭情况,深信不疑,遂将家中钱财及黄金首饰交给刘某,后刘某找借口支开婆婆便驾车离开,事后刘某将黄金首饰销赃并将赃款均分。从2015年5月至6月间,玉兰等人作案4起,共骗取人民币15705元、金耳环两对(价值1621元)、金戒指、金吊坠各一个(价值共3610元)。

判决结果:法院以诈骗罪,判处玉兰有期徒刑1年9个月,并处罚金10000元。

二、访谈面对面

玉兰的脸上没有一丝表情,平静甚至有些呆滞得像是在讲述一个与她无关的故事,只有在提起童年生活时,她的脸上才会露出些许笑意。"那应该是我半生中最快乐的时候,我爸妈虽然做生意很忙,但是并不会忽略我们,我有两个兄弟姐妹,感情特别好,家里每天都很热闹",玉兰回忆着那段美好的日子,有些出神。

下海经商开启幸福生活

玉兰出生在一个生意人的家庭,经济条件优渥,家庭生活极为融洽。小学六年级时,玉兰因患急性关节炎,频繁地进出医院,一个月也上不了几天课,慢慢地丧失了对学习的兴趣。小学毕业后就不再读书了。改革开放之初,玉兰刚十八岁,她看着那些原来一贫如洗、抱着试一试的心态去南边做生意,回来之后却家财万贯的人,心也动了。父母非常支持玉兰这个决定,甚至给她准备了创业基金。玉兰在南边物色了一些稀罕的小物件,带回家乡贩卖,从中赚取差价,她似乎继承了父母做商人的天赋,生意做得风生水起。生意场上取得成功的玉兰,在情场上也十分顺遂。她与丈夫早早相识,19岁就踏进了婚姻的殿堂。丈夫原来是国企的一个小职员，在看到妻子每个月惊人的收入后，便辞职与妻子一起做生意，夫妻俩的日子过得有声有色。

初试毒品好奇虚荣害死人

在做生意的三年里，玉兰在南边积累了很多人脉和资源，不仅包括居住在南边的店家，还有其他从各个城市过来寻找发财之路的同道中人。每次，同行和朋友都会给他们介绍一些稀奇的、时髦的玩意儿，让他们带回去贩卖。只是这一次，他们介绍的玩意儿有点特殊，那是一包白粉。朋友的态度很谨慎，神色间却止不住地露出激动和兴奋，玉兰隐约知道这东西是海洛因。"当时，他们和我说，因为把我们当朋友，所以才给我们介绍。那时就流行玩这个，玩这个的都是有钱人，穷人也玩不起。很多过来做生意的人都玩，前几天还有人带走了一大批货，听了这些我们就心动了。"在朋友的劝诱和激将下，玉兰和丈夫决定试试。

第一次吸食的感觉并不像朋友宣扬的那么好，但禁不住朋友再三引诱和好奇心，玉兰又试了几次，一个月后，玉兰感到自己有点上瘾了，却没有把它当回事，因为对月收入过万元的她来说，几千元的毒资算不了什么。但是，长时间摄入毒品使玉兰和丈夫越来越没有精神，整日哈欠连天，什么都不想做。不过，他们必须定期前往珠海，因为只有从那里才能取到货。玉兰逐渐没了做生意的念头，每次去南边仅仅是为了拿点白粉，以供自己和丈夫吸食。随着改革开放带来的发展机遇，家乡发展起来，而罪恶和肮脏也随着城市的进步慢慢发酵。玉兰发现，市里吸食海洛因的人越来越多，也出现了很多卖家，玉兰和丈夫再也无须前往南边拿货，便整日待在家中。

深陷瘾癖－入毒门深似海

玉兰和丈夫的感情不错，两人都很想要孩子，却又担心生出来的宝宝不健康。玉兰清楚地记得，他们最后一个孩子，也是最大的孩子，已经八个多月了。尽管他们十分不舍，但考虑到宝宝的未来却只能将其拿掉。将孩子打掉的那天，玉兰下定决心戒毒，但是当她苦苦忍受着毒瘾发作的痛苦时，却发现丈夫在偷偷地吸毒，于是功亏一篑。玉兰对生育孩子彻底死心，毒品成了这对夫妻生活里唯一重要的东西，甚至成为夫妻之间唯一的牵绊，他们默契地不再提孩子，也不再提戒毒的事情。她本打算就这样过完一生，却没想到被哥哥发现。家人在得知一直懂事的女儿成了一个瘾君子时，无比震惊，不敢置信，他们以为是她的丈夫把自己乖巧的孩子带坏了，于是逼着玉兰离了婚。父母和哥哥用了各种手段，将玉兰捆起来、关起来帮她戒毒，甚至将玉兰送至强制戒毒所，都没能帮玉兰成功戒毒。

玉兰说："其实，最想戒毒的往往就是吸毒者自己，最痛恨毒品的是清醒时的吸毒者。"纵使玉兰有过千般万般的决心，却仍抗拒不了海洛因产生的心理依赖。她反反复复，戒了吸，吸了戒。哥哥早已对玉兰丧失信心，不再搭理她，就连玉兰自己，都丧失了戒毒的信心。玉兰手中的积蓄早就花完了，哥哥也不再补贴自己。为了吸毒，玉兰必须找点赚钱的门道。她知道，邻居也是瘾君子，靠算命糊弄他人骗取毒资，玉兰决定加入他们。她们在各地流窜作案，每次挣得不多，但是足够买些毒品缓解犯瘾的痛苦。为了海洛因，玉兰想不了太多，也容不得自己去想。玉兰说："在监狱里待的两年，是我二十年来活得最清醒的时候。我有时会想，如果一直出不去，我是不是能一直这么清醒地活着呢？"谈起未来，玉兰不确定地说："如果可以，我希望能像妹妹说得那样，跟她学做烧饼，做正经生意，好好生活。"

三、检察官评案说法

玉兰个子不高，有点微胖，脸色也不错，监狱有规律的作息，让她看起来并不像是一个有着二十几年吸毒史的人，但是她那双死气沉沉的眼睛背后掩埋的却是绝望、无助与自弃。在一次次挣扎和煎熬后，她对自己彻底失望，对未来也丧失了希望，成为现在这个过一日便算一日的她。挫折和困苦并不可怕，可怕的是所有人，尤其是她自己，对她的未来丧失了信心。玉兰并不是个例，她所代表的是成千上万名绝望无助的海洛因成瘾患者。

导致吸毒的原因有很多，精神空虚、寻找刺激、逃避现实、猎奇等。毒品不仅严重侵害人的肌体健康、摧毁人的心理意志，因吸毒引发的其他犯罪也频频发生。玉兰就是其中的一个典型。赶上了国家改革开放初期的大好时机，先行致富，物质生活得到了极大改善，精神生活却极度空虚。将吸毒作为一种时尚娱乐消费，一种身份地位的象征，陷入其中不能自拔。不仅耗费先前积累的所有财富，而且为了获取毒资不惜铤而走险、以身试法，诈骗、贩毒、抢劫、盗窃等，最后等待她的只能是法律的严惩。

从玉兰身上，我们仿佛看到了千千万万吸毒者的身影。她们的人生被烟雾笼罩着，看不到方向，也没有给她们指明方向的引路人。"在这里生活的一年多是我活得最清醒的时候"，玉兰的这句话深深触动着我们。玉兰今年已经47岁了，人生过了大半，本应是收获的季节，但却两手空空。我们希望玉兰能够新生，期望玉兰能抓住手中仅存的亲情，成功戒除瘾癖，回归正常生活。更呼吁加强对毒品危害性的宣传力度，加大对涉毒犯罪的打击力度，形成全社会人人了解毒品危害、人人抵制毒品侵蚀、人人参与打击毒品犯罪的强大阵线，还社会以阳光、还家庭以笑脸。

诈骗罪，是指以非法占有为目的，使用欺骗方法，骗取数额较大的公司财物的行为。诈骗罪是侵犯财产罪中的重要罪名，以行为人实施欺骗行为—对方（受骗者）产生或维持错误认识—对方基于错误认识处分财产—行为人或第三者取得财产—被害人遭受财产损害为基本构造，侵害了行为人对财务的占有、所有以及财产性利益的享有。

《刑法》第266条：诈骗公私财物，数额较大的，处三年以下有期徒刑、拘役或者管制，并处或者单处罚金；数额巨大或者有其他严重情节的，处三年以上十年以下有期徒刑，并处罚金；数额特别巨大或者有其他特别严重情节的，处十年以上有期徒刑或者无期徒刑，并处罚金或者没收财产。本法另有规定的，依照规定。

巨额欠款背后的"发财梦"

一、案情回顾

被告人：柳梅，女，汉族，1970年3月3日出生，大专文化，银行职员，已婚，案发时43岁。

犯罪事实：2007年4月至2013年5月，柳梅以非法占有为目的，采取向信用社经办人员行贿和用假房屋所有权证抵押的手段贷款400000元，向他人借款338000元，恶意透支信用卡795572.83元用于自己赌博、炒股及归还个人债务，后潜逃。

判决结果：法院以贷款诈骗罪，判处柳梅有期徒刑11年，并处罚金人民币3万元；以非国家工作人员行贿罪，判处其有期徒刑6个月；以信用卡诈骗罪，判处其有期徒刑5年，并判处罚金6万元；以诈骗罪，判处其有期徒刑7年6个月，并处罚金1万元。决定合并执行有期徒刑16年，并处罚金人民币10万元。

二、访谈面对面

柳梅毕业于一所名牌财经类院校的城市金融专业，在20世纪80年代大学生稀少的年代，拥有这个学历还是一件很让人值得骄傲的事情。在与柳梅交谈的过程中可以感受到她与其他女犯的与众不同，讲话很有逻辑，富有条理，层次分明。当谈到在劳动改造的空闲时间会做些什么时，不同于其他女犯回答是看电视、看小说,柳梅说她最近闲暇时在看余秋雨的散文集。听到这里,我们稍稍有些惊诧,女犯的精神生活远比我们想象中的要丰富得多。柳梅因犯贷款诈骗罪、对非国家工作人员行贿罪和信用卡诈骗罪被判入狱,跟一般女犯的暴力型犯罪和毒品犯罪相比,柳梅的犯罪动机和犯罪手段也有很大的不同。

柳梅的家庭条件十分优越,父母都是国家干部。小时候,由于父母工作忙,柳梅和弟弟都是由奶奶、姑姑和家里的保姆照顾。令柳梅印象深刻,一直铭记至今的是,小时候妈妈一心投入工作,在家的时间特别少,柳梅为能跟妈妈一起吃一顿午饭都能开心好久。有时候晚上实在没人照顾的时候,父母就把柳梅跟弟弟独自锁在家里,所以柳梅从小就养成了独立自主的性格。谈到自己的童年,柳梅的脸上充满了失落,一方面父母的陪伴与管教太少让柳梅觉得父母一点儿都不关心自己,这使青春期成长中的柳梅变得愈发的不自信;另一方面,父母将工作中的严肃带回了家庭生活当中,让柳梅觉得不能和父母亲近。柳梅说记忆中的父亲一直板着一张脸,对她和弟弟十分严厉,有时还会采取粗暴的教育方式,柳梅和弟弟都很惧怕爸爸。在柳梅的印象里,妈妈也不是"慈母"的形象,当她初潮来临忐忑不安地去问母亲该怎么办时,不同于其他母亲对女儿的呵护与照顾,柳梅的妈妈满脸冷漠,不耐烦地说让她自己看着办。与父母难以沟通让柳梅觉得与父母之间的代沟越来越大,这种无法逾越的代沟让柳梅的内心充满压抑。

柳梅很为父母争气,以优异的成绩考上了本地知名的大学。大学毕业后柳梅被分配回家乡的工商银行工作。初出茅庐的柳梅在资金计划科,主管资金的统计与调度,后来因为业务能力突出,被调入业务部门的信贷科,这一干就是几十年。工作中,柳梅掌控着大笔资金的借贷进出,是需要贷款的客户和企业眼中的"香饽饽"。工作之余柳梅没有其他的爱好,就是喜欢炒股,虽然股市跌宕起伏,充满了变故,但是她觉得炒股与自己的专业相关,只要看准时机就能在股市之中分得一杯羹。可是事与愿违，柳梅先后往股市中投入了几十万元，相继被套牢，有时甚至要忍痛"割肉"。因为炒股的问题，柳梅与丈夫经常吵得不可开交。柳梅的丈夫也是一名银行职员，他很不赞同妻子冒着巨大的市场风险将家里的积蓄一并投入股市中去，但是他又劝说不动妻子，看着妻子把家底慢慢地掏空，丈夫忍无可忍提出了离婚。二十年的婚姻，因为炒股最后两人以离婚收场。人财两空的柳梅没有就此放弃在股市"淘金"的想法，为了弥补股市的亏空更主要的是想在股市中实现"一夜暴富"的梦想，柳梅在把自己的积蓄全部投入股市之后，开始想办法从别的地方弄钱。

柳梅想到可以利用自己工作的便利，于是先伪造了虚假文件，向自己所在的银行贷款几十万元。此外，柳梅开始找合伙人一起给别人借钱"养卡"，"养卡"的具体流程就是"养卡人"先用自己的现金替持卡人将欠款还上，让信用卡显示正常还款，保持持卡人在银行的信用。柳梅通过借别人的钱帮自己资金周转不开的客户还信用卡，她的心里早就打好了小算盘，帮自己的客户"养卡"一方面可以降低自己手上客户的坏账率，确保自己的工作取得好的成绩，另一方面，还可以从中赚取一些手续费。本来只是想通过银行的贷款和"养卡"收取的好处费来帮助自己在股市中"绝地反击"，没想到"屋漏偏逢连夜雨"，投入股市的资金又全部被套牢。柳梅借贷的债务像滚雪球一样越来越大，等柳梅发觉之时她已经无力填补这巨大的窟窿。为了掩饰自己的不法行为，柳梅每逢过节时会送价值不菲的礼物给自己的领导、同行以疏通关系。利用自己的职权作掩护，柳梅通过用假房屋所有权证抵押的手段贷款、恶意透支信用卡长达7年之久。原本柳梅以为自己能一直神不知鬼不觉地把这件事隐瞒下去，直到柳梅的一位客户的账户被冻结，连同她打进那个账户的50多万元也一同被冻结。柳梅的合伙人是这笔钱的真正出借者，后来合伙人一直无法收回这笔资金，认为是柳梅自己侵吞了这笔借款，于是把她告上法庭，至此柳梅的种种违法行为才曝光。

　　柳梅坦言从单位的业务骨干、优秀党员到现在身陷囹圄，巨大的身份落差让她很不适应。不过她在管教民警的帮助下，很快融入了这里的生活。让柳梅感到庆幸的是，在她人生跌入谷底时，家人依然给予了她最温暖、最强有力的支持，弟弟和女儿每个月都会来监狱探访她。说起自己的女儿，柳梅的脸上充满了骄傲，女儿聪明懂事在一所重点大学读书。当谈论起父母的现状时，柳梅脸上乌云密布，母亲因为得知她的事情受到很大刺激，突发心脏病去世。想到自己父亲一人在家孤苦伶仃地生活，自己无法对父亲尽孝时，柳梅忍不住潸然泪下。当我们问道她对于以后刑满释放后的生活有何打算时，柳梅的回答又显得十分与众不同：对于以后的生活我还没有明确的规划，但我觉得我的内心还算强大，可以承受住别人异样的眼光与不好的言论。只要内心强大，就能面对和战胜各种困难。

三、检察官评案说法

　　在人们心中，女性往往是温顺与善良的代名词，因此女性一旦涉足经济类犯罪，极容易被忽视，加上爱面子和胆小怕事的本性，女性实施犯罪后的惧怕心理会比男性更为强烈，她们会想方设法加以掩盖，因此女性犯罪具有更大的隐蔽性，不容易被发现。这次柳梅的案发就有很大的偶然性，柳梅的同事也不会想到单位的业务骨干会有这么多的违法违规行为。由于人们一向认为女性胆小谨慎，做事细致周到，遂让女性掌管钱财。但由于制度不健全、管理不规范，给犯罪以可乘之机。因此，要在法律、政策、管理、机制等方面努力消除可能产生经济犯罪的土壤、条件和因素，最大限度地进行预防犯罪，从而把女性职务与经济犯罪现象减到最低限度。柳梅的案例是广大职场女性的一个警钟，绝大多数职务与经济类犯罪嫌疑人实施犯罪行为时都抱有侥幸心理，认为自己做的天衣无缝、滴水不漏，不会被发现。殊不知，天网恢恢疏而不漏，法律的公平正义一直都存在。

柳梅的工作单位存在着制度和管理上的漏洞，导致她的种种违规违法行为直到她潜逃以后才大白于天下。单位领导收受柳梅贿赂，为其违法行为充当"保护伞"，使柳梅的胆子越来越大，骗取的贷款数目越来越多，"一夜暴富"的想法使其丧失理智，陷入短期暴富的陷阱不能自拔，将几百万元用于赌债血本无归，最终滑向罪恶深渊无法自拔。

> 诈骗罪，是指以非法占有为目的，用虚构事实或者隐瞒真相的方法，骗取数额较大的公私财物的行为。
>
> 《刑法》第266条：诈骗公私财物，数额较大的，处三年以下有期徒刑、拘役或者管制，并处或者单处罚金；数额巨大或者有其他严重情节的，处三年以上十年以下有期徒刑，并处罚金；数额特别巨大或者有其他特别严重情节的，处十年以上有期徒刑或者无期徒刑，并处罚金或者没收财产。本法另有规定的，依照规定。
>
> 《刑法》第193条：有下列情形之一，以非法占有为目的，诈骗银行或者其他金融机构的贷款，数额较大的，处五年以下有期徒刑或者拘役，并处二万元以上二十万元以下罚金；数额巨大或者有其他严重情节的，处五年以上十年以下有期徒刑，并处五万元以上五十万元以下罚金；数额特别巨大或者有其他特别严重情节的，处十年以上有期徒刑或者无期徒刑，并处五万元以上五十万元以下罚金或者没收财产：
>
> （一）编造引进资金、项目等虚假理由的；
>
> （二）使用虚假的经济合同的；
>
> （三）使用虚假的证明文件的；

（四）使用虚假的产权证明作担保或者超出抵押物价值重复担保的；

（五）以其他方法诈骗贷款的。

《刑法》第 196 条第 1 款：有下列情形之一，进行信用卡诈骗活动，数额较大的，处五年以下有期徒刑或者拘役，并处二万元以上二十万元以下罚金；数额巨大或者有其他严重情节的，处五年以上十年以下有期徒刑，并处五万元以上五十万元以下罚金；数额特别巨大或者有其他特别严重情节的，处十年以上有期徒刑或者无期徒刑，并处五万元以上五十万元以下罚金或者没收财产：

（一）使用伪造的信用卡，或者使用以虚假的身份证明骗领的信用卡的；

（二）使用作废的信用卡的；

（三）冒用他人信用卡的；

（四）恶意透支的。

《刑法》第 164 条第 1 款：为谋取不正当利益，给予公司、企业或者其他单位的工作人员以财物，数额较大的，处三年以下有期徒刑或者拘役，并处罚金；数额巨大的，处三年以上十年以下有期徒刑，并处罚金。

赌博让我的美满家庭破碎

一、案情回顾

被告人：红姐，女，汉族，1973年9月24日出生，初中文化，个体户，已婚，案发时33岁。

犯罪事实：红姐、刘某系夫妻关系。2005年7月至2006年9月，红姐在亲属、朋友面前谎称自己在做汽柴油生意，按每年油本金4.12万元到5万元不等的价格或采取其他借款方法，对不同时间、不同的人按每车油本金每周1500元、1400元、1200元、1100元、1000元、950元、800元、700元等不同的标准，或按每月、每周支付高额利息为诱饵，先后向李某某、瞿某某、熊某某等39人筹借资金共计688.52万元，红姐支付高额利息180.205万元，实际占有508.32万元。2006年4月，红姐无力支付高额利息，便对其丈夫刘某谎称油要涨价了，在涨价前囤油可获取丰厚利润，要求刘某帮助筹集资金。被告人刘某为了使红姐获得更多利润，于2006年5月至9月，采取与红姐借款及支付高额利息相同的方法，先后吸收其亲属及朋友高某等16人233.65万元。刘某将其中13人的资金166.15万元交给其妻红姐，支付高额利息27.16余万元，造成经济损失206.04万元。

判决结果：法院以集资诈骗罪，判处红姐有期徒刑14年6个月，附加剥夺政治权利4年，并处罚金20万元；责令红姐退赔损失342.17万元。

二、访谈面对面

红姐今年 44 岁，初中文化，在本地一家加油站做业务员。业务员是纯靠业绩的工作，红姐为人豪爽，好结交朋友，所以她将这份工作做得风生水起，获得了比较丰厚的收入，后来自己又和几个朋友一起承包了这个加油站，经营得不错。2003 年前后，当地开始流行买码的风潮，红姐也沉迷其中，而且做起了庄家。为了吸引更多的人找她买码，她给出的赔率比别人更高，风险也就更大。除了买码，红姐也开始进行赌博，这期间，她输了不少钱，不仅输掉了自己的积蓄，还输掉了加油站合伙的钱。为了贴补加油站的窟窿，红姐开始以支付高额利息的方式四处找人借钱，甚至还打着投资加油站的旗号，一共筹借了 600 多万元资金，全部挥霍一空。

红姐 1995 年与丈夫刘某结婚，婚后育有一女。她与丈夫的感情很平淡，在她开始做加油站业务员工作之后，工作更忙，应酬也多，在家庭中投入的时间越来越少，尤其是开始买码和赌博之后，更是整日不着家，与丈夫的沟通和交流非常少。2002 年之后，她和丈夫在楼下开了一个副食店，丈夫在家照看副食店，以及照顾女儿，他对于红姐在外面的事情很少过问，红姐也不怎么跟丈夫说。两人除了对于家中的一些比较重大的事情存在沟通，几乎貌合神离。所以，丈夫对于红姐在外买码和赌博的事情一无所知，或者说，有所察觉但并没有加以劝阻或者劝阻无力。甚至，最后，红姐走投无路之后，欺骗丈夫，谎称要在油价高涨之前囤油，让他帮自己筹借资金。丈夫为了让她获得更多利润，找亲友筹借了 200 多万元资金，交给红姐。案发之后，丈夫也以非法吸收公众存款罪被判 5 年有期徒刑，铃铛入狱。

谈及此，红姐激动不已，"都是我害了他，是我害了我们这个家！本来我们这个家很幸福的，一家三口在一起，明明可以好好过日子，都是我自私自利，被金钱冲昏了头脑！"入狱十年，每每想到这些，红姐就悔恨不已，责怪自己拆散了好好的一个家。丈夫出狱之后，远赴宁波打工，女儿交由家中父母抚养，父母年岁已大，照顾自己尚且困难，还要拉扯自己的女儿，而且家中所有的钱都拿来赔付损失了，可想而知，父母的生活过的有多么艰辛。红姐同样也错过了抚育和陪伴女儿的最好时光，以往最不珍惜的东西，现在却是奢侈得难以拥有。

虽然红姐在监狱里已度过了十年时光，已经很习惯这里的生活了，但是忆及刚来的时候，她说那时候每天都哭的不行，什么都做不了，一想到那么长的刑期就不知道以后要怎么办才好。还好有管教干部不胜其烦的耐心开导，平静下来之后，也慢慢地适应了这里。更重要的是父母家人的支持，父母每月都会来看望她，女儿更是为了能常看望她，专门来到W市上大学。丈夫出狱之后，虽然因为在宁波打工，很少来看望她，但丈夫每月都会给她寄生活费，从来没有忽视过她。有了这些动力，红姐在狱中积极改造，到现在，红姐已经是劳动小组的组长，一手做服装的好手艺，让管教干部提起来都赞叹不已。而且，她已经拿到了四次减刑，再过半年就可以出狱了。终于快熬到了可以和家人团聚的时候，红姐却显得没有想象中的那么兴奋，更多的是不安和彷徨。"我已经在这里待了十年，不知道外面是什么样子了，不知道外面还能不能接纳我。还有我回家之后，周围的人会不会对我指指点点，说原来是那么一个厉害的人，现在还不是变成这样了，那我要怎么生活呢？"她已经很习惯这里规律的生活，对于未知的外部世界充满了忧虑和害怕，但这却是一个不可避免的必经过程。

三、检察官评案说法

红姐的案子，不同于易受男性影响、极具被动性盲从性为典型特征的很多女性犯罪。红姐非常干练和主动，在加油站做业务员的时候，非常有魄力和头脑，能够在当时的条件下，保持在小康水平，已经很不错了。在加油站走下坡路的时候，毅然决然将它承包下来。在盛行买码风潮和赌博的时候，有能力选择庄家这种高风险同时高收益的角色定位。在外人看来，红姐确实是非常独立和有魄力的女性。然而，这种独立和魄力一旦用错了地方，带来的就是灾难。红姐走上不归路就是由于自己对物质欲望的过度追求，对买码、赌博暴富的沉迷。

加油站的这份工作改善了她的经济条件，也让她认识了很多经济条件较好的人，就常常一起在外约着美容、打麻将。她们消费水平也较高，麻将都是几万元的输赢。渐渐地，麻将演变为买码和赌博。红姐不断放纵着自己沉迷其中，不断被金钱利益冲昏头脑，为了填补赌博造成的窟窿，她不仅挪用了加油站合伙的钱，还在明知没有偿还能力的情况下，采取欺骗手段，以高息为诱饵骗取亲友钱财，随后又将非法募集的资金用于赌博，致使集资款无法返还。受骗人数多达50余人，不仅给被集资人造成了经济损失，而且在社会上也造成了恶劣影响。

红姐在讲述以往经历时非常冷静，但问及丈夫、孩子时，却多次哽咽。丈夫因她而受牵连，因非法吸收公众存款罪被判处有期徒刑5年，当时女儿才10岁，只能让家里老人抚养。付出如此沉重的代价后，红姐终于意识到以前自己执着于那些虚幻的东西，忽视了最重要的家人，是多么的不值，悔恨充斥了她的内心。

听完红姐讲述，我们不禁在想：人这一生究竟是为了什么？这没有标准答案，因为每个人对于人生的追求都不一样，每个人对于各项欲望在自己心中的序列等级也不一样。我们无法告诉你，这一生该怎样过。但是，有一点我们必须承认，那就是要合理控制自己的欲望。人之所以为人，区别于其他动物，很重要一点就是懂得控制自己的欲望，明白什么该做，什么不该做。不做欲望的奴隶，而是将其控制在合理范围之内，这是我们应该从红姐一案中吸取的经验教训。

集资诈骗罪，是指以非法占有为目的，违反有关金融法律、法规的规定，使用诈骗方法进行非法集资，扰乱国家正常金融秩序，侵犯公私财产所有权，且数额较大的行为。

　　《刑法》第192条：以非法占有为目的，使用诈骗方法非法集资，数额较大的，处五年以下有期徒刑或者拘役，并处二万元以上二十万元以下罚金；数额巨大或者有其他严重情节的，处五年以上十年以下有期徒刑，并处五万元以上五十万元以下罚金；数额特别巨大或者有其他特别严重情节的，处十年以上有期徒刑或者无期徒刑，并处五万元以上五十万元以下罚金或者没收财产。

贪心不足蛇吞象

一、案情回顾

被告人：小红，女，汉族，1969年11月17日出生，硕士文化，某党政机关工作人员，已婚，案发时45岁。

犯罪事实：小红在担任中共J区区委常委、组织部长、常务副区长，中共J市委副秘书长、市委市政府接待办公室主任期间，利用职务之便和职务上的影响，为他人谋取利益，先后收受陈某等20人所送财物共计人民币376520元。

判决结果：法院以受贿罪，判处小红有期徒刑5年，并处没收财产4万元。追缴小红的违法所得376520元。

二、访谈面对面

美满的生活

小红出生在J市一个干部家庭，父母都是国家工作人员，小红有一个小她两岁的妹妹，两人从小一起长大，关系十分要好，一家人生活很美满。因为父母都是干部，从小父母对小红要求十分严格，小红成绩也很好，一帆风顺地升入重点初中、重点高中，并考入了一所重点大学。大学毕业后，小红回到了自己所在的J市，并考取了公务员，从此开始了自己的从政生涯。因为父母在当地工作多年，积累了一定的人脉，小红自己做事也很勤快，待人接物让人十分舒服，因此小红在仕途中深受领导喜爱，晋升的特别快，三十多岁的时候，她就担任中共J市J区区委常委、组织部部长、J区常务副区长等职位，一时风光无限，为了更进一步，她还去读了硕士研究生，提升自己的知识底蕴。在四十岁的时候，她成功担任了中共J市委副秘书长兼J市政府接待班主任一职。工作顺风顺水的小红在感情方面也很得意，丈夫也是国家工作人员，两人感情十分好，并且生了一个儿子，儿子十分争气，考上了全国前十名的大学，如今在一家国有企业工作，外人都对小红一家人羡慕不已。

复杂的官场

从步入仕途的第一天起，小红就深知要和领导搞好关系的重要性，除了平时积极帮领导办事，逢年过节的时候，她也会买一些名牌烟酒去看望自己的领导，有时候也会直接给他们红包，虽然有些领导可能不喜欢这些，将她拒之门外，但是她并没有灰心，还是长期坚持这样做，她始终觉得这样做是报恩，报答领导平时对自己工作上的照顾，这是很正常的人情往来。久而久之，随着自己职务的提升，逢年过节一些她的下级和社会上有求于她的人也开始给她送礼，一般都以红包的形式，每次在2000至5000元不等，她觉得并没有什么不妥。因此，在她陆续担任区委常委、组织部部长、常务副区长，市委副秘书长、市委和市政府接待办公室主任期间，她共收取红包236520元。同时，她还接受了陈某替她给付的14万元房屋装修费。她说，她当时买了个新房子，在装修期间，她家里遭了贼，她放在卧室的几万元钱被盗了，她不敢报案，因为当时纪检查的很紧，如果事情传出去，别人会来查账，担心会对自己有影响，因此她没有报案，只让担任刑事科学技术中心主任的丈夫对自己的卧室进行了现场勘查，但是并没有发现任何线索，在装修完毕的时候，她一时拿不出工钱，正好这时，陈某了解到她家里的难处，就主动提出替她付装修费，她说其实一开始她是拒绝的，但是陈某三番五次找她，说装修公司老总他认识，他去付款还便宜些，她拗不过就接受了，心想以后有钱了再还给他。当问及她有没有帮陈某谋取什么利益时，她说陈某是搞房地产开发的，后来陈某找过她，让她帮忙引荐一下工商局的人，她觉得没什么，就答应了，除此之外也没有其他的来往。

彻底的悔悟

刚来监狱的时候，小红抵抗情绪十分严重，她认为比她行为恶劣的人多去了，为什么不抓他们，偏偏要抓她呢，她是因为运气很差才会来到这里。管教民警觉察到她这个想法，每天对她进行思想教育，并给她普及了刑法知识，让她明白自己行为的社会危害性。之前虽然她因为工作的需要，学习了党章和一些法律，但是仅仅是走过场，因此没有认识到自己行为已构成受贿罪。现在，她已经深刻认识到自己以前存在的问题，她也十分后悔。当谈到出去的打算时，她绷不住眼泪，哭了起来，她抽搐着说，儿子工作压力很大，自己帮不上忙，就觉得自己很没用，同时又因为自己入狱的原因，儿子找不到女朋友，对儿子的心理也产生了很大的影响，因此，她决定出去后一定要好好照顾儿子，在他身边，弥补自己的过错。

三、检察官评案说法

小红所谓的为官之道就是其走上犯罪道路的根本原因，她将给领导送礼当作报恩，当作官场上人情往来的方式。同时，随着她手中的权力越来越大，过年过节给她送礼的人也越来越多，慢慢地，她就被无穷无尽的欲望吞噬了，前后共收受了23万元的红包，并且接受了别人给她代付的14万元新房装修费,她的这些行为已经严重违反了国家工作人员的廉洁性要求,情节十分严重,已经构成受贿罪。

像小红这样的职务犯罪案件并不少,分析她们走上职务犯罪道路的原因主要有以下几个:

一是法律意识淡薄。职务犯罪案件中的女性普遍存在法律知识缺乏,对自己行为的性质和后果缺乏正确认识:受贿人认为自己给对方提供便利收取好处费并无不当之处;行贿人认为在商业往来中给对方好处费是"行业潜规则"也无不妥。小红先是通过给领导送礼和钱,让自己职位得到提升,然后利用提升的职务便利,收受他人的贿赂。在她看来这是人情往来,反映出了她法律意识十分淡薄。

二是侥幸心理诱发。小红受过高等教育,在明知钱的来路不合法、不该得的情况下仍然伸手去拿、去接受,这就是侥幸心理在作怪,以为只有"你知、我知",只要行贿人不举报就不会出事,身边腐败的人多的是,不可能就自己倒霉。侥幸心理还表现为,认为自己从事某项工作时间较长,对业务和相关政策比较熟悉,钻钻政策的空子,打打擦边球,不会被发现,或者即使被发现了,也有借口推拖,能够逃避司法机关的侦查审判,于是便铤而走险,最终自己葬送了自己。

三是补偿心理作祟。在我国现有的职业体制中,女性在工作岗位取得成绩得到认可并最终走上领导岗位,往往会付出比男性更多的努力,一旦到达所追求的岗位,得到所梦想的权力,就要"好好"使用手中的权力做点事、挣点钱以补偿自己;同时,她们觉得自己大笔一挥,就能让别人批到好地、挣到大钱、当上大官,取得各种各样的利益,而自己只是靠微薄工资生活,心中很不平衡。小红就是意识到自己仕途一路升迁的不易,是时候将以前的付出全部收回来了,因此,补偿心理是一个重要的引发因素。

四是从众心理驱使。在小红看来,给领导送礼是很普遍的现象,领导只会重用那些给自己送过礼的人，如果自己不给领导送礼，那么领导就不会提拔自己。由此可见，小红走上受贿犯罪的道路与官场上一些群体的不良影响分不开。

腐败不仅损害党和政府形象，更关系到人心向背，甚至党的生死存亡，必须重拳出击。近年来，中央不仅大力打"虎"、还注重拍"蝇"，体现了党长期反腐的决心。因此，要十分注重加强对党员干部道德修养，严明政治纪律，强化制约监督，着力推进党风廉政建设和反腐败工作不断深化。同时普及相关的刑事政策，让各级党员干部能够正确认识到行贿受贿行为的巨大社会危害性，并对法律、党纪、规矩产生敬畏，严守底线、不越红线，真正从心底远离腐败，远离犯罪。

> 国家工作人员，是指国家机关中从事公务的人员。国有公司、企业、事业单位、人民团体中从事公务的人员和国家机关、国有公司、企业、事业单位委派到非国有公司、企业、事业单位、社会团体从事公务的人员，以及其他依照法律从事公务的人员，以国家工作人员论。
>
> 《刑法》第385条：国家工作人员利用职务上的便利，索取他人财物的，或者非法收受他人财物，为他人谋取利益的，是受贿罪。
>
> 国家工作人员在经济往来中，违反国家规定，收受各种名义的回扣、手续费，归个人所有的，以受贿论处。
>
> 《刑法》第386条：对犯受贿罪的，根据受贿所得数额及情节，依照本法第三百八十三条的规定处罚。索贿的从重处罚。
>
> 《刑法》第383条：对犯贪污罪的，根据情节轻重，分别依照下列规定处罚：

（一）贪污数额较大或者有其他较重情节的，处三年以下有期徒刑或者拘役，并处罚金。

（二）贪污数额巨大或者有其他严重情节的，处三年以上十年以下有期徒刑，并处罚金或者没收财产。

（三）贪污数额特别巨大或者有其他特别严重情节的，处十年以上有期徒刑或者无期徒刑，并处罚金或者没收财产；数额特别巨大，并使国家和人民利益遭受特别重大损失的，处无期徒刑或者死刑，并处没收财产。

对多次贪污未经处理的，按照累计贪污数额处罚。

犯第一款罪，在提起公诉前如实供述自己罪行、真诚悔罪、积极退赃，避免、减少损害结果的发生，有第一项规定情形的，可以从轻、减轻或者免除处罚；有第二项、第三项规定情形的，可以从轻处罚。

犯第一款罪，有第三项规定情形被判处死刑缓期执行的，人民法院根据犯罪情节等情况可以同时决定在其死刑缓期执行二年期满依法减为无期徒刑后，终身监禁，不得减刑、假释。

赌迷心窍

一、案情回顾

被告人：文文，女，30岁，1986年6月5日出生，初中毕业，某医院护士，离异，案发时26岁。

犯罪事实：（1）诈骗：2011年至2012年，文文编造其家中的旅游客车跑客运需要资金周转等理由，采取许诺每借款1万元每月支付500元利息的手段，先后骗取陈某、丁某等四位被害人共计人民币11.5万元。（2）信用卡诈骗：2012年6月某日，文文未征得周某同意，冒用周某的名义将其持有的周某的中国工商银行储蓄卡内的5800元取出；2011年12月至2012年6月间，文文分别在农行、工行、建行、中行恶意透支本金44874元，随后文文在未通知发卡行的情况下从单位辞职并更换联系方式，上述四家银行多次向文文催收，文文经催收超过3个月仍未归还。

判决结果：法院以诈骗罪，判处文文有期徒刑4年2个月，并处罚金人民币1万元；以信用卡诈骗罪，判处文文有期徒刑1年8个月，并处罚金人民币4万元。决定执行有期徒刑5年，并处罚金人民币5万元。

二、访谈面对面

幸福的家庭

文文出生在一个普通家庭,独生女,从小备受家里人喜爱。父母在当地做生意,收入还不错,一家三口日子过得比较幸福。初中毕业后,家里人就送文文去读了卫校,而她自己对护士这一行还比较有兴趣,因此学的很认真,毕业后,因为技艺精湛,并且性格十分开朗、活泼,她成为省某大医院一名护士,每个月工资 4000 元左右。随后结婚生子,日子过得很幸福。

沉迷麻将

幸福的日子过得久了,总会趋于平淡。上班之余,打麻将是文文唯一的爱好,周末会和几个好朋友一起玩玩,而且输赢也不大。一次,因为凑不齐四个人,朋友带她来到了一个茶馆,来这里打牌的人来自社会方方面面,她寻思着一边打牌还能一边结交新的朋友,另外,在这里打牌很方便,只要你想打牌,茶馆老板随时可以帮你找到牌友,而且这里环境还不错,还提供饮食。她开始喜欢上这个环境,经常过来。刚开始的一段时间,她玩的不大,一天输赢大概在几百块钱左右,但是随着接触到一些新的牌友,她们渐渐玩的大了起来,从输赢几百渐渐地到几千、几万。一开始她有些抗拒,毕竟没有玩过这么大,但是幸运之神似乎很眷顾她,连续赢了好几次,每次都赢几万块钱,这就给了她很大的信心,让她觉得自己的麻将技术很不错,运气也很好。于是每个周末,甚至有时候还请假到茶馆打麻将。丈夫经常一个人在家里带孩子,有时深夜文文都还没有回来。丈夫看到文文这么痴迷于麻将,说过她几次，让她不要再这样下去，但是没有用，她还是一如既往醉心于此。老天是公平的，运气不会始终属于她，随着打麻将次数的不断增加，她开始输钱了，不但把之前赢的钱全部输完，而且把自己的工资卡上的钱也输的精光。

在输光了自己的积蓄后，文文丝毫没有收手的意思。没有赌资，她便找那些赢了钱的朋友借，继续打麻将，但是每次依旧输的精光。在别人催收赌债的时候，她就回到家里，跟丈夫说借了同事的钱，让丈夫帮自己还。丈夫心软，帮她还了几次，并且再三告诫她不要再去打麻将了，但是她好像着了魔似的，依旧每天坐在麻将桌前。丈夫见她丝毫没有悔改之意，便不再帮她还钱，她见丈夫不给自己钱了，就埋怨丈夫，两个人常常吵架，日子久了，丈夫提出离婚，她也同意，分得了一些财产，孩子判给了丈夫。

走向深渊

在文文将离婚分得的财产输完后，那些打麻将的人也不愿意再借钱给她了。这个时候她觉得很沮丧，但是她还是存在着侥幸心理，觉得只要借来了钱，就能通过打麻将把自己输的钱赢回来，于是她把目光抛向了周围的好朋友。她先找到好朋友陈某，跟陈某说自己家里跑长途客车需要资金周转，并向陈某许诺每借款1万元每月支付500元利息，陈某念及朋友之情就借给了她1万元。文文拿到钱后，马上又来到了麻将馆，但是一下午还没过完，1万块钱又输完了。她很不甘心，于是她就把目光放在了下一个朋友丁某身上。文文找到丁某，跟她说自己房款到了，急需交款，让丁某帮帮自己，并且许诺每借款1万元每月支付500元利息，丁某见文文工作还不错，不担心她不还钱，于是借给了她2万元，但是没多久，文文再次把钱全部输光，她再次找到丁某借钱，丁某因为手头宽裕，见利息还不错，于是又借了3万块钱给她，不过运气好像已经完全不在她这里了，三天的时间，借来的三万块钱又再次输光，她又只得将目光放在下一个朋友身上。就这样，文文通过同样的方式向黎某借得五万元，借得密某五千元，但是没过多久，又全部输光。

在输完了借来的钱后，文文赌博输了很多钱的消息在她的朋友圈中传开了，朋友中再也没人愿意借钱给她了，她感到特别绝望。正好这时，有很多银行来她们单位推广信用卡业务，并且对她们单位员工办理信用卡的门槛设置比一般人要低，她觉得这是老天给她的机会，她拼命抓住这根救命稻草，同时办理了工行、建行、农行、中行共4张信用卡，并且找到熟人，使用POS机进行信用卡套现，4张信用卡先后套现人民币共计44874元。拿到钱后，她马上又来到麻将馆，她觉得这次是老天给她的机会，她一定会转运。可惜，老天是不会眷恋一个不知悔改的人的，这一次她输得更加彻底，一天时间将套现来的钱全部输完。后来，上述四家银行多次向文文催收钱款，但是文文实在没有钱偿还，她就换了电话号码，并且超过3个月仍未归还。

在问及她将周某银行卡里的钱取出来的事情的时候，她说，在她输完了陈某给她的五万元之后，恰好这时，陈某来找她要利息，但是此时，她身无分文，情急之下，她来到中国工商银行，将好朋友周某放在她这里的、存有5800元人民币的银行卡里的钱全部取了出来，3000元用于归还钱款，剩下2800元钱用于自己的日常开支。

彻底转变

文文终究还是为自己的行为付出了五年光阴的代价。她说，在监狱里，刚开始的时候特别难熬，因为她是一个很喜欢自由的人，突然被束缚住，感觉很难适应，每天日思夜想每个月的接待日快点到来，因为可以见爸爸妈妈和儿子。但是在第二次接待日过后，她就不让爸妈带孩子一起来看她了，因为她不想让这寒冷的铜墙铁壁给孩子留下不好的印象,同时她也下定决心要认认真真工作,踏踏实实接受改造,争取早日出去陪伴儿子。在这里有一件事让她特别开心,就是能让她发挥自己的职业优势,她成为了监狱里为数不多的护士,她每天的工作就是照顾重症监护室里的人,有时候,也会按照日程到各个监区去看门诊。因为工作认真改造积极,她获得了减刑的机会。当问到出去后的打算时,她笑着说道:"出去后,在工作方面,自己还是会从事护士这一职业,虽然有过入狱的经历,但是毕竟犯的罪和我的职业没有关系,并且在监狱的这几年,时刻磨砺着自己的护士技巧,出去后相信自己还是能够成为一名好的护士。在生活方面,自己亏欠父母和儿子许多,我一定会承担起一个女儿和母亲该承担的责任,弥补自己之前的过错。并且出去后,一定和以前那些牌友断绝联系,学习一些法律知识,绝不再做违法犯罪的事情,脚踏实地,本本分分的生活。"

三、检察官评案说法

一个家庭幸福、工作稳定、收入可观、正处大好年华的女子,因为迷恋赌博而家庭破裂、丢失工作、身陷囹圄,这让人十分心痛。为什么家庭幸福的文文会沉迷于赌博无法自拔呢?

根据心理学调查研究,女性沉溺于赌博的概率是男性的3倍,导致赌瘾的原因有很多,往往与个人的生活经历、生活环境、性格特点有关,并且存在不同程度的心理缺陷或者障碍,如不良生活事件的刺激导致其心理畸变。有学者认为,大多女性参赌者的动机是逃避家庭、社会和自己过去的经历所造成的压力,试图通过赌博来减轻抑郁和改善不良的心情。[①]本案中,文文上班的医院效益很好,医生和护士收入都挺可观,但与此同时,她们的工作时

---

① 薛东:《为什么赌博会上瘾》,载《健康报》2005年2月4日第3版。

间长、工作强度高，因此有时她会觉得压力很大。在生了孩子之后，她在繁忙的工作之余还要照顾孩子，长此以往，生活难免觉得压抑，她就把打麻将作为排解压力的唯一方式。在通过打麻将赢了几万块钱之后，她的心态发生了变化，上班辛辛苦苦一个月，可能还不及赢一把牌来的钱多，何况打麻将多轻松，而且她又很喜欢。在陆续又赢了几次之后，她对自己的麻将技术充满了自信，并深陷其中，无法自拔。

在为文文感到惋惜的同时，我们对文文的行为也感到不解，为什么在输光了积蓄、因为打牌丈夫和她离婚之后，文文仍然执迷不悟，继续赌博，甚至为了筹集赌资不惜走上诈骗的犯罪道路？这与她贪得无厌、自身侥幸心理严重有关。文文每次输完钱后，想的不是收手，而是继续相信自己打牌的技术和下次运气会变好的侥幸心理，因此她又想尽各种办法、各种手段去筹钱来赌博。久而久之，她欠的钱越来越多，沉重的赌债已经压得她喘不过气来，这个时候，她也认识到自己已经回不了头了，只有继续赌博才有翻身的机会，就这样，文文被自己的侥幸心理慢慢蚕食，最终酿成悲剧。

诈骗罪，是指以非法占有为目的，用虚构事实或者隐瞒真相的方法，骗取数额较大的公私财物的行为。

《刑法》第266条：诈骗公私财物，数额较大的，处三年以下有期徒刑、拘役或者管制，并处或者单处罚金；数额巨大或者有其他严重情节的，处三年以上十年以下有期徒刑，并处罚金；数额特别巨大或者有其他特别严重情节的，处十年以上有期徒刑或者无期徒刑，并处罚金或者没收财产。本法另有规定的，依照规定。

最高人民法院、最高人民检察院《关于办理诈骗刑事案件具体应用法律若干问题的解释》第1条：诈骗公私财物价值三千元至一万元以上、三万元至十万元以上、五十万元以上的,应当分别认定为刑法第二百六十六条规定的"数额较大"、"数额巨大"、"数额特别巨大"。

信用卡诈骗罪,是指以非法占有为目的,违反信用卡管理法规,利用信用卡进行诈骗活动,骗取财物数额较大的行为。

《刑法》第196条:有下列情形之一,进行信用卡诈骗活动,数额较大的,处五年以下有期徒刑或者拘役,并处二万元以上二十万元以下罚金;数额巨大或者有其他严重情节的,处五年以上十年以下有期徒刑,并处五万元以上五十万元以下罚金;数额特别巨大或者有其他特别严重情节的,处十年以上有期徒刑或者无期徒刑,并处五万元以上五十万元以下罚金或者没收财产:

(一)使用伪造的信用卡,或者使用以虚假的身份证明骗领的信用卡的;

(二)使用作废的信用卡的;

(三)冒用他人信用卡的;

(四)恶意透支的。

前款所称恶意透支,是指持卡人以非法占有为目的,超过规定限额或者规定期限透支,并且经发卡银行催收后仍不归还的行为。

盗窃信用卡并使用的,依照本法第二百六十四条的规定定罪处罚。

分析与反思

随着改革开放的深入推进、经济社会的飞速发展,女性在其社会地位提高的同时,参与社会各种活动的机会随之大大增加,与此相适应,女性犯罪的绝对数量和相对比率也在逐年增长,并且,犯罪类型朝着多元化的方向发展。本节的犯罪类型较为复杂,主要包括侵犯财产罪,金融诈骗罪,妨碍对公司、企业的管理秩序罪,贪污贿赂罪等。虽然犯罪类型不一,但是通过分析可知主要是经济型犯罪,行为人实施犯罪的目的主要在于谋取钱财等不正当利益。

佟新在《女性违法犯罪解析》一书中论及女性犯罪状况变化的主要表现为:一是社会结构的变化从根本上改变了女性在社会中的地位;二是经济发展改变了原有的社会结构,利益重新分配,使各种矛盾冲突增强;三是随着社会经济结构的变化,男女遇到相同的问题,但是男女的社会参与机会不同,可能导致一些女性在社会压力下,寻求非法途径;四是社会流动性的增加和女性参与社会机会的增多,使女性不仅面临的诱惑增多了,参与犯罪的机会也增多了;五是原有的价值观已无力指导人们的社会行为,而新的价值观尚未建立,加之西方文化的渗透,使原有的道德观裂变,因此出现道德论落、行为混乱等现象,女性犯罪的增加与社会总体形式是相一致的。[1]女性解放理论认为,倘若女性的社会角色与男性的社会角色非常接近,那么女性犯罪的

---

[1] 佟新:《女性违法犯罪解析》,重庆出版社1992年版,第15–18页。

比例也可能会与男性犯罪的比例接近。具体而言，如果女性参与社会经济生活的范围越来越广，就业率越来越高，她们也会与法律发生越来越多的冲突，相应的犯罪率便会增加。①

从本节女性犯罪的情况来看，她们之所以犯罪，都不是贫困所引起，而是在温饱等问题已经解决、物质水平已达到一定程度的前提下，其消费欲望、标准和方式等需求渐渐超出了以合法途径获得的程度。

正如本节主题所揭示的一样，部分女性在欲望的支配下实施了犯罪行为，主要体现出如下特征：

第一，追求享乐，放纵自己。随着市场经济的发展，物质资源极大丰富，相比以前物质匮乏时期，金钱成为评价人生价值成败的重要标准。为了金钱，人们可以将道德伦理抛在脑后；为了获取金钱，不惜损人利己甚至六亲不认，更有甚者，把自己的尊严看得一文不值，把肉体与灵魂当作商品出卖。与此同时，市场经济激发了人们的自我实现欲望，导致极端利己主义。为了满足一己私利，人们常常不择手段，通过各种非法途径满足自己对金钱和物质的追求。一些人致富后，花天酒地，一掷千金。而女性是社会成员中的弱势群体，自我控制能力相对较弱，更易受物欲的诱惑，产生享乐欲望。部分法律意识淡漠、自制力低下的女性，其行为极易受到冲击而放纵和失控，从而走上犯罪的道路。访谈中的女性犯罪人要么没有一份稳定的工作，要么不愿意老老实实地通过自己的劳动获得经济来源。尤其对于那些沉迷于赌博的人而言，辛辛苦苦工作一个月还不如打一场麻将赢得多，这无疑刺激了这部分女性不劳而获的心理，所以深陷其中，无法自拔。

第二，虚荣心强，欲望膨胀。美国人本主义心理学家马斯洛于1843年提出需要层次理论。该理论根据需要在人类发展进程中出现的顺序从低到高分为几个阶段，将人从出生就存在的基本生理需要逐级上升到更为复杂的心理

---

① 参见王金玲：《社会转型中的妇女犯罪》，浙江人民出版社2003年版，第21—22页。

需要用阶梯的形式表现出来。按照马斯洛的需要层次理论①，人的需要可分为五种：生理需要，即生存的本能；安全需要，当生理需要得到满足后，就要求安全，避免动荡，躲避危险和恐惧；爱的需要，主要是希望在社交中得到认可，感情有所归属；尊重与威望需要，希望自己有能力、有成就、有地位；自我实现的需要，马斯洛认为，只有在上述所有需要都得到满足后，才能达到最后自我实现需要这一最高峰。每个人都希望发挥自己的最大潜力，完成自己期望的宏图伟业。②

改革开放以来，女性的受教育程度有很大提高，就业机会逐渐增多，自我意识开始觉醒。尤其是受现代女权主义等的影响，女性逐渐开始为自己争取更多的权利，对物质享受、地位名誉等各方面也有了更多的追求。

而另一方面，社会资源仍主要掌握在男性手中，女性想依靠正当途径获取成功要比男性受到更大的阻力，而女性爱慕虚荣的心理又使得其比男性更迫切地想得到物质资源。她们的经济能力无法满足自己的虚荣心，因此，只能借助非法手段去满足，她们的需要是以满足个人的私欲为轴心，不顾社会经济发展的具体情况和自身条件限制，不受社会道德规范和法律的约束，最后做出极端利己的犯罪行为。③另一方面，女性仍要受制于传统的观念，生儿育女洗衣做饭，做丈夫的贤内助，在对享乐和性的追求上相对于社会舆论也更为矜持。在理想与现实的失衡、传统与现代观念的矛盾与冲突下，生活在当今社会的现代女性相比以前大门不出二门不迈的女性压力更大、矛盾更多，更容易心理失衡，压抑与不满情绪也就更多，更容易在重压之下寻找排解的途径，而由于接触社会的机会更多，受到的不良影响也越多，就更易产生犯

---

① 车文博：《人本主义心理学》，浙江教育出版社2003年版，第116页。
② 王婧杰：《女性犯罪的原因及对策研究——以省女子监狱为例》，中南大学2013年硕士学位论文。
③ 车文博：《人本主义心理学》，浙江教育出版社2003年版，第116页。

罪心理。

第三，精神空虚，沾染恶习。我国正处在社会急剧变迁的社会转型时期，社会失范情况比较普遍。在此期间，吸毒、贩毒、制毒等问题常常层出不穷，而对其进行调控的社会规范尤其是法律规范却呈现出滞后状态，导致对社会的控制力减弱。这种状态下，人们的思想、行为呈现出迷茫和不适，由此导致一些人以吸食毒品为解脱或借以显示其新潮，造成了吸毒者难于回归社会，或者造成一些人价值观异化，不择手段追求金钱和享乐，从而走上贩毒、种毒、制毒之路。[1]部分女性由于好奇或者虚荣心作祟而染上毒品，吸毒所产生的瘾癖迫使吸毒者需要不断的毒品供应，而毒品是和金钱紧密联系在一起的耗资昂贵的奢侈性消费，当吸毒者无任何经济来源时，往往会铤而走险。[2]

此外，不少人也因赌博而债台高筑，倾家荡产。在访谈案例中，诈骗、受贿等人员基本都有不同程度的嗜赌行为，尤其是诈骗、金融诈骗罪犯，往往是欠下了巨额赌债。为了弥补这一窟窿，她们不得不通过非法手段骗取钱财。好的情况是拿骗来的钱还债，差的情况是继续带着侥幸心理去赌博，想要赶本翻身，但却血本无归。其中的部分人以前有一定的经济实力，或许生活得还很富裕，但是精神生活空虚，出于好奇或者寻找激情从而踏上了一条不归之路。

第四，少数女性随着个人社会地位的提高，对自身扮演的角色理解出现错位，导致实施违法犯罪行为。最常见的现象是，许多从事财务、证券和经济管理等行业的女性，利用行业管理方面的漏洞进行贪污、受贿、挪用公款等违法犯罪活动。

在现代化的过程中，女性身上普遍存在"角色冲突"。"角色冲突"，即女性在社会角色的扮演中，在角色之间或角色内部发生了矛盾、对立和抵触，

---

[1] 参见马永清、马克继：《毒品问题的社会学透视法》，载《学术探索》2004年第9期。
[2] 参见佟新：《女性违法犯罪解析》，重庆出版社1996年版，第184页。

妨碍角色扮演的顺利进行。① 由于社会关系的多样性，人们在不同的社会关系中所扮演的角色不同。面对日趋激烈的社会竞争，如果不能很快进行角色调适，则容易出现角色冲突。这种角色冲突在女性身上表现得更为明显。如市场经济对思维模式提出的理性化要求和女性自身直观思维特点的矛盾，女性家庭"主妇"角色和其职业角色的矛盾，带有社会偏见性的"性别规定"与女性自我主观确定的矛盾。这些矛盾处理不好很容易导致女性隐忍、失落、压抑的不正常心理和心理冲突的加剧。如果缺乏适当调节，这些不利因素就可能部分地积蓄在女性的内心，成为消极的量变因素，诱发女性的违法犯罪行为。

现代社会使女性的生活圈子不再仅仅局限于家庭，她们在社会中担当的角色不再仅仅是家庭中的几种，而是在社会各个层面的多种。这对任何家庭和女性自身来说，都是一个巨大的变化和挑战。在中国，长期以来存在着"男主外，女主内"的家庭分工模式，传统的性别角色规范仍然影响着大多数的家庭。然而在现代社会中，随着社会竞争的加剧和大量女性加入到社会生活的方方面面，单纯的温柔、善良、贤淑已经不能满足人们对女性角色的期待。这时，女性的角色出现了很多变化，比如在家时是妻子、母亲、儿媳，这样的角色定位就需要温柔、贤淑；而走上工作岗位时，就是独当一面的决策者、领导者，可能需要果断、理智、有决断力。

随着女性受教育水平的逐步提高、自主意识的增强，越来越多的女性走出了家庭的小圈子，更多地活跃在社会的舞台上。女性所从事的职业也越来越具有多样性，不少女性还成为国家工作人员，手握部分权力。而由于体制的不健全与人性的贪婪，权力往往容易滋生腐败。此时，一旦角色定位失误，就容易产生角色冲突，在看到有的国家工作人员利用手中的权力为自己的"幸福生活"添砖加瓦，却没有受到惩处，甚至还平步青云就会眼红，出

---

① 周玉：《转型期女性犯罪的社会学分析》，载《福建省社会主义学院学报》2003年第4期。

现心理落差。她们轻信要实现自己的目标也可以这么做，这是一种合群的表现。正是在这种错误思想的指导下，钻空子，找漏洞，打法律的擦边球，为自己今后的生活埋下了祸根。以小红为代表的女性国家工作人员，正是因为对自己的身份没有一个清醒的认识和定位，才染上官僚主义的不良作风，陷入了贪污受贿的泥潭。

综上所述，我国正处于深刻的社会变革期，由于经济结构和模式的调整，使得传统的文化价值观念也面临着市场经济所带来的前所未有的挑战，产生了新旧思想观念的交替以及本土文化和外来文化的碰撞。这种交替和碰撞对人们的心理以及行为产生了极大的影响，很容易造成人们的价值混乱和心理失衡，过去那种重社会本位而轻个人本位、重精神而轻物质的价值主体和取向受到巨大冲击。[1] 多种观念与文化的冲撞对现代职业女性的价值观冲击更大。文化的重要核心是价值观念，职业女性有着体面的工作和受人尊敬的地位，受过良好的文化教育，思想比较开放前卫，不易受传统价值思想的束缚，接受新观念新事物的能力强，因而她们往往会形成自己独立的世界观、价值观和人生观。但也正因为这样，职业女性也极易受到极端个人主义、享乐主义和拜金主义等不良价值观念的影响，出现价值混乱。这种价值观念上的偏差往往会导致职业女性见利忘义，道德意识物欲化、庸俗化，最终使她们行为失范越轨，酿成犯罪，这也是社会转型特殊时期职业女性犯罪率上升的重要原因。

---

[1] 曹胜亮、徐雪山：《论白领经济犯罪的特征》，载《湖北广播电视大学学报》2010年第5期。

第六章
女性犯罪之涉毒篇

　　毒品犯罪如今在我国渐呈泛滥之势，在社会各人群中的使用量和影响力已不容小觑。其中，女性参与毒品犯罪的概率不断增大。女性涉毒犯罪，正在成为一个严重的社会问题。女性在毒品犯罪中所扮演的重要角色，得到了社会各界广泛的关注。因此，本章以女性毒品犯罪的典型原因为分类标准，为大家介绍感情盲从、精神空虚、交友不慎和利欲熏心这四种情形之下的女性毒品犯罪案例。

第一节 感情盲从

男友让我看到"新世界"

一、案情回顾

被告人：倩倩，女，汉族，1983年4月19日出生，本科毕业，原系某律师事务所职员，未婚，案发时31岁。

犯罪事实：2014年3月7日16时许，被告人朱某以先拿毒品后支付毒资的方式，从他处购得毒品甲基苯丙胺片剂（俗称"麻古"）4000颗，随即电话联系倩倩向其借钱支付所欠购毒款，其间与吴某和祁某联系出售毒品。同日17时倩倩明知朱某从事贩毒，仍借款给其购买甲基苯丙胺片剂，当倩倩携款到朱某所在的房间时，被守候在此的公安人员抓获，当场查获其随身携带毒资人民币15万元；同时在朱某的房间内查获25包甲基苯丙胺片剂383.39克，5包甲基苯丙胺（"冰毒"）51.75克，电子秤1台。随后，公安人员又抓获欲向朱某购买毒品的吸毒人员吴某和祁某。经检测，上述毒品均为甲基苯丙胺，重435.14克。

判决结果：法院以贩卖毒品罪，判处倩倩有期徒刑12年，并处罚金10万元。

二、访谈面对面

访谈之前,我们先了解了倩倩的基本情况。倩倩是某大学法学专业毕业,入狱前一直在律师事务所工作,这样的学历在女子监狱很少见。

倩倩出生在一个工人家庭,家中还有一个大她5岁的姐姐,家里经济条件一般。倩倩中专毕业后,自考了某大学本科,之后,进入一家律师事务所当文员。

工作几年后,倩倩认识了她第一个男朋友,那时她已经27岁。男朋友很疼她,两人感情很不错。相处一年后,倩倩意外发现男友吸毒。知道这个事情后,倩倩为此与男友不断吵架,却一直没有分手。"刚开始一直为这个事吵,吵到后面,也吵疲了。除了吸毒这个事,他对我都很好,他也从来没在我面前吸过,所以,虽然经常为这个事吵,也没舍得分开。"知道男朋友吸毒之后,倩倩跟着也接触到了男友吸毒圈中的人,朱某就是由于男朋友这个圈子而认识的。虽然最终倩倩还是跟这个男朋友分手了,但是跟男友那个圈中的一些人还保持着联系。朱某找倩倩借过几次钱,每次都能很快归还,而且每次还能有多的部分,所以倩倩很愿意借钱给朱某。其实对于钱的去向,倩倩知道朱某用钱来购买和贩卖毒品,但是她觉得自己只是单纯借钱给朱某而已,并没有参与到朱某的贩卖毒品中,所以不管朱某拿钱去做什么,都与自己无关。在这样的侥幸心理下,倩倩一次又一次地为朱某购买和贩卖毒品提供资金。

倩倩与父母的关系不错,读书的时候住校,也会每个星期回趟家,工作之后,每隔一两个星期都会回家。倩倩说:"爸妈对我们很好,很爱我们,辛苦赚钱都是为了给我们提供更好的生活。"所以,倩倩在家很听父母的话,经常陪伴在父母身边。但是,父母对于倩倩的教育多停留在物质层面,父母工作也忙,与倩倩很少进行情感上的表达和交流。从小,倩倩在学校经历的事情都很少跟父母提起,除了学习成绩,父母也很少过问,长而久之,就形成了一种固定的相处模式，等到后面再想交流内心的时候，已经很难再开始了。这一点甚至对于倩倩性格的形成也有着至关重要的作用。倩倩自小与父母在情感上交流的少，对于情感已经不习惯表达，性格上偏向被动，易受影响。对于倩倩的这个男朋友，倩倩并未与父母商讨过，没有征求过父母的意见。甚至连闺蜜，也只见过两次。男友吸毒的事，倩倩更是没有告诉过父母和闺蜜。在这段感情里，倩倩有些被动和盲目，也没有得到父母朋友的参谋建议。在之后与朱某的接触中，倩倩没有把握住自己的原则和底线，抱着侥幸心理，不断退让和顺从，一步步滑入犯罪深渊。

对于失去自由的生活，倩倩一时难以接受。刚入监狱的时候，每天以泪洗面。父母和姐姐每个月都来看她，从未责怪过她。"我出了事之后，我妈妈就一直哭，自责自己没有把我管好，我爸爸没说话，我姐姐也一直在安慰我，他们都在帮助我，帮我请律师，帮我付罚金。他们怪我，我心里还能好受点。他们这样子，我知道我真的错了，我给他们带来这么多痛苦和难过，他们还没有放弃我。我真的很后悔，我没想到我这些行为，伤害最深的是我的家人。"家人的不离不弃，加上管教干部的耐心开导，使得倩倩逐渐摆正心态，认真反省，真正悔改，做好每天的劳动，争取早日出去跟家人团圆。

三、检察官评案说法

结束了与倩倩的谈话，我们不禁扼腕叹息。一个大学法学专业毕业的大学生，缘何也走上贩卖毒品的犯罪道路？

据她的描述，她平常话不多，三五好友偶尔聚聚，但不常与人交心，自己的事情自己处理，比较独立，生活平淡普通。如果没有遇到吸毒的男朋友，结交到沾染毒品的圈子，她的人生轨迹应该是和大部分普通女人一样，平淡踏实。每个人的性格都有一定的不足或缺陷，当这种不足和缺陷遇到某些偶然性的时候可能就会致命了。倩倩交第一个男朋友时已27岁，因为年龄较大,使得她在这段感情中所扮演的角色有点从属性。在得知男友吸毒之后,并不能做到立刻离开,而是选择了容忍,还结识了吸毒圈中的人。在与那些人的往来中,不能把握尺度,不能坚守底线,从而参与到了犯罪中去。

倩倩的性格形成与家庭教育不无关系。倩倩的父母内敛、老实,对于她们没有很严格的要求,像很多普通的父母一样,只希望她们平安健康。父母同样也不善于表达,平时与倩倩缺乏足够的沟通和深入的交流。虽然倩倩的学习、工作一直在本地,平时常回家。但是这样的亲子关系看似亲密,其实存在很大的问题。首先父母更多在意的是吃饱穿暖这样的物质条件的提高,而忽略了倩倩内心更深层次的需求。忽视子女的内心,只会造成子女内心的相对封闭。其次,父母不善表达,不能敏感地挖掘子女的内心,这样也造成了子女表达能力上的欠缺。倩倩的家庭也是万千中国普通家庭的缩影。父母很爱子女,甚至胜过自己的生命,但却忽略了很多细节上的沟通和交流,从而造成了子女内心的部分缺陷。培养子女并不是只有爱就可以达成。如何走进他们的内心,使其丰富而强大,如何进行交流和引导却又不压制其独立和个性,这是一个需要不断实践不断学习的过程。

不管家庭教育有何缺陷,性格有何问题,有一件事情始终不能忘记,那就是法律底线。这是任何人、任何时候都要坚守的。倩倩的案例带给我们最深的感触是,无论遇到了何种诱因,都要自律,不该做的事坚决不做,在法律界限面前,坚守自我,不越雷池,做懂法守法的公民。作为重点大学法学专业毕业的高材生,倩倩不能不说熟谙法律。但纵使这样,尚且抵抗不了金钱的诱惑,忘了法律的规制。试问那些没有学过法律的普通人,在各种诱惑面前,能守住法律底线吗?

所以,加强法制教育对于整个社会来说、对于法治建设来说都显得尤为重要。人的本性使然,在面对花花世界的诱惑时,难免会受到影响,所以更需要不断地靠自身的学习和自律来使自己成为一个守法的公民。懂法的公民要通过法制教育来不断提醒自己，不懂法的公民更要接受教育使自己了解法律、敬畏法律，法制教育是一个长期的过程，只要有犯罪发生的可能，我们就不能忽视教育的作用，因为教育远远比惩罚更有力量。

贩卖毒品，是指明知是毒品而非法销售或者以贩卖为目的而非法收买毒品的行为。

《刑法》第347条：走私、贩卖、运输、制造毒品，无论数量多少，都应当追究刑事责任，予以刑事处罚。

走私、贩卖、运输、制造毒品，有下列情形之一的，处十五年有期徒刑、无期徒刑或者死刑，并处没收财产：

（一）走私、贩卖、运输、制造鸦片一千克以上、海洛因或者甲基苯丙胺五十克以上或者其他毒品数量大的；

（二）走私、贩卖、运输、制造毒品集团的首要分子；

（三）武装掩护走私、贩卖、运输、制造毒品的；

（四）以暴力抗拒检查、拘留、逮捕，情节严重的；

（五）参与有组织的国际贩毒活动的。

走私、贩卖、运输、制造鸦片二百克以上不满一千克、海洛因或者甲基苯丙胺十克以上不满五十克或者其他毒品数量较大的，处七年以上有期徒刑，并处罚金。

走私、贩卖、运输、制造鸦片不满二百克、海洛因或者甲基苯丙胺不满十克或者其他少量毒品的，处三年以下有期徒刑、拘役或者管制，并处罚金；情节严重的，处三年以上七年以下有期徒刑，并处罚金。

单位犯第二款、第三款、第四款罪的，对单位判处罚金，并对其直接负责的主管人员和其他直接责任人员，依照各该款的规定处罚。

利用、教唆未成年人走私、贩卖、运输、制造毒品，或者向未成年人出售毒品的，从重处罚。

对多次走私、贩卖、运输、制造毒品，未经处理的，毒品数量累计计算。

飞蛾扑火般的爱情

一、案情回顾

被告人：锦莲，女，汉族，1992年10月11日出生，初中肄业，案发时21周岁。

犯罪事实：2013年4月10日，锦莲从其租住地下楼至该单元门时，被公安机关抓获，当场从锦莲随身携带挎包及手提袋内查获毒品甲基苯丙胺116.83克。锦莲被抓获后，主动向公安机关交代在其租住地还有毒品，并带领公安人员从其上述租住地搜剿毒品甲基苯丙胺361.58克、国家管制的一类精神药品氯胺酮1597.57克及苯丙胺类毒品MDMA174.47克。

判决结果：法院以非法持有毒品罪，判处锦莲有期徒刑10年，剥夺政治权利1年，并处罚金人民币5000元。

二、访谈面对面

"那时，除了爷爷奶奶，他是世界上对我最好的人。为了他，我什么都不怕！"锦莲这样回忆着那段感情经历。那时的锦莲初尝爱情的甜蜜滋味儿，心中、脑中满满都是这个人。男友的体贴和温柔让她死心塌地地担下所有罪责，没有一丝抱怨。

父母离异依恋渐淡

锦莲几乎记不清一家人相处的情景,因为这对她来说是很久远的事情。小小的她并不知道父母之间究竟发生了什么,只知道,从某一天开始,妈妈从她的世界中消失了,而爸爸的身边又有了另外一个阿姨和孩子。锦莲最羡慕的就是那些一手牵着爸爸、一手牵着妈妈去上学的小朋友。"一开始,我根本不想去上学,因为老师和同学看我的目光总是充斥着同情,我每次看到这种目光都很生气,恨不得招呼他们一顿拳头",锦莲回忆道。令锦莲高兴的是,身边有很多与自己一样的孩子,她很快就找到了自己的玩伴。幼时,锦莲对父母还抱有期待,她还记得自己无数次地在爷爷奶奶面前大哭,问他们妈妈去哪里了,是不是不要自己了,但得到的回应永远是沉默。次数多了,时间久了,锦莲知道,对父母来说,自己已经成了多余的人。带着这样的认知,锦莲对父母的感情慢慢淡去,她不会再因为这种事情嚎啕大哭,甚至与小伙伴打架。锦莲悠闲的初中生活在嬉笑怒骂中度过,由于没能考上高中,她只能去一所中专读书,但父亲却不许她继续读了。原来,送锦莲去学校的那天,父亲发现学校里的学生穿着暴露,举止轻浮,校园风气糟糕。父亲担心女儿会被带坏,坚决不允许锦莲在这所学校读下去。于是,锦莲老老实实地随着父亲回了家。

初尝爱情感情渐浓

无所事事的锦莲很快与当初辍学的同学混到一块,夜不归宿成为常有的事。看着身边早已成双成对的朋友,锦莲有点羡慕。很快,在朋友的介绍下,锦莲认识了一个男人。这个男人大她12岁,是个社会混混,以贩毒为业。锦莲在认识他的时候就已经知道了他的情况,不过并不特别介意。"其实,这边毒品很泛滥,特别是 H 大学那片。我记得老早以前管得不严的时候,在街上就能看到有人用针管注射毒品。上初中时,学校里很多同学都会玩毒品,这不是什么稀罕的事情。"锦莲很不以为然。这个男人对锦莲展开了猛烈的追求攻势,几乎有求必应。很快,锦莲就与他陷入热恋之中,并开始同居。初尝爱情的滋味,锦莲愈发地不可自拔,因为两人都没有正经工作,每天白天玩游戏、逛街,晚上去酒吧喝酒聊天。锦莲一直靠男友养着,贩毒带来的高利润使他们根本无须为生计发愁。此时,锦莲的爸爸妈妈都在为另外一个家忙这忙那,根本无暇管教她,至于爷爷奶奶,锦莲只要哄一哄就可以轻松过关。

为爱盲目身陷囹圄

有了与他相伴一生的打算后,锦莲开始为未来做打算。在她看来,吸毒终究不是好事,而且,她不了解毒品,没法和男友交流。锦莲劝男友戒毒,没曾想遭到了男友的拒绝。他说:"这毒没法戒,我们吃喝都靠卖这东西,每次卖货的时候人家要验货,我不吸怎么验,不卖的话咱们喝西北风吗?"锦莲觉得男友说得有道理,渐渐地放弃了劝他戒毒的想法。"我清楚地记得,当时是 2007 年,我才 15 岁。那时我总觉得自己在他们那个圈子里属于异类。既然我无法改变他,那么只有改变自己去适应他。再说,我也不想每次都让我男友试毒,所以决定开始试着吸毒。"第一次吸食反而有些难受,但是,为了男友,她还是忍了下来。一段时间后,锦莲越来越熟练,也没怎么上瘾,她慢慢觉得,毒品似乎没有对她的生活造成多么大的影响,不过是多了一个消遣罢了。

2008 年时,她开始帮着男友贩毒。他们无须出去寻找买家,因为男友身边多得是买家,所以只需等着别人找上门,进行交易。锦莲觉得,跟着男友这样过一辈子也不错。六年的时光虽然平淡,过得倒也很快,突变却猛然到来。那天只是再平常不过的一天,男友打电话来让锦莲带着货到指定地点交给买家。下楼时,阳光很刺眼,锦莲恍惚了一下,再回过神来已经被警察用手铐铐住。"我当时唯一的想法竟然是:幸好他没在,我把责任都担下来,这样他就不用负责了。是不是很傻?"锦莲自嘲道:"当时,我以为爱情就是一切,后来和他分手了才知道,只有我一个人有这么傻的想法。"锦莲不甚唏嘘地说着。

悔过自新释然过去

在刚得知被判刑入狱的消息时,锦莲的父母完全不能接受,直到现在,他们每次来看望她时还会哭得很凶,不停地和她道歉。锦莲早已放下了对父母的执念或是恨意,"以前我会埋怨,甚至有点恨他们。现在我想明白了,这是我自己的错,得自己担。"年近八十岁的爷爷奶奶也会来看望她。想起爷爷奶奶颤颤巍巍的步伐,忆起他们那张衰老而忧愁的面容,锦莲泪如雨下,哭着说:"我最怕的就是:他们等不到我出去……"锦莲现在只想着好好表现,争取早日出去,多陪爷爷奶奶几年,陪伴他们快乐地走完人生最后的时光。

三、检察官评案说法

妖艳如罂粟花一般的爱情,即使再美,也是有毒的,但依然有无数的人为之痴狂,锦莲便是其中一位。这个年轻女孩在15岁时便开始吸毒,16岁时贩毒,21岁被抓。16岁对普通人来说意味着什么?意味着天真烂漫、无忧无虑,而16岁的锦莲却必须小心翼翼,时刻警惕,狗苟蝇营。21岁对女性来说代表着什么?代表着花开半夏、青春正好,而21岁的锦莲却被关在冰冷的铁墙铁窗中接受改造。

直爽和大胆是锦莲性格中最突出的部分。在所有访谈对象中，她是第一个主动询问访谈原因和课题研究目的的，得知原因后，依然非常大方地让我们任意发问；谈及那段感情时，她没有丝毫避讳，直言"爱了就是爱了，无须再谈是否后悔，无论是帮他卖货，还是帮他顶罪，都是我为那段感情付出的代价"；再回想当时的自己时，她不加任何掩饰地自嘲道，"那种'既然我无法改变你，那就改变我自己去适应你'的想法真的太蠢了"；展望未来可能会遭受的歧视或异样目光时，她没有太多畏惧或担忧，"我觉得自己与他们没什么不同，一样可以通过努力拥有更好的人生"。

眼波流转间，她会露出一丝稚气和俏皮。有的时候，她也会显露出一丝怯弱和害怕，特别是提起她的爷爷奶奶时。"他们都80多岁了，还经常跑过来看我。在他们心里，我一直是个好孩子，只是被人骗了……我特别怕他们等不到我出去……我想出去让他们过上好日子。"这时，锦莲的眼泪止不住地掉落，好一会才恢复过来。访谈虽然结束了，这个仍有些稚气，却又直爽大胆的年轻女孩在我们脑海中久久无法退去，对爱情的盲目追求使她走上了犯罪道路。

事实上，这种盲目与痴狂源于其内心对爱的渴望和需要。锦莲很小的时候父母就离婚了，看到别的小朋友可以牵着父母的手，心中感到酸楚和寂寞。在渴望父母的爱却始终不得时，锦莲只能从他人身上寻求满足，这是缺少家庭关爱和保护的锦莲死心塌地投入男友怀抱的主要原因。对她来说，男友不只是她爱情的寄托，更是她所有感情的寄托和依赖，丝毫不考虑这种爱是否值得。为了融入他的世界，向他再靠近一步，不惜把自己也变成与男友一样的人，吸毒、贩毒。

飞蛾扑火般的爱情最终使锦莲付出了沉重的代价。

非法持有毒品罪，是指明知是毒品而非法持有且数量较大的行为。非法持有毒品罪是妨害社会管理秩序罪中走私、贩卖、运输、制造毒品罪这一节的高发罪名，非法持有毒品行为不仅侵害了国家对毒品的管理制度，更侵害了作为社会法益的公众健康。

《刑法》348条：非法持有鸦片一千克以上、海洛因或者甲基苯丙胺五十克以上或者其他毒品数量大的，处七年以上有期徒刑或者无期徒刑，并处罚金；非法持有鸦片二百克以上不满一千克、海洛因或者甲基苯丙胺十克以上不满五十克或者其他毒品数量较大的，处三年以下有期徒刑、拘役或者管制，并处罚金；情节严重的，处三年以上七年以下有期徒刑，并处罚金。

"跟他在一起,做什么都行"

一、案情回顾

被告人:小梦,女,汉族,1992年2月22日出生,大专文化,无业,未婚,案发时23岁。

犯罪事实:2015年4月23日20时许,被告人庆子、小梦在其租住处,向吕一、吕二、吕三等人提供毒品麻果及吸食工具,并容留其在房间内吸食,被公安民警当场抓获。民警当场搜查现场,在桌面上、衣柜、床头柜内等处查获庆子、小梦藏匿的毒品,具体如下:毒品甲基苯丙胺79.96克、大麻4.51克、氯胺酮48.25克。

判决结果:法院以非法持有毒品罪,判处小梦有期徒刑7年,并处罚金人民币7000元,以容留他人吸毒罪,判处其有期徒刑10个月,并处罚金人民币1000元,决定执行有期徒刑7年4个月,并处罚金人民币8000元。

被告人:小谨,女,汉族,1993年12月5日出生,初中文化,农民,未婚,案发时21岁。

犯罪事实:2014年8月7日晚上,经赵武介绍,文涛、小谨在某公寓111室内卖给胡一100元甲基苯丙胺,并容留胡一吸食。当晚11时许,公安派出所民警在该公寓111室内抓获文涛、小谨、赵武、胡一,并在文涛、小谨的卧室内查获甲基苯丙胺19袋、甲基苯丙胺片剂(俗称麻果)2片及用于贩卖的笔记本1本,在赵武身上查获甲基苯丙胺2袋。

判决结果:法院以贩卖毒品罪,判处小谨有期徒刑10年6个月,并处罚金人民币2万元;以容留他人吸毒罪,判处其有期徒刑1年,并处罚金人民币1万元。决定执行有期徒刑11年,并处罚金人民币3万元。

二、访谈面对面

"有毒"爱情　终食恶果

从小父母离异在外婆身边长大的小梦十分缺爱,也很缺乏安全感,她说:"小时候我特别不理解我爸爸妈妈,甚至很恨他们,父母离婚后自己被判给了父亲,父亲一直在外打工,很少跟我见面,只有没钱用的时候才会去找他。母亲在和父亲离婚后便不知道去了哪个城市,基本不与我联系。所以我一直觉得自己只有外婆一个亲人,但是外婆脾气也比较暴躁,稍有不顺心就会打我,可是她确是唯一让我感到温暖的人。"

不幸的童年生活在小梦心中烙下了深深的伤疤,也使得她更加内向和自闭。好在读初中时,小梦认识了一群很要好的朋友,终于不再感受到人生只有孤独了。可是高中她去了离家较远的专科学校学技术,小梦又开始觉得很孤独。没有朋友、也没有亲人的关心,她开始厌学,最后决定偷偷逃学回到S中学附近和初中朋友们厮混在一起,也在此时,她发现了S中学附近好多人都在"玩麻古",一开始,她很好奇,麻果是什么,为什么大家都喜欢麻果。久而久之,她就把"麻古"当作一种当下的流行趋势。再后来她发现自己初中朋友也开始"玩麻古",而且还时不时地怂恿她吸,她尝试了一下,认为这个东西对身体并不像其他毒品一样,一染上就戒不掉,她身体上对这个东西并没有依赖,只是心里会对它产生念想而已,于是她把吸食麻古当作一种

"好玩"的方式。

慢慢地，小梦身边出现了越来越多吸毒的人，不仅是麻果，还有冰毒、摇头丸等。可是那时的小梦并不知道自己已经身处危险境地，甚至当认识庆子时，感觉找到了一生中的挚爱。小梦找到所谓的真爱后便开始思考人生，计划着要出去找工作，对未来的幸福生活充满了期待，害怕让庆子知道自己之前吸毒，并决心戒毒，以后好好生活，孝敬外婆。她开始自己戒毒时身体变得很差，记忆力也开始衰退，变得很容易动怒。庆子见她这个样子，便拿出几颗麻果让她吸食，小梦感到非常惊讶，庆子说早就知道她吸毒了，而且自己也吸毒。此时的小梦也不知是喜是悲，两个人便开始一起吸食麻古作乐。

两人同居后，小梦惊讶地发现庆子经常在家里存很多麻果，还时不时喊他的朋友们一起来嗨。由于毒品数量太多，她感到有些害怕，于是提出在家里放太多麻果不太好，也劝男友不要带朋友来家里吸毒。可是男友不听，还说大家都是心知肚明的人，不要装纯洁了。小梦伤透了心，但是舍不得离开，于是便对这件事绝口不提了。男朋友每天去上班，她则每天待在房子里上网，两个人每天都一起吸食麻古，渐渐习惯了，小梦也觉得这样的生活挺好的，只要和男友在一起，干什么都好。有一天，男朋友带着4个朋友来家里，和她一起在家里吸食麻古，就在这时警察来了，将他们抓了个正着，并且在房子里的天花板上发现了大量的麻古，最终以非法持有毒品罪和容留他人吸毒罪合并判处小梦有期徒刑7年。

失去理性的贩毒爱情

小谨出生在陕西一个偏远的小山村，从小家里就很穷，初中读完便辍学了。在家做了两年农活后，瞒着父母随着自己的男朋友来到上海打工。两人感情还不错，也到了谈婚论嫁的地步，但在她出车祸手受伤后，每天就只能待在家里，男朋友却每天晚上打游戏到凌晨才回家，早上就去上班，压根不管她。心寒至极的她离开了上海，回老家养伤，也与男友分手了。

在家待了一段时间后，她又开始出来找事情做，经同乡介绍，一个人来到了B市，在一个音乐会所做营销经理，这个音乐会所里每个女孩子都有自己的代号，大家都不知道彼此的名字，除了玩得特别要好的几个姐们。小谨在外面租了个房子一个人住，后来会所的一个同她玩得较好的女孩子被男友抛弃了，小谨怜悯她的遭遇，又想到了自己以前的经历，便收留她同自己一起住。不久，她发现这个女孩子有吸食冰毒的习惯，但是她对毒品这个东西基本没有概念，她不知道毒品有什么危害，所以也不介意室友吸毒，甚至还和她一起吸起来，那个时候大概一个月一到两次。渐渐地，她通过室友认识了很多吸食毒品的朋友，包括他的第二个男朋友文涛。

因为室友吸毒越来越频繁，小谨害怕就搬出去与文涛一起住，却发现文涛才是个不折不扣的瘾君子，可是文涛真的对她太好了，对她百依百顺。小谨沉浸在爱情里无法自拔，并在男友的带动下也开始频繁吸毒，身体和精神都对毒品产生了强烈的依赖，身体的免疫力也变得很差，每天精神不振，经常产生幻觉，可是她也觉得没关系，和男友在一起做什么都心甘情愿。之后小谨发现文涛不仅吸毒还在贩毒，她开始担心了，哭着求文涛不要继续贩毒。可是文涛却说："我做的事不关你的事，我赚够了钱被抓起来也没关系，赚的钱够你花一辈子就好。"小谨被男友感动了，失去了理性，毫不犹豫地决定和男友一起贩毒。她说不想让男朋友一个人做危险的事，要生一起生，要死一起死。本来良心有点不安，还有点害怕，但后来贩卖毒品确实挣了不少钱，小谨便开始无所顾忌了。她不仅借钱给她的男朋友用于贩卖毒品，并且很多次都是她拿货交给卖家，最后以容留吸毒、贩卖毒品罪的主犯被判处有期徒刑10年。

三、检察官评案说法

与小梦、小谨交谈后,两张纯真青春的脸庞一直在我们眼前挥之不去,如果不是在监区内交谈,我们怎么也无法将她俩与犯罪联系起来。交谈中,小梦总是用"玩麻果"这个词来代替吸食麻果,"玩"这个字,可见她们对毒品的危害完全没有认识,我们听到这个词时,感到十分诧异,尤其从一个年轻的女孩儿口中轻松自然地说出来。可见她身边"玩麻果"这样的事情该有多少啊!

她们走上犯罪道路也缘起吸食毒品。小梦吸食毒品很大程度上是因为缺少父母的教育和陪伴,在家中缺少关爱,于是变得很叛逆,和社会上的一些闲杂人混在一起。在小梦心中,朋友比家人更重要,所以,在朋友的轻易怂恿下就随波逐流,走上了吸毒的不归路。加上对吸毒贩毒男友的过分依赖,使她们陷入毒品犯罪不能自拔。所以有研究表明,一旦无知的女人开始吸毒,她离毒品犯罪也就不远了。与小梦不同的是,小谨走上毒品犯罪的道路后发现有利可图,她的动机变得复杂起来。

我国对毒品犯罪可以说是零容忍的态度。持有毒品达到一定数量、为他人吸毒吸食、注射提供场地等都构成犯罪,制作、贩卖、运输、走私毒品更不用说。作为惩罚毒品犯罪最严厉的国家之一,中国对与毒品有关的犯罪处以相当严厉的惩罚,但中国对毒品的管制主要聚焦于严厉惩罚,未能全面关注毒品泛滥的潜在社会、经济问题。小梦从小父母离异,缺乏父母的关爱,缺少家庭的教育,在学校也未能好好学习,整日无所事事。小谨,父母文化水平低,无法对子女进行良好的教育,家庭条件差,小学便辍学,没有接受正规的学校教育。这些从小的生活经历与小梦和小谨的犯罪不无关系。

小梦和小谨的故事令人惋惜,同时我们也要看到毒品犯罪背后隐藏的社会问题,解决这些社会问题才是最根本的预防毒品犯罪的方法。

非法持有毒品罪，毒品数量要达到一定程度才构成此罪。

《刑法》第348条：非法持有鸦片一千克以上、海洛因或者甲基苯丙胺五十克以上或者其他毒品数量大的，处七年以上有期徒刑或者无期徒刑，并处罚金；非法持有鸦片二百克以上不满一千克、海洛因或者甲基苯丙胺十克以上不满五十克或者其他毒品数量较大的，处三年以下有期徒刑、拘役或者管制，并处罚金；情节严重的，处三年以上七年以下有期徒刑，并处罚金。

容留他人吸毒罪，是指为他人吸食、注射毒品提供场所的行为。

《刑法》第354条：容留他人吸食、注射毒品的，处三年以下有期徒刑、拘役或者管制，并处罚金。

贩卖毒品罪，是走私、贩卖、制造、运输毒品罪的选择性罪名之一。已满14周岁未满16周岁的未成年人贩卖毒品的，应当负刑事责任。而对于走私、运输、制造毒品犯罪，只有达到16周岁才负刑事责任。对于被利用、教唆、胁迫参加贩卖毒品犯罪活动的已满14周岁不满16周岁的人，一般可以不追究其刑事责任。

《刑法》第347条：走私、贩卖、运输、制造毒品，无论数量多少，都应当追究刑事责任，予以刑事处罚。

走私、贩卖、运输、制造毒品，有下列情形之一的，处十五年有期徒刑、无期徒刑或者死刑，并处没收财产：

（一）走私、贩卖、运输、制造鸦片一千克以上、海洛因或者甲基苯丙胺五十克以上或者其他毒品数量大的；

（二）走私、贩卖、运输、制造毒品集团的首要分子；

（三）武装掩护走私、贩卖、运输、制造毒品的；

（四）以暴力抗拒检查、拘留、逮捕，情节严重的；

（五）参与有组织的国际贩毒活动的。

走私、贩卖、运输、制造鸦片二百克以上不满一千克、海洛因或者甲基苯丙胺十克以上不满五十克或者其他毒品数量较大的，处七年以上有期徒刑，并处罚金。

走私、贩卖、运输、制造鸦片不满二百克、海洛因或者甲基苯丙胺不满十克或者其他少量毒品的，处三年以下有期徒刑、拘役或者管制，并处罚金；情节严重的，处三年以上七年以下有期徒刑，并处罚金。

单位犯第二款、第三款、第四款罪的，对单位判处罚金，并对其直接负责的主管人员和其他直接责任人员，依照各该款的规定处罚。

利用、教唆未成年人走私、贩卖、运输、制造毒品，或者向未成年人出售毒品的，从重处罚。

对多次走私、贩卖、运输、制造毒品，未经处理的，毒品数量累计计算。

第二节 精神空虚

用吸毒排解空虚

一、案情回顾

被告人：小娜，女，汉族，1988年3月3日出生，初中毕业，已婚，无业，案发时25岁。

犯罪事实：2014年5月14日下午5时许，小娜接到其丈夫曹某电话，称其向袁某购买甲基苯丙胺片剂还差16万元，让小娜将钱汇入袁某手机发来的银行账号。当晚8时许，曹某在家中将所购买的甲基苯丙胺片剂卖给蒋某时，被公安民警抓获。当场从曹某家中搜出40包甲基苯丙胺片剂613.4克。

判决结果：法院以贩卖毒品罪，判处小娜有期徒刑14年，剥夺政治权利4年，并处罚金人民币8万元。

二、访谈面对面

小娜长得十分乖巧，看起来温柔贤惠，跟她说话的时候，她会静静地望着你，时不时地点头微笑一下，表示她在听。有时候当我们表述问题不够清楚时，她就微笑看着我们，表示耐心和鼓励。就是这样一个让人感觉十分舒服的温柔女子，却因毒品犯罪被判处14年有期徒刑，一生中不可回转的妙龄年华都将付诸监狱。

小娜出生在一个小农村，家里经济条件不太好，父母都是农民，而且家中还是四兄妹，小娜是老二，父母凭借当农民的微薄收入养活他们四个都很艰难，所以家里的日子过得比较拮据，她的哥哥、弟弟和妹妹包括她自己都没有读多少书就出去打工赚钱了。小娜初中毕业之后就外出打工，在一家玩具厂上班，之后认识了同乡曾某。曾某对她很好，自己做点小生意，两人恋爱后，小娜没在厂里上班了，曾某在外面做一些小生意，小娜就在家当家庭主妇，顺便帮丈夫打点一些杂事。经过两人的努力奋斗，两人的经济条件慢慢好起来。同时，七八年的爱情长跑之后，他们终于修成正果，结了婚。

婚后，曾某的工作越来越忙，在家里的时间越来越少，小娜总是一个人在家，而她的性格比较沉静不喜闹，所以朋友也比较少。小娜总是埋怨丈夫忙于工作而忽略她，两人为此经常吵架。一天，小娜在家中偶然发现一些袋装的白色粉末，对此起了疑心，逼问丈夫，才知道丈夫在吸毒，而且还在外面做一些毒品的交易，难怪最近丈夫总是带很多钱回来，小娜还以为是突然有了大生意。小娜发现之后很震惊，她其实知道当地有很多人都吸毒，但她没想到一向老实的丈夫也吸毒。丈夫跟她解释说，他只是跟人家谈生意的时候稍微吸一点，意思一下而已，不然人家会觉得你没诚意，他也没有上瘾，而且贩卖毒品这个事大家都在做，没什么问题的，来钱也快，等多赚一点就不做了。小娜知道这件事之后，丈夫再也不在她面前避讳这些事情了，有时候还带她出去见一些买卖毒品的客户。她接触到了更多这个层面的人，大家一起做这些事情，让小娜也慢慢觉得好像确实不是什么很恶劣的事情。渐渐地，小娜也参与到了丈夫贩卖毒品的过程中，偶尔应丈夫的请求帮他做一些汇款之类的事。甚至，在之后丈夫依旧忙碌的日子里，小娜为了排解自己的空虚，还有满足自己对于毒品的好奇，她也开始尝试毒品，一入毒品深似海，小娜再也不能摆脱毒品了，她与丈夫已经和毒品绑在了一起，很难再分开了。

14年有期徒刑，就是为此付出的沉重代价。当我们问到她对丈夫是否怨恨的时候，小娜苦笑了一下说："怨恨有什么用呢？我们有十多年的感情，他肯定是爱我的，也是为了让我们的生活过的更好，虽然是走错了路，但我相信他不是故意害我的。他自己都被判了无期徒刑，这辈子也不知道还能不能再见到他，还怨恨做什么呢？"听了这番话，更让人感到无力的心酸和难过，这样一个温暖善良的女人，却因为盲目的爱而走上歧途，这是谁也不想看到的悲剧。

三、检察官评案说法

婚后的小娜，全靠丈夫来养活，没有经济上的独立。她生活的重心也都转移到丈夫身上，丈夫就是她整个生活的核心，除此，整日在家无所事事。所以，当发现丈夫吸毒、贩毒时，虽然她也知道那是不对的、是违法的，但是与离开丈夫相比，万事都可退让。她不仅慢慢地接受了这件事情，还帮助丈夫处理贩毒方面的一些事情，如支付购毒资金、联系并给送毒品等。甚至，由于丈夫整日在外忙碌不着家，为了排解空虚，自己也开始吸食毒品。一个失去内心独立的女性，是多么可悲！

对于女人来说，人格的独立十分重要。这种独立，不仅仅是指经济上的独立，更是精神上的独立。精神独立，并非是可以不依靠任何人活着，而是所有的事情都要由自己经过独立思考之后进行选择并为自己的选择负责。精神独立的人，仍然可以过"你耕田来我织布"的日子，因为"你"和"我"都知道，要通过耕田和织布来营造一个更好的生活。我们并非不支持家庭主妇这个群体，每个家庭的组成都不容易，任何一个家庭成员都有责任来维系这个家庭，那么就必须达到工作和家庭的平衡，至于这种平衡在家庭成员中如何分配，就是每个家庭内部的事情了。这种分配对于各个家庭成员有所侧重是不可避免的，必然会有人更多地照顾家庭或者更奋力地工作。家庭主妇当然无可指责，甚至可以说牺牲更大。但即便是家庭主妇，也要保持一定程度的独立。

> 贩卖毒品，是指明知是毒品而非法销售或者以贩卖为目的而非法收买毒品的行为。
>
> 《刑法》第347条：走私、贩卖、运输、制造毒品，无论数量多少，都应当追究刑事责任，予以刑事处罚。
>
> 走私、贩卖、运输、制造毒品，有下列情形之一的，处十五年有期徒刑、无期徒刑或者死刑，并处没收财产：
>
> （一）走私、贩卖、运输、制造鸦片一千克以上、海洛因或者甲基苯丙胺五十克以上或者其他毒品数量大的；
>
> （二）走私、贩卖、运输、制造毒品集团的首要分子；
>
> （三）武装掩护走私、贩卖、运输、制造毒品的；
>
> （四）以暴力抗拒检查、拘留、逮捕，情节严重的；
>
> （五）参与有组织的国际贩毒活动的。
>
> 走私、贩卖、运输、制造鸦片二百克以上不满一千克、海洛因或者甲基苯丙胺十克以上不满五十克或者其他毒品数量较大的，处七年以上有期徒刑，并处罚金。
>
> 走私、贩卖、运输、制造鸦片不满二百克、海洛因或者甲基苯丙胺不满十克或者其他少量毒品的，处三年以下有期徒刑、拘役或者管制，并处罚金；情节严重的，处三年以上七年以下有期徒刑，并处罚金。
>
> 单位犯第二款、第三款、第四款罪的，对单位判处罚金，并对其直接负责的主管人员和其他直接责任人员，依照各该款的规定处罚。

利用、教唆未成年人走私、贩卖、运输、制造毒品，或者向未成年人出售毒品的，从重处罚。

对多次走私、贩卖、运输、制造毒品，未经处理的，毒品数量累计计算。

迷失在回家的路上

一、案情回顾

被告人：蕾蕾，女，汉族，1991年5月10日出生，初中肄业，案发时23周岁。

犯罪事实：被告人余某某、蕾蕾于2014年12月18日驾车一起来到S市一检查站，向张某贩卖500元人民币的甲基苯丙胺毒品。2014年12月19日，张某因吸毒违法行为被公安机关抓获。12月20日，张某配合公安机关抓获余某某，随后在余某某的配合下，公安机关将被告人蕾蕾抓获。经鉴定，在蕾蕾的红色皮包内缴获2包毒品，重量分别为3.17克和12.24克，2包毒品均检查出甲基苯丙胺成分。

判决结果：法院以贩卖、运输毒品罪，判处蕾蕾有期徒刑15年，并处没收个人财产人民币2万元。

二、访谈面对面

"自杀的时候，我躺在浴缸里，觉得自己就像游魂一般，孤零零地在这个世界上飘荡，却不知终点究竟在哪里。活着对我来说没什么意义，似乎只有无尽的痛苦"，蕾蕾回忆道。

外地打工辛酸苦楚谁能知

蕾蕾从农村刚到城市时，看着这个高楼林立、充满繁华气息的城市，她满心满眼都想着要努力赚钱，让在农村的继父过上好日子。念起孤单一人的继父，蕾蕾心中思念更甚。她虽然不是继父亲生的，但是继父老实本分，待她胜如亲生。这个家虽然穷，却给了蕾蕾完整的爱和愉快的童年。好景不长，14岁那年，母亲因病去世，继父也变得沉默寡言。看着颤颤巍巍下地干活的继父，蕾蕾决定前往南方打工，挣钱贴补家用。一人在外地打拼，无依无靠，由于没有学历，也没有拿手的技能，蕾蕾四处碰壁，好不容易才找到了酒店营业员这个工作。"每晚下班时，我走在街道上，觉得自己只是一个渺小得不能再渺小的异乡人，这个城市这么大，却几乎没有自己的容身之地。但是，我从来不向父亲抱怨，怕他为我担心。"

迈向婚姻幸福快乐藏心底

这一切，在有了爱情之后完全改变了。他是蕾蕾工作酒店的主管。有了他，她的喜怒哀乐，总有人能够倾听；累了倦了，总有怀抱可以依靠。层层雾霾终于褪去，蕾蕾的生活迎来一片灿烂阳光。蕾蕾总算对这个陌生的城市有了些亲切感，甚至产生了在这里扎根的想法。半年后，蕾蕾意外怀孕，很快与他结了婚。那时，她每时每刻都在盼望着宝宝的出生，设想着幸福的未来。听闻老公有创业的想法，蕾蕾全力支持，辞了工作全心全意地做家庭主妇，还把自己所有的积蓄都拿了出来。蕾蕾的性格有些内向，朋友不多，结婚后更是一心投入到照料宝宝和老公的日常生活上，与朋友的联系更少了。虽然她的生活一直围绕着家庭打转，几乎没有了个人时间；老公创业还未成功,日子也过得紧巴巴的,但是在这个小窝里她感到无比的幸福。

婚姻危机挫败绝望何以解

蕾蕾21岁那年,老公的生意有了起色,工作也越来越忙,由于平日里鲜少见到老公的身影,她有点寂寞。她想让老公多陪陪自己,但是想到他在外辛苦地挣钱养家,就开不了口。直到看见自己的老公在办公室里搂着年轻漂亮的公司前台小姐,蕾蕾才发现自己的体贴和懂事不过就是个笑话。让她更受打击的是,老公并没有承认自己的错误。他甚至认为是蕾蕾在无理取闹,是蕾蕾不再像以前一样体贴温柔。蕾蕾无法接受,想和他好好谈谈,每一次却都是以吵架收尾。离婚似乎变成了唯一的选择,但蕾蕾很快就打消了这个念头。这四五年,蕾蕾几乎与社会脱节,衣食住行全都依靠老公,她已经无法或者说不敢独自生活;而且,这个家就是她的一切,失去了这个家,她不知道该如何活着。蕾蕾只能忍耐,但是,她的忍耐换来的却是丈夫的肆无忌惮。

蕾蕾彻底绝望了,开始盘算着未来,可就在这时,却发现自己又怀孕了。孩子的到来让蕾蕾对生活燃起了一丝希望,她甚至重新开始幻想着丈夫回心转意。蕾蕾怀孕期间,丈夫回家的次数多了起来,也腾出了几分心思照顾蕾蕾。蕾蕾以为,这就是丈夫回心转意的征兆。她万万没有想到,儿子出生后,丈夫又故态重演,甚至变本加厉。这些让她痛苦不已,只有毒品才能帮助她暂时地麻痹自己,忘掉一切。"这东西是我之前同事推荐给我的,我知道她和她的丈夫都是瘾君子,顺道卖卖零包,我就是他们盯上的客户,但是我不在乎。"儿子出生前,在他们的引诱下,她尝过一次,觉得滋味儿并没有想象中那么好,"我后来又试了几次,觉得滋味儿变好了,至少可以暂时帮我忘却他,忘却这糟糕透顶、令人绝望的人生",蕾蕾回忆道。

身陷囹圄新仇旧恨随风散

蕾蕾与朋友来往得越来越频繁，自然也认识了其他毒友，交往圈子慢慢大了起来。她越来越喜欢和这些人相处，因为与她们在一起，就不用想那些糟心的事情，大家聚在一起，不过是醉生梦死。与她们混熟了之后，朋友及其丈夫余某也会请她顺路带些货给其他人，量不多，都是零星散包，不过是供个人吸食。蕾蕾觉得，这不过是举手之劳，每次都欣然答应。这一次，余某再次邀请蕾蕾出去，给朋友张某送点货，顺便介绍他给蕾蕾认识。蕾蕾觉得反正丈夫也不着家，不如出去和朋友一起享受，于是便同意了。"其实当时有点和他赌气的意思，就是想证明没了他，我一样能过得很好，现在想想自己真的太幼稚了"，蕾蕾苦涩地说着。她没有想到，这一次交易将她彻底拉入了深渊。

蕾蕾像是做了一个噩梦，直到在看守所中与丈夫再次相见，才清醒过来。那一瞬间，她想到了自己还在襁褓中的孩子，将自己视如亲女儿的婆婆，还有家中年近古稀的继父，一张张脸在她的脑中不断回旋，她突然意识到，自己错得离谱，却永远无法回头。曾经的不满、愤懑、绝望在几年的光阴中慢慢淡去，蕾蕾学会了担当、理解和责任，变得更加成熟和理智。关于未来，蕾蕾想了很多，她说："出去之后先做好两件事：一是得到婆婆的谅解；二是找份工作，好好照顾自己的孩子和继父，弥补这几年对他们的亏欠。我觉得能把这两件事情做好，就已经是成功了。"

三、检察官评案说法

自卑、敏感是蕾蕾性格中最突出的部分。"如果在以前，我是绝对不会和你们坐在一起说话的。因为我觉得自己文化水平不如你们，会被你们笑话"，蕾蕾这样说着。无论是在家乡还是在外地，蕾蕾固执地将自己限制在一个固定的社交圈子里。在与丈夫的感情关系中，蕾蕾同样把自己放到了一个与丈夫不对等的位置上，认为自己应该为丈夫牺牲，应该全力博取丈夫的好感以防他抛弃自己，却独独没有想过自己可以成为一个独立的女性、独立的母亲，无须靠丈夫的怜悯和施舍。蕾蕾的自卑与敏感源自穷苦的生活环境和不健全的家庭，外来务工人员所感受到的孤独感和异质感又加剧了这种自卑心理。

外来务工女性大多来自贫穷、偏远的农村，文化程度一般较低，由于与外界接触较少，思想观念仍然处于封闭保守状态，缺乏适应新社会环境的能力。当她们从农村踏入城市生活的瞬间，生活方式、思想观念、紧张程度等方面形成巨大反差，从而产生不适感；相当一段时间内难以对城市产生心理上的认同感和归属感，无法找到自己真正的归处；加之知识水平和技能所限，外来务工女性往往只能从事一些体力劳动，较低的收入水平和社会地位将她们推向城市的边缘。

蕾蕾就是外来务工女性中的典型代表。为了生计，她卑微地在这个城市劳动着，没有亲人，也很难找到老乡，唯一的依靠便是工作中的朋友。所以遇见现在的丈夫时，她倍加依赖。成为全职太太后，蕾蕾将自己完全局限在家庭中。当失去最为看重的爱情和家庭后，蕾蕾作出的反应是自杀、吸毒，以逃避现实。而在吸毒后，蕾蕾交际圈慢慢扩大，在吸毒这个群体中重新获得了归属感和自我认可，帮助她从与丈夫糟糕的家庭关系中走出来，获得了一定程度上的解脱，殊不知正是这种行为将她拉入了深渊，让她付出了十五年的代价。

在监狱里，蕾蕾学着改变，学着反思。在电话中听到儿子第一次开口叫妈妈时，蕾蕾泪如雨下。她突然意识到，曾经的自己太自私，忽视了一个做母亲的责任。虽然，她对未来依然迷茫，但却清楚地意识到了做母亲的责任。我们希望蕾蕾通过不断的努力，能够走出人生低谷，获得家人的原谅和认可，开始新的生活。

贩卖、运输毒品罪是走私、贩卖、制造、运输毒品罪的选择性罪名之一。已满14周岁未满16周岁的未成年人贩卖毒品的,应当负刑事责任。而对于走私、运输、制造毒品犯罪,只有达到16周岁才负刑事责任。对于被利用、教唆、胁迫参加贩卖毒品犯罪活动的已满14周岁不满16周岁的人,一般可以不追究其刑事责任。

《刑法》第347条:走私、贩卖、运输、制造毒品,无论数量多少,都应当追究刑事责任,予以刑事处罚。

走私、贩卖、运输、制造毒品,有下列情形之一的,处十五年有期徒刑、无期徒刑或者死刑,并处没收财产:

(一)走私、贩卖、运输、制造鸦片一千克以上、海洛因或者甲基苯丙胺五十克以上或者其他毒品数量大的;

(二)走私、贩卖、运输、制造毒品集团的首要分子;

(三)武装掩护走私、贩卖、运输、制造毒品的;

(四)以暴力抗拒检查、拘留、逮捕,情节严重的;

(五)参与有组织的国际贩毒活动的。

走私、贩卖、运输、制造鸦片二百克以上不满一千克、海洛因或者甲基苯丙胺十克以上不满五十克或者其他毒品数量较大的,处七年以上有期徒刑,并处罚金。

走私、贩卖、运输、制造鸦片不满二百克、海洛因或者甲基苯丙胺不满十克或者其他少量毒品的,处三年以下有期徒刑、拘役或者管制,并处罚金;情节严重的,处三年以上七年以下有期徒刑,并处罚金。

单位犯第二款、第三款、第四款罪的，对单位判处罚金，并对其直接负责的主管人员和其他直接责任人员，依照各该款的规定处罚。

利用、教唆未成年人走私、贩卖、运输、制造毒品，或者向未成年人出售毒品的，从重处罚。

对多次走私、贩卖、运输、制造毒品，未经处理的，毒品数量累计计算。

第三节　交友不慎

"美丽"人生

一、案情回顾

被告人：逸凡，女，汉族，1991年5月22日出生，小学毕业，案发时20周岁。

犯罪事实：2011年11月，受被告人张某某指使，被告人逸凡前往缅甸，以体内藏毒的方式，从缅甸走私毒品麻果2000余颗（180余克）回到H省，事后张某某支付给逸凡4000元。

判决结果：法院以走私毒品罪，判处逸凡有期徒刑9年，并处罚金1万元。

二、访谈面对面

见到逸凡是在一个温暖的午后。接连几天都在与涉毒犯罪的服刑人员谈话，心情一直很沉重，这天秋日的暖阳使我们感到些许轻松。然而逸凡的到来却又一次使我们难以轻松起来。她看起来十分紧张，甚至有些胆怯。整个访谈过程中，逸凡坐在那张小小的凳子上，双手交叉环抱着双臂，紧紧地贴在胸前，整个人都缩到了一块，像是很冷的样子。这种自我防御型姿势，表明行为人极度缺乏安全感和自信心，对我们也有所防备。逸凡在叙述她的故事时，对于一些细节有所隐瞒，甚至三缄其口。我们知道，逸凡试图隐瞒一些事实，但是考虑到给予被访谈者尊重和空间的需要，我们没有深究，开门见山地问道："为什么吸毒？""为了减肥吧，很多女孩都是为了减肥才去碰这个东西的"，逸凡苦笑着说道。

童年阴影

亲生父母对逸凡来说一直是个谜团。她的亲生母亲在她三个月大时便离家出走，再也不曾回来。逸凡不知道母亲为何离家出走，也不清楚朝夕相处的父亲究竟是做什么的，她唯一知道的就是父母属于老夫少妻，年龄差距非常大。小时候，逸凡每隔半年或者一年就要搬一次家，转一回学，因此，她没交到什么朋友，成绩也不怎么好。父亲几乎不怎么管教她们，每天早上都默默地将钱放在饭桌上，然后悄无声息地出去。父亲似乎意识到这样对兄妹俩不太好，于是便在逸凡11岁时娶了一个女人进门，负责照顾兄妹俩。谁曾想，这才是噩梦的开始。继母带了4个子女与他们一同生活，这给兄妹俩带来了极大的心理压力。父亲在家的时候，继母总是表现出非常疼爱兄妹俩的样子，一旦父亲不在家，继母便使尽招数对付她们。继母从不打他们，只是时不时地给他们准备冷的、不新鲜的饭菜，时不时在他们面前对其亲生母亲冷嘲热讽，更有甚者，克扣两人的零花钱贴补自己的孩子。而这一切自然不会被不常回家的父亲发现，逸凡也从不曾和父亲抱怨过。

赌气离家

小学毕业后，逸凡被父亲扔在武术学校待了三年，毕业后，她开始在制衣厂做学徒。工作很辛苦，但好歹有了收入，能够独立养活自己。逸凡觉得自己终于可以任性地活出自己的样子，于是开始夜不归宿地和工友一起去泡吧、去溜冰场玩，整日整夜不见人影。哥哥发现逸凡夜不归宿，长年累月混迹在网吧这种地方，担心妹妹会被其他人带上歧路，于是开始管束逸凡。逸凡年轻气盛，又对这个家厌恶至极，哪里听得进去他的管教？她开始离家出走，一个星期都不回家一趟。哥哥被妹妹这种举动激怒了，逮到她打了一顿，没想到这一顿把逸凡彻底打跑了。逸凡心怀委屈，觉得这个家里已经没有了她的容身之处，一气之下跟着朋友南下打工。在外的日子一点都不好过，孤独和寂寞充斥着逸凡的内心，其中还夹杂着对父亲与哥哥的思念。但是，逸凡憋不下心中那口气，依然放不下面子打电话回家。三年一晃而过，曾经的事情就如过往云烟，消散在微风中。"近乡情怯"的逸凡却越来越不敢拨通家里的电话，但是回家的心思却一天比一天迫切。这一次，她暗下决心，终于拨通了那个在心中默念了无数遍的电话号码。

为美吸毒

　　三年未曾回家的逸凡终于踏上了返乡的旅程，回想着那天电话里父亲焦急的语气，感受着父亲恳求她回来的迫切之心，逸凡第一次感到，家是这么温暖的词汇。三年，家里的情况改变了很多，父亲早已和继母离了婚，哥哥也已经开始工作。虽然家里没了以前的糟心事，但是父亲和哥哥并不经常在家，很快逸凡就觉得无聊了。于是，逸凡又把和她玩得很好的表姐约了出来。没想到，几年没见，表姐大变样子，瘦了很多，整个人也因此好看了几分。逸凡一直想减肥，于是盯着表姐要独门秘籍。表姐介绍张某给逸凡认识，声称药都是从他那里拿过来的。看着装在小袋子里的红色颗粒，逸凡心中有点疑惑，觉得这似乎不像平常的减肥药。表姐和她说："这东西其实不是减肥药,不过减肥效果特别好,滋味儿也不错,你试试。"逸凡好奇心一下子上来了,她知道表姐一向时尚,之前也是她带着自己学会抽烟、泡吧之类的新型娱乐方式,使她不至于像个土包子一样什么都不懂。于是,逸凡大着胆子试了试,在吸食后她产生了幻觉,并且在很长时间里都保持着非常兴奋的状态,精神力很足,却没有进食的欲望。逸凡觉得这东西的滋味儿很不错,于是便大着胆子又试了几次。逸凡模模糊糊地意识到这东西是毒品,不过它的减肥效果确实立竿见影,所以她并没有特别在意。

后来,逸凡从毒友的口中才得知这东西叫作麻果,是毒品的一种,不过逸凡并不觉得这东西像传说中的毒品那么可怕,至少她觉得自己并没有上瘾。她吸食的频率并不高,最多半个月玩一次,有时甚至一两个月都不碰一次。她认识了很多圈子里的人,很多都是和她差不多大的女孩,她们都是抱着减肥的目的才开始尝试毒品。在互相介绍下,逸凡了解到冰毒"减肥"的效果更好,于是又开始尝试"溜冰"(即吸食冰毒)。"当时,我也没有工作,主要是我自己不想去找,我爸和我哥把我当宝似的宠,也不会让我去找工作。我觉得无聊,就经常和她们出去玩,喝酒、'溜冰'什么都来",逸凡回忆道。时间久了,逸凡成功地瘦了一大圈,与此同时,却发现自己似乎对麻果上了瘾。无聊的时候,或者看到其他人吸食时,逸凡便会心里痒痒的,忍不住来一口。于是,逸凡愈发频繁地向张某购买毒品,由于张某想要追求逸凡的表姐,所以对逸凡非常大方。

为钱运毒

曾经与逸凡上过同一个武术学校的男生对她展开了猛烈攻势,逸凡第一次体会到爱情的美好,为了和他一起过正常的日子,逸凡决定在他知情前将毒戒掉。她想开一家服装店,却苦于手中没有本金。父亲和哥哥显然不可能有这么多的钱,她自己则一分积蓄也没有。她突然想到,张某做毒品的生意,手中应该有不少钱,于是打算去找张某借钱。张某听明白了逸凡的来意,对逸凡坦白手中没有这么多钱,但是他可以给逸凡提供搞钱的路子。逸凡隐约知道张某所说的路子是什么,心里却不断安慰自己:"就做几次,把做生意的本金赚到手,以后就和这个人、这东西彻底断个干净。"在张某多次向她保证旅途绝对没有危险后,逸凡才和另外一个女人踏上了去缅甸运毒的不归路。在狱中,逸凡听到父亲提起他的表姐,这才知道表姐怀孕了,但是孩子被检查出有问题,家里人一直质问孩子的父亲究竟是谁,表姐不知道经历了什么,死活不松口,最后因为承受不了打击,进了精神病院。逸凡的心中一阵阵地发冷,想着表姐的遭遇,看着满头华发的父亲,逸凡留下了悔恨的泪水。

"这怪不了谁。我现在只盼望着能早日出去,好好照顾父亲,珍惜自己的每一分每一秒"。年近80岁的老父亲第一次探望逸凡时泪如雨下,不断地对她说着抱歉。看着年逾古稀的父亲,逸凡总算醒悟过来,开始了漫长的自我悔恨与自我责难。逸凡知道,这一次,时间会比三年更久,她不知道,垂垂老矣的父亲是否还再等得起这三个三年,等到她出狱的那天?

三、检察官评案说法

在逸凡的潜意识中,早就知道这些东西是毒品,只不过为了美丽,她一直在自欺欺人。或许"为了减肥"也不过是她为了掩饰吸毒而编造的冠冕堂皇的理由。访谈时,逸凡非常冷静地说道,"其实,很多女孩子都是为了减肥去吸毒的,因为效果确实很好"。利用毒品减肥这种行为的危害性无疑于饮鸩止渴。为了美而吸毒,为了钱而运毒,这种种行为背后隐藏的是盲从与无知、是自欺欺人。

不良交往在逸凡走上犯罪道路的过程中发挥了极为重要的作用。最初,逸凡是在表姐的带领下学会抽烟、泡吧,并享受其中;而后,表姐又抓住了女性想要"变美"的心思，引诱对毒品缺乏充分辨识能力的逸凡吸毒；随后，又在朋友介绍下，得知吸食冰毒的减肥效果更好，于是又开始"溜冰"；最后，逸凡在张某的鼓动下，才选择了运毒这样的方式获取本金。在所谓"朋友"的引导下，逸凡一步一步从吸毒走上运毒的不归路。

当然，逸凡自身的人格缺陷、对法律的无知，是她走上犯罪道路的真正原因。逸凡人格的缺陷体现在没有一定的认知能力和辨识能力，缺乏相应的自我控制能力和自我约束能力，更没有树立正确的价值观和人生观。如对表姐充满感激和崇拜，跟着表姐养成不良习惯；对未知的事物不是保持足够的警惕心，反而因为好奇心驱使轻易尝试；盲目轻视毒品的危害性，竟然为了所谓"减肥"吸食毒品；在决定开启新生活时，不是下定决心远离毒友，反而为了搞钱，明知违法却因为利益驱使选择铤而走险贩毒。

逸凡的案件再次告诫我们：无论何种心理，都不可沾染毒品。更不能抱着侥幸心理，实施贩毒、运毒等犯罪行为。要知道天网恢恢，疏而不漏。

走私、贩卖、运输、制造毒品罪包括四种行为，走私毒品是指非法运输、携带、邮寄毒品进出国（边）境的行为；贩卖毒品是指有偿转让毒品的行为；运输毒品是指采用携带、邮寄、利用他人或者使用交通工具等方法在我国境内转移毒品的行为；制造毒品是指使用原材料而制作成原材料以外的毒品的行为。走私、贩卖、运输、毒品罪是选择罪名，不仅侵害了国家对毒品的管理制度，更侵害了作为社会法益的公众健康。

《刑法》第347条：走私、贩卖、运输、制造毒品，无论数量多少，都应当追究刑事责任，予以刑事处罚。

走私、贩卖、运输、制造毒品，有下列情形之一的，处十五年有期徒刑、无期徒刑或者死刑，并处没收财产：

（一）走私、贩卖、运输、制造鸦片一千克以上、海洛因或者甲基苯丙胺五十克以上或者其他毒品数量大的；

（二）走私、贩卖、运输、制造毒品集团的首要分子；

（三）武装掩护走私、贩卖、运输、制造毒品的；

（四）以暴力抗拒检查、拘留、逮捕，情节严重的；

（五）参与有组织的国际贩毒活动的。

走私、贩卖、运输、制造鸦片二百克以上不满一千克、海洛因或者甲基苯丙胺十克以上不满五十克或者其他毒品数量较大的，处七年以上有期徒刑，并处罚金。

走私、贩卖、运输、制造鸦片不满二百克、海洛因或者甲基苯丙胺不满十克或者其他少量毒品的，处三年以下有期徒刑、拘役或者管制，并处罚金；情节严重的，处三年以上七年以下有期徒刑，并处罚金。

单位犯第二款、第三款、第四款罪的，对单位判处罚金，并对其直接负责的主管人员和其他直接责任人员，依照各该款的规定处罚。

利用、教唆未成年人走私、贩卖、运输、制造毒品，或者向未成年人出售毒品的，从重处罚。

对多次走私、贩卖、运输、制造毒品，未经处理的，毒品数量累计计算。

"关系好就帮他发信息呗"

一、案情回顾

被告人：小乐，女，汉族，1993年1月14日出生，高中毕业，开店，未婚，案发时20岁。

犯罪事实：2013年3月底，阿文从外省购得甲基苯丙胺约7000克，并通过被告人小乐联络，安排李某跟车，将剩余毒品放入车内运至C省卖给"飞哥"。当车行至A高速S省方向火村收费站时，被伏击的公安民警人赃并获。李某归案后带领公安民警于当日9时许指认并抓获被告人阿文，阿文归案后，当即带领公安民警到小乐租处将小乐抓获。

判决结果：法院以贩卖运输毒品罪，判处小乐有期徒刑15年，并处没收个人财产人民币2万元。

二、访谈面对面

面前这个女孩与我们交谈时，脸上一直带着微笑，基本有问必答，丝毫不避讳以前发生的事情，还不时咨询一些法律问题。但我们从她看似淡定从容的笑容中，仍能看出一丝丝无奈和茫然。

我们一直很惊讶，一个才20岁出头，正处于花样年华的少女，到底是什么原因使她走上犯罪之路，被判处15年有期徒刑？谈话从她的成长经历开始。

早熟少女离家闯荡

小乐是独生女，父母感情很好，虽说家庭并不是很富裕，但也可以说是衣食无忧。高中时，她是艺术特长生，学画画，成绩还不错，老师们也很喜欢她，都觉得她应该能考一个比较理想的大学。可是早熟的小乐当时觉得父母做生意非常辛苦，尤其是母亲，长年在外，自己不仅不能孝顺父母，还要花父母的大量资金读书，如果考上了大学，那就还要读四年书，父母又得更加辛苦的工作几年了。如此想着自己心里愈发不好受，于是便退学了。父母虽然希望她能够读大学，但她执意如此，只好随她去了。

退学后，在家乡的酒店做了一段时间迎宾员，之后觉得挣钱太少，又听表哥说S省那边好挣钱。于是，2008年在父母不同意的情况下，她和表哥两个人来到了S省。在S省租了一个房子住，便开始找工作。小乐是艺术生，除了画画也没有其他技术，找了很久也没有找到好的工作。一天看到了一家服装店门面转让，她借钱把这个门面承包了下来，自己当起了老板，也与该服装店的钱老板成为好朋友。随着与钱老板越来越熟，小乐慢慢结识了越来越多的朋友。小乐脑子其实还挺灵活的，这原本死气沉沉快要倒闭的服装店竟被她盘活了，还能挣不少钱。

误入歧途迷双眼

小乐和钱老板经常一块出去玩。渐渐地，小乐发现钱老板吸毒，不仅如此，钱老板的朋友们几乎都吸毒。小乐高中毕业，文化程度并不算太低，但由于社会经验少，比较单纯善良。在刚来到S省这个陌生的环境时，孤独与寂寞占据了她的大部分生活，而现在，"朋友们"待她很好，令她感到久违的温暖。她知道吸毒对身体不好，但认为这是他人的事情，与自己无关，自己无权干涉他人的生活，也不想去坏了别人的雅兴。自己能够独善其身不吸毒就好了。可她不知道当她越融入这个圈子，她也就越危险，以致到后来她认为自己不吸毒是朋友中的异类，她很害怕自己的朋友会因为自己"不正常"而疏远她。再加上她对这个东西也有一点点的好奇，于是也就和这些人一起吸食冰毒了。开始，她认为自己的生活也没有太大变化，反而和朋友们有了更多的时间一起玩耍、有了更多的话题，自己的身体也没有对毒品产生依赖，吸不吸完全可以自己控制。小乐没有放纵自己整天寻欢作乐，只有开 Party 的时候会用来助一下兴，每天也还是悉心经营自己的服装店。她还认识了一位日本人，后来发展成了男女朋友关系，小乐感觉在 S 省的一切都是那么顺利、那么美好。此时的她完全没有意识到，自己美好的生活，即将发生翻天覆地的变化。

"举手之劳"害一生

一次偶然，在她们举办的 party 上，阿文（小乐要好的男性朋友）主动找到小乐请她帮个忙，用小乐的手机帮他发一条信息给另一个人，信息的内容是一张银行卡的号码。小乐当时觉得这个事情很简单，而且因为她每次吸食的毒品大都是阿文他们提供的，所以觉得帮他忙是理所应当的。她二话不说就把信息发过去了。后来，阿文便开始频繁找她帮忙，事情也都简单，大多都是用小乐的手机给另一个号码发去一个银行卡账号的事，也有一次是帮阿文去银行取钱给另一个人。单纯善良的小乐开始并没有发觉什么，可是久而久之，她便产生了怀疑，于是跑去问阿文你们究竟在做什么。阿文也没有特意要瞒着小乐，如实告诉她这是给毒品买家发的信息，发去银行卡号就是为了让买家给这个账号汇钱，还有那一次让她去取的钱也是买家汇的钱。小乐听后又惊讶又害怕，自己虽说读书不多，可也知道贩卖毒品是犯罪啊，于是赶紧劝阿文收手，可是阿文恳求小乐说只做最后一笔大单了，求她看在朋友的情面上帮他最后一次，这单之后再也不做了，从此就金盆洗手不干了。小乐心地善良，又顾及朋友情面，没多想就帮他发了最后一次信息，就是这次，事情败露了。阿文派遣的司机在 S 省运输毒品的时候被警察抓获了，共查获了 7000 克的毒品，司机把阿文供出来了，然后顺着通话记录找到了她。

被抓之后，她觉得自己又没做什么，应该也没什么事，就把自己知道的都说了出来，当然也包括前几次自己在不知情的情况下帮助阿文贩卖毒品的事，最后被判了 15 年有期徒刑。

三、检察官评案说法

小乐的无知和"善良"不免让人惋惜，明明知道帮助毒贩联系卖家就是贩卖毒品的行为，她却认为自己只是为了帮朋友一把。最终，她为自己不分好坏的"善良"付出了整整 15 年的代价。

小乐的犯罪原因，有个人内部原因，也有外部环境原因。首先是交友不慎，误入了毒品这个圈子，从而走上吸毒进而贩毒的道路。小乐本可以选择不进入这个圈子、远离这个圈子，她至少应该这样做。如果她思想觉悟再高一点的话，她应该向有关部门举报身边这些违法事情，可是她没有。她接受了这个圈子，并且一开始以不闻不问的态度融入了这个圈子，接着又以改变自己的方式去博取这个圈子的认同。因为孤独需要朋友，于是她选择了这个圈子。

外部环境充其量只是诱因，真正的犯罪原因，还是个人内部原因。大多数青少年犯罪人并不尊奉犯罪本身，更有甚者，他们认为犯罪行为在道义上是错的，并且认为自己有使罪情减轻的情节，因此他们的犯罪行为是"无辜的"。本案中的小乐，她并不尊崇犯罪本身，也认为犯罪行为是错的，那她为什么还是选择犯罪呢？因为她认为自己的行为——帮助阿文发信息不算犯罪行为，更准确地说，是不算很严重的犯罪行为，性质极其轻微。这种想法让她在潜意识里认为自己有使罪行减轻的情节，并由此相信自己是"无辜的"。而且前几次事情未败露增强了她的这种否定责任的感觉。正如她自己所说，如果早一点认识到会是这么严重的后果，她哪能因顾朋友情面，而去做犯法的事情。

> 贩卖、运输毒品罪是走私、贩卖、制造、运输毒品罪的选择性罪名之一。已满14周岁未满16周岁的未成年人贩卖毒品的，应当负刑事责任。而对于走私、运输、制造毒品犯罪，只有达到16周岁才负刑事责任。对于被利用、教唆、胁迫参加贩卖毒品犯罪活动的已满14周岁不满16周岁的人，一般可以不追究其刑事责任。
>
> 《刑法》第347条：走私、贩卖、运输、制造毒品，无论数量多少，都应当追究刑事责任，予以刑事处罚。
>
> 走私、贩卖、运输、制造毒品，有下列情形之一的，处十五年有期徒刑、无期徒刑或者死刑，并处没收财产：
>
> （一）走私、贩卖、运输、制造鸦片一千克以上、海洛因或者甲基苯丙胺五十克以上或者其他毒品数量大的；
>
> （二）走私、贩卖、运输、制造毒品集团的首要分子；
>
> （三）武装掩护走私、贩卖、运输、制造毒品的；
>
> （四）以暴力抗拒检查、拘留、逮捕，情节严重的；
>
> （五）参与有组织的国际贩毒活动的。
>
> 走私、贩卖、运输、制造鸦片二百克以上不满一千克、海洛因或者甲基苯丙胺十克以上不满五十克或者其他毒品数量较大的，处七年以上有期徒刑，并处罚金。

走私、贩卖、运输、制造鸦片不满二百克、海洛因或者甲基苯丙胺不满十克或者其他少量毒品的，处三年以下有期徒刑、拘役或者管制，并处罚金；情节严重的，处三年以上七年以下有期徒刑，并处罚金。

　　单位犯第二款、第三款、第四款罪的，对单位判处罚金，并对其直接负责的主管人员和其他直接责任人员，依照各该款的规定处罚。

　　利用、教唆未成年人走私、贩卖、运输、制造毒品，或者向未成年人出售毒品的，从重处罚。

　　对多次走私、贩卖、运输、制造毒品，未经处理的，毒品数量累计计算。

我错误地估计了自己

一、案情回顾

被告人：小霞，女，汉族，1993年12月14日出生，高中文化，无业，未婚，案发时20岁。

犯罪事实：2014年6月5日至11日期间，小霞在某宾馆G房间，先后容留4人吸食毒品。2014年6月11日8时许，因对被害人陈某心生不满，小霞遂伙同他人预谋劫取陈某的财物。由张某邀约外号叫"夹板"的男子，到小霞所在的G房间，假意持刀威胁小霞等人，趁机抢走陈某一部苹果5S手机。小霞及黄某、"夹板"销赃得款3000元。

判决结果：法院以容留他人吸毒罪，判处小霞有期徒刑6个月，并处罚金人民币1000元；以抢劫罪，判处其有期徒刑2年9个月，并处罚金人民币3000元。决定执行有期徒刑2年10个月，并处罚金人民币4000元。

二、访谈面对面

初见小霞，给人印象是初出茅庐的女大学生，少不更事。她也并不像其他女犯那样沉闷，回答问题时表现得很轻松，或许是因为她是"90后"的缘故，整个访谈过程进行的很愉快，交流基本不存在障碍。

访谈者：小霞，你好！我们今天来是想找你了解一下关于你的一些情况，可以吗？

小霞：哦，好的。

访谈者：你别站着了，我们坐下说吧，不用太拘束，就像平时聊天一样。

小霞：不用了，谢谢。我劳动的时候都是坐着，现在想站一会儿。

访谈者：可以大致介绍一下你自己吗？

小霞：我叫小霞，今年22岁，2014年因为容留他人吸毒还有抢劫被抓，被判处有期徒刑2年10个月，后来就到了这里。

访谈者：方便说一下你的家庭情况吗？

小霞：我家里一共三口人，爸爸妈妈和我，爷爷奶奶没和我们一起，他们单独住。我爸妈以前在同一个单位上班，后来觉得单位事务比较清闲而又烦琐，就都辞职了，两个人便一起创业。现在爸妈租了厂房，共同经营着一家小型的粮食机械加工厂，厂里还雇了20余名工人。总体来说，家庭条件还蛮不错，根本不用为吃穿发愁；爸妈关系挺好的，我妈人比较可爱，老爸非常爱我妈，比较宠爱她。

访谈者：看来你的家庭挺幸福的啊，你平时学习怎么样？

小霞：我上小学和初中的时候成绩很不错，我的奖状都贴满了我家的墙壁，并且在班上一直都是担任班长。我从小性格就比较活泼，无论和男同学还是女同学都玩的很好，不过有时候玩得有点过头，也会遭到老师批评。到了高中之后，玩心越来越大，慢慢地对学习没了多大兴趣，成绩也就开始滑坡。

访谈者：到了高中怎么就没兴趣学习了呢？

小霞：我高中没有住在家里，也没有住校，而是在学校附近租房住，方便上学。住在校外比较自由，爸妈忙于工作，爷爷奶奶又管不住我，那个时候还和一个男生谈恋爱，心思没放在学习上，所以就没怎么搞学习。高二分科之后，就开始逃课。爸妈给我学艺术的钱，都被我用来玩、逛街、看电影、上网、吃饭、打麻将啦。

访谈者：你在学校谈恋爱，家里人知道吗？

小霞：知道，我跟我爸妈说过。我家里人都还蛮喜欢他的，只是当时年龄都太小，所以也就没当回事。那个男生对我挺好的，后来去当兵了。

访谈者：我们来之前看过你的资料，你有吸毒的习惯，是跟那个男生学的吗？

小霞：不是的，那个男生对我吸毒甚至后面犯罪没有什么影响。吸毒是我高一的时候和高中同学聚会时沾上的。

访谈者：你的高中同学都吸毒吗？他们是什么时候开始吸毒的你知道吗？

小霞：是的，他们读初中的时候就开始玩那玩意儿，主要是麻果，所以一直以来，我对毒品不是很陌生。

访谈者：为什么想到去吸毒呢？

小霞：上大学之后觉得自己长大了，自己有能力安排自己的生活，何况一起玩的几个朋友都吸毒，所以我跟着他们一起玩。

访谈者：他们怂恿过你吸毒吗？

小霞：怂恿倒没有，大家在一起都是自愿的。

访谈者：你们一般都在哪里吸毒啊？

小霞：地点一般是在家里或者宾馆，主要是宾馆。

访谈者：你平时都是和你这些高中同学玩吗？

小霞：是的，我上大学也就在市里，虽然住校，但是经常往家跑。我和我的大学同学们玩不到一块去，他们太土啦，所以我一般都是和高中同学玩的比较好。

访谈者：容留他人吸毒是怎么回事呢？

小霞：其实就是我在一个宾馆开了一个房间，然后叫几个朋友一起在房间里吸毒。

访谈者：你吸毒这个事儿，学校没有发现吗？

小霞：学校一开始并不知道，事发了才知道，后来我就被开除学籍。就这事还被我们当地新闻报道过，搞得沸沸扬扬的。

访谈者：家里人知道你吸毒吗？

小霞：他们也不知道。

访谈者：染上毒品之后自己有什么变化吗？

小霞：染上这玩意儿之后自己的思想开始发生了变化，我发现我变得比以前更计较了，想法变得很偏激了。

访谈者：你们只是自己吸，有转卖给别人吗？

小霞：没有，我们都是自己拿货，50元1克，然后就开房吸毒，房费一般都是大家平摊，没有转卖过。

访谈者：那你们当中有戒掉毒品的吗？

小霞：有一个女生，她在她男朋友的劝告下戒掉了，后来就没有再参与我们，或许是因为爱情的力量吧。她也劝过我，可是我没听她的，不让她管我的事。

访谈者：那后来怎么会发生抢劫呢？

小霞：这个说来话长。我们其中有个叫陈某的，他本来是我哥哥的同学，一来二往大家就认识了。有一次，他找我借3000块钱，因为是哥哥的朋友，所以就答应了。我记得我是一个星期内分三次借给他的，没有打借条。他也一直和我们一块玩，也吸毒，但是后来他一直没给我还钱，那天我开房他也跟着过来了，赶也赶不走，我就很气不过，便想着既然找他要不到钱，我就来硬的。我和其他几个朋友秘密商量好，又另外通知了一个朋友，让其扮演抢劫犯，我们几个在宾馆的人扮演被抢的人，但是呢，说好只抢陈某的。后来，秘密谋划好了之后，就开始实施啊。那个扮演抢劫犯的朋友还拿了一把刀按照约定的时间来到宾馆房间，抢走了陈某的一部苹果5S手机，事后我们把手机卖了，共计 3000 块钱。

访谈者：读大学以来爸妈每个月给你很多生活费吗？还借给人家 3000 块。

小霞：我呢，平时不缺钱用，我手上没钱了就问爸妈要啊。我一次最多可以向家里要 5000 块钱。我平时如果要买衣服，爸妈也会给 1000 多到 2000 块钱的样子。

访谈者：来到监狱之后有什么感觉吗？

小霞：进来之后看清了很多事情，我以前不太听妈妈的话，现在懂得听话了。刚来这里的时候还有点不适应，不过感觉这里的人跟外面的人其实都一样，马上要过春节了，这里还有春节联欢晚会，我还报了节目，现在慢慢都适应了。来到这里之后，隔绝了我和毒品的联系，现在生理上对毒品的依赖已经减弱了很多。因为我的刑期不是很长，所以我也并不刻意去追求减刑，或许对我来说坐牢是件好事，不仅让我学到很多东西，还可以利用这段时间戒掉毒瘾。

访谈者：事发后爸妈对你是什么态度？

小霞：爸妈当然是心疼啊。他们给我请了律师。他们希望我在监狱每天都要开开心心的，其他不做要求。

访谈者：出去之后有什么打算吗？

小霞：我从小就想当老板，不想给别人打工。出去之后，还是先听爸妈安排吧，我自己蛮想开个美容院的。当然，出去之后最重要的是绝对不再碰毒品了，这个不仅伤害自己，也伤害爸妈，对一个家庭的伤害太大了。

三、检察官评案说法

小霞的讲述让我们看到了她是怎样一步步被身边的朋友带坏、被毒品吞噬的。中学时代的她或许由于害怕而没有触碰毒品，但是随着时间的推进，无知和冲动战胜了她内心的恐惧感。虽然她说身边的朋友没有怂恿，都是自愿的，但仅仅是吸毒这种氛围的存在对其就已经构成了一种诱惑。成年后的她过高地估计了自己的能力，同时忽略了毒品的巨大危害，才会走上吸毒的不归路。

对法律的无知是小霞违法犯罪的主观因素。小霞虽然接受过高等教育，但她对自己没有一个清醒的定位，对法律鼓励做什么、禁止做什么、要求做什么，认识不清。小霞不满足于眼前的物质需求，想要追求精神上的享受，但是由于自身的不成熟采用了非法的方式来满足自己的这些需求。刚刚成年的小霞，在独立性意识的驱使下开始广泛接触社会，但是她涉世未深、生活阅历浅薄，在理想与现实之间找不到平衡的支点，缺乏真正的独立思考和处理问题的能力，容易受到外界感染。这种独立意识的发展与认识能力之间的矛盾，如果解决不当，就可能导致独立性意识朝着反社会方向发展，从而走上违法犯罪道路。

吸毒早已经成为一个触目惊心的社会问题，更严峻的是近些年来涉毒人群越来越呈现低龄化趋势，如果不遏制住这种势头，这群人势必将被毒品毁掉。吸毒不仅给自身带来极大的危害，而且可能造成家破人亡、亲人为仇，乃至败坏社会风气，不少吸毒者为了筹集购买毒品的资金，铤而走险实施抢劫、盗窃、以贩养吸等犯罪，而且这种因吸毒导致的关联犯罪仍在呈上升之势。所以，毒品理当被人唾弃、遗忘。我们必须从小霞的个案中深刻反思，以期对预防毒品犯罪有所裨益。

> 抢劫，是指以非法占有为目的，以暴力、胁迫或者其他方法，强取公私财物的行为。抢劫罪虽然是侵犯财产的犯罪，但同时具有侵害他人生命、身体、自由的性质，因而是财产罪中最严重的犯罪。

《刑法》第263条：以暴力、胁迫或者其他方法抢劫公私财物的，处三年以上十年以下有期徒刑，并处罚金；有下列情形之一的，处十年以上有期徒刑、无期徒刑或者死刑，并处罚金或者没收财产：

（一）入户抢劫的；

（二）在公共交通工具上抢劫的；

（三）抢劫银行或者其他金融机构的；

（四）多次抢劫或者抢劫数额巨大的；

（五）抢劫致人重伤、死亡的；

（六）冒充军警人员抢劫的；

（七）持枪抢劫的；

（八）抢劫军用物资或者抢险、救灾、救济物资的。

容留他人吸毒，是指容留他人吸食、注射毒品的行为。

《刑法》第354条：容留他人吸食、注射毒品的，处三年以下有期徒刑、拘役或者管制，并处罚金。

《刑法》第69条：判决宣告以前一人犯数罪的，除判处死刑和无期徒刑的以外，应当在总和刑期以下、数刑中最高刑期以上，酌情决定执行的刑期，但是管制最高不能超过三年，拘役最高不能超过一年，有期徒刑总和刑期不满三十五年的，最高不能超过二十年，总和刑期在三十五年以上的，最高不能超过二十五年。

数罪中有判处有期徒刑和拘役的，执行有期徒刑。数罪中有判处有期徒刑和管制，或者拘役和管制的，有期徒刑、拘役执行完毕后，管制仍须执行。

数罪中有判处附加刑的，附加刑仍须执行，其中附加刑种类相同的，合并执行，种类不同的，分别执行。

"因为刺激,所以我想试试"

一、案情回顾

被告人:楚红,1995年12月出生,高中文化,曾经接触毒品2个月有余。

犯罪事实:2014年8月27日17时许,钟某与楚红相约到某酒店513房,完成了2500元的8小包的冰毒交易。随后,公安民警从钟某处缴获8小包共7.98克冰毒。楚红被当场抓获,而后又在楚红手提包内缴获1小包冰毒(重2.05克)。

判决结果:法院以贩卖毒品罪,判处楚红有期徒刑7年,并处罚金人民币7000元。

二、访谈面对面

访谈人:你好,你年纪挺小的吧?

楚红:是的,我是1995年出生的,在我们车间是年纪最小的,这里的同改都比我大很多。

访谈人:你在这儿生活的习惯吗?

楚红:挺好的,干部对我们很照顾,同改看我年纪小,也都照顾我。我在这里学了很多技能呢!

访谈人:都学了些什么啊?

楚红:电工、缝纫之类的。我外语很好,在这里还经常借阅外文杂志呢。

访谈人：你外语很好啊？真不错！

楚红：是的，初中时我的外语经常考第一的，外语老师可喜欢我了。

访谈人：那为什么没有读书，去打工了呢？爸妈没有反对吗？

楚红：到了初三因为中考压力大就不太想学习了，就提出要辍学出去打工。我有3个姐姐，都是小学毕业就没读书了，爸妈觉得女孩子不读书出去打工也可以，我就出去工作了。先是在我们那里的一个茶馆打工，后来就去广东了。

访谈人：能谈谈你的案子吗？

楚红：我是觉得自己做过的事嘛，总要面对的，知错就要改，你们想知道什么，我都可以告诉你们。

访谈人：好的，根据你的档案，我们了解到你曾经接触过毒品，想知道你是如何接触到毒品的？然后又是怎么想着去贩卖毒品的？

楚红：我是在辍学之后接触到的毒品，那时候我爸爸痴迷打牌，不回来吃饭，妈妈就要我给他送饭。打牌的那个地方，什么人都有，我就看到了很多人在吸食"麻果"，那时候好奇，但是没有尝试。后来去广东打工，被打工的朋友带去酒吧玩，在他们的怂恿下，我就尝试了"冰毒"，那时候不知道是什么，我就问他们这是不是跟"麻果"一样，他们就说这比"麻果"高级，比"麻果"纯度高。我似懂非懂，但是出于从众心理，我就跟着尝试了，然后就渐渐地和他们玩在一起，也开始吸食冰毒了。

访谈人：那你知道这个是毒品吗？知道吸毒的危害吗？

楚红：知道是毒品，但是不知道就是那种以前书本上说的鸦片啊之类的，就是不太了解新型毒品，他们每次把吸食冰毒叫"溜冰"，然后我吸食了之后也没有什么副作用，可能是因为吸食的时间比较短吧，所以没有感受到危害。

访谈人：其实新型毒品的危害比鸦片还要严重，在学校的时候学校没有开展相关教育吗?

楚红:没有什么印象,可能开展过吧,但是我们那时候,谁也没把这个当回事嘛,所以就算开展过也没认真听。

访谈人:家里人知道你吸食毒品吗?

楚红:他们不知道,因为平时都比较忙,他们也不太管我平时在干嘛,就是问问我工作是不是辛苦、钱够不够用、过节回不回家之类的。

访谈人:你打工的收入应该是有限的,购买毒品需要的钱比较多,你的平时用度受影响吗?

楚红:其实也还好吧,因为我吸食量比较少,然后也不是经常吸,只是偶尔吸食一下,所以也不太影响花销。

访谈人:这个东西可玩不得啊!你要认识到毒品的危害!

楚红:是的,我现在很后悔为什么要接触这个东西,我早知道是违法犯罪,就是再刺激、再好玩,我也是不敢的。况且,毒品的危害我在这里也看了很多书,了解到了好多知识,知道这个东西不好玩,是有害的。

访谈人:你为什么会想着去贩毒呢?

楚红:我有个同乡也在广东打工,也是吸毒人员,可能是已经被警察盯上了但是自己还不知道,跑来找我,问我这里有没有货,我说有啊,我刚买的,准备自己留着用的,你着急要就先给你吧。然后,她说好,就说把钱给我,我把货给她,结果钱还没到我手里,警察就冲进来把我抓住了。

访谈人:你恨这个同乡,恨那些抓你的人吗?

楚红:刚开始有点不理解同乡为什么害我,后来觉得不是害我,是救了我,是她和警察一起救了我,要不然我还不知道以后会发生什么更糟糕的事。

三、检察官评案说法

楚红接受审判时年仅 19 周岁,是刚刚成年的花季少女。分析她走上犯罪道路的原因既有未成年人阶段埋下的伏笔，也有成年后因女性自身特点而受到犯罪诱因的错误引导。楚红身上女性青少年犯的特征带给我们很大的感触。

楚红读完初中后就不再继续读书。失学青少年处于无学可上的闲散状态，相对于在校读书的学生，她们更容易接触到社会上的不良因素，更容易受到影响。楚红正是辍学之后，看到有人吸毒，产生了好奇，所以在去广东打工之后，在别人的怂恿劝说之下，就作出了尝试的行为，随后将吸毒作为一种日常消费习惯、一种不良嗜好。

刑法不追究自吸行为的刑事责任，但是如果明知是毒品，而予以交易卖给他人或为了将来贩卖而收买毒品的行为，即构成贩卖毒品罪，应当追究刑事责任。吸食毒品的人大多是以聚众形式出现的，许多吸毒者抱着"赚点外快"的心思，参与到贩毒的行业中来。另外，吸食毒品对于楚红这样的打工者来说，也是一笔不小的费用，抱着"以贩养吸"的心态，从事贩卖毒品的也不在少数。楚红其实并不理解她的行为为什么构成贩卖毒品罪，这也从一方面显示了许多涉毒品罪的犯罪分子并不知道自己的行为触犯了法律。特别是对轻微的贩卖毒品，"以贩养吸"之类的行为，他们认为是约好了一起吸毒，只是由他们顺手买了毒品，转卖给大家。楚红正是因为这样的错误认识，没有意识到自己提供毒品给他人，转卖给他人已经触犯了刑法规定，构成犯罪。

> 贩卖毒品，是指明知是毒品而非法销售或者以贩卖为目的而非法收买毒品的行为。

《刑法》第347条：走私、贩卖、运输、制造毒品，无论数量多少，都应当追究刑事责任，予以刑事处罚。

走私、贩卖、运输、制造毒品，有下列情形之一的，处十五年有期徒刑、无期徒刑或者死刑，并处没收财产：

（一）走私、贩卖、运输、制造鸦片一千克以上、海洛因或者甲基苯丙胺五十克以上或者其他毒品数量大的；

（二）走私、贩卖、运输、制造毒品集团的首要分子；

（三）武装掩护走私、贩卖、运输、制造毒品的；

（四）以暴力抗拒检查、拘留、逮捕，情节严重的；

（五）参与有组织的国际贩毒活动的。

走私、贩卖、运输、制造鸦片二百克以上不满一千克、海洛因或者甲基苯丙胺十克以上不满五十克或者其他毒品数量较大的，处七年以上有期徒刑，并处罚金。

走私、贩卖、运输、制造鸦片不满二百克、海洛因或者甲基苯丙胺不满十克或者其他少量毒品的，处三年以下有期徒刑、拘役或者管制，并处罚金；情节严重的，处三年以上七年以下有期徒刑，并处罚金。

单位犯第二款、第三款、第四款罪的，对单位判处罚金，并对其直接负责的主管人员和其他直接责任人员，依照各该款的规定处罚。

利用、教唆未成年人走私、贩卖、运输、制造毒品，或者向未成年人出售毒品的，从重处罚。

对多次走私、贩卖、运输、制造毒品，未经处理的，毒品数量累计计算。

第四节　利欲熏心

赌博的沉重代价

一、案情回顾

被告人：林芳，女，汉族，1974年2月20日出生，初中文化，国旅公司导游，离异（有一个女儿），案发时33岁。

犯罪事实：被告人林芳于2007年3月至5月先后5次在S市运输、贩卖毒品共计2889克。

判决结果：法院以运输毒品罪，判处林芳无期徒刑，剥夺政治权利终身，并处没收其个人全部财产。

二、访谈面对面

林芳给人的感觉很平易近人，面对我们的提问落落大方、侃侃而谈，没有一丝的害羞与紧张。这可能与她原来从事的职业是导游有关，与人的沟通技巧显得很娴熟。如果林芳没有染上赌博的恶习，想通过捷径赚钱去偿还赌债，现在她仍可能从事着她所热爱的导游职业，过着与现在截然不同的生活。

林芳初中辍学以后到邻省打工，后来又辗转去了别的地方当了导游。林芳在当导游时间长了以后就在当地定居了下来。导游职业给林芳带来了丰厚的收入，特别是在国内旅游市场刚刚被开发的这段时间。在1994—2000年旅游业逐渐发展壮大的黄金时期，林芳获益巨大，平均月收入能达到两三万块钱，最多时一个月能挣到三四万块，即使是放在现在，这都是令人无比羡慕的收入。

　　旅游业务在淡季和旺季的客流量有很大差别，冬季一般是当地旅游业的淡季。旅游淡季的时候林芳往往会选择停止带团，在家休息，这样一来她有了很多的空闲时间。林芳的朋友基本上都是从事旅游行业，在其他导游的引导下，林芳开始学会了去赌场赌博。不工作的时候她几乎天天都去赌场"报到"，刚开始林芳玩简单的"比大小"赌注就几千块钱，由于她的工作收入很高，也有一定的积蓄，即使输了也不在乎。她结婚生子之后，崭新的家庭生活也没有帮她摆脱赌博的恶习，这可能与她丈夫也嗜好赌博有关。林芳除了工作之外全身心地投入赌博"事业"中，连孩子都无暇照顾，大女儿都是由奶奶和外婆带大。在小女儿出生的第二年，林芳发现丈夫有了外遇，她没有跟丈夫哭闹，而是平静地与丈夫离了婚。婚姻的破裂使林芳的内心充满了压抑和痛苦，赌博成了她最好的发泄途径，她更加醉心于赌博无法自拔。

　　林芳在朋友的邀请下开始去熟人组的局赌六合彩，赌局就设在朋友的家里，每次参局的人都是固定的，林芳对于这些人不是很熟悉，但知道他们都是当地旅游行业的人。他们有一个共同的特点就是出手阔绰，动辄上万元。在他们的带动下，林芳赌注的金额也越来越大，最后达到了几万块钱一注。开始林芳还能小赚一笔，但时间一长，林芳输的一塌糊涂，把所有积蓄都赔了进去。这个时候，林芳还是执迷不悟，不选择收手，在赔率1∶40的巨大诱惑下，仍做着翻盘的美梦。

　　看到林芳已经没有资金再继续下注，赌局的组织者，也是林芳熟识的老朋友，主动提出要借钱帮助她"回本"。凭借两人多年的交情，借钱的流程就是朋友写个借条，林芳在上面签上字即可。已经输红了眼的林芳孤注一掷，不知不觉，在不到一个月的时间里林芳签下的欠条数额累计高达300万元。由于朋友不肯再借钱了，林芳自然无法再继续赌下去。欠下的300万元债务沉重的像座大山一样，压的林芳喘不过气来。但对于欠朋友的钱她想方设法也要还清，否则她内心不得安宁。因为怕家人担心，林芳不敢向家人借钱；害怕旧债未清又添新债，她也不敢向其他朋友借钱，怎样在短时间内独立筹集巨款是林芳最迫切需要解决的问题。林芳心里很清楚，通过正当途径在短期内根本无法还清300万元的赌债，于是在深思熟虑后她选择铤而走险，通过违法的手段来获取远超正常收入的利益。

林芳在访谈中反复提到了当地的旅游业"圈子"，她对这个"圈子"的总体评价就是混乱。据林芳说这个"圈子"里除了赌博之外，毒品也是十分泛滥，后来她又补充道，不仅是她所在的行业里，就是在整个Z市，吸毒的人都很多，有时大家在一起打牌时都会用毒品麻果来"助兴"。林芳自己是没有沾染毒品的，但由于身边吸毒的朋友很多，她看中了毒品交易中所隐藏的暴利。林芳在与同乡聊天的过程中知道远在老家的发小王某一直在贩卖毒品，手上有货源。林芳联系上了王某，提出可以利用导游的身份作掩护，帮他把毒品海洛因开车从老家运往她所在的城市，然后再找自己吸毒的熟人充当下线把海洛因贩卖出去。刚开始的时候，林芳把毒品藏在自己的车里运输的时候十分紧张害怕，在经过高速公路收费站的时候她甚至会吓出一身的冷汗。有了一次的成功尝试之后，林芳胆子逐渐变大，运输毒品的数量明显增多，频率也高了起来。直到被警察抓获之时，林芳已经在不到两个月的时间里，先后五次运输毒品，获利多达70多万元。这些不法收入没有被林芳挥霍殆尽，而是全部拿去偿还了赌债。

林芳倾家荡产，卖掉自己的房子并借债最后终于把300万元的赌债彻底还清，赌博对她的人生造成的毁灭性打击让她后悔不迭。让她更后悔的是，自己想走捷径、赚快钱，没想到却要付出的代价会是这样沉重。由于运输毒品的数量巨大，林芳被判处无期徒刑。她的上线王某因犯贩卖毒品罪，被判处死刑（已执行）。截至2017年5月，林芳已经在铁窗中整整度过了十年，虽然已经有过四次减刑，但是剩余刑期仍长达十年。一念成佛，一念成魔，一念之差，抱憾终身，林芳的案件令人深思。

三、检察官评案说法

综观林芳犯罪的前因后果，她之所以会走上违法犯罪的道路，与两样东西密切相关，一个是赌博，另一个是毒品。因为赌博欠下巨债使她有了通过捷径牟取暴利还债的犯罪动机，犯罪的种子在林芳的心里埋下。她先后多次跨越两省运输毒品，最后终于被警察当场抓获，触犯法律所酿出的苦果最终要自己亲口吞下。

因为赌博林芳输光了积蓄、丢掉了工作、拆散了家庭，最终落个身陷囹圄的下场。对于赌博的危害，很多人都认识不足，他们认为"赌博只是一种娱乐活动而已，只要赌博的数额不很大就不会导致什么问题"。这种认识是极其错误的，因为赌博而妻离子散、家破人亡的例子比比皆是，大量事实表明赌博不仅危害社会秩序，影响生产、工作和生活，而且往往是诱发其他犯罪的温床，对社会危害很大。赌博的人怀着"天上会掉馅饼"的心理，赌博是一种企图不劳而获的行为，它可以使财富在短时间内易主，可以使家庭在瞬间破裂，也可以使人"赌红了眼"丧失理性。

正是赌博让林芳失去理性，为了偿还巨额赌债，她不惜铤而走险，选择通过运输、贩卖毒品来获取巨大利益。近些年来，毒品犯罪日益猖獗，吸毒的人数与日俱增。毒品日益离普通人的生活越来越近，各类毒品明码标价，甚至一个电话就能让毒品送货上门。在对毒品打击力度如此大的情况下，持有、运输、贩卖毒品的案件仍屡禁不止，因为毒品而引发的其他犯罪更是屡见不鲜。这很值得我们深思。

俗话说"前车之鉴，后事之师"，我们要从林芳的案件中吸取教训，从一开始就应该清醒地认识到赌博和毒品就是一条不归路，千万不要去尝试，多少家破人亡、失去自由，甚至走上断头台的案件都是从染上赌瘾和毒瘾开始的。

《刑法》第347条：走私、贩卖、运输、制造毒品，无论数量多少，都应当追究刑事责任，予以刑事处罚。

走私、贩卖、运输、制造毒品，有下列情形之一的，处十五年有期徒刑、无期徒刑或者死刑，并处没收财产：

（一）走私、贩卖、运输、制造鸦片一千克以上、海洛因或者甲基苯丙胺五十克以上或者其他毒品数量大的；

（二）走私、贩卖、运输、制造毒品集团的首要分子；

（三）武装掩护走私、贩卖、运输、制造毒品的；

（四）以暴力抗拒检查、拘留、逮捕，情节严重的；

（五）参与有组织的国际贩毒活动的。

走私、贩卖、运输、制造鸦片二百克以上不满一千克、海洛因或者甲基苯丙胺十克以上不满五十克或者其他毒品数量较大的，处七年以上有期徒刑，并处罚金。

走私、贩卖、运输、制造鸦片不满二百克、海洛因或者甲基苯丙胺不满十克或者其他少量毒品的，处三年以下有期徒刑、拘役或者管制，并处罚金；情节严重的，处三年以上七年以下有期徒刑，并处罚金。

单位犯第二款、第三款、第四款罪的，对单位判处罚金，并对其直接负责的主管人员和其他直接责任人员，依照各该款的规定处罚。

利用、教唆未成年人走私、贩卖、运输、制造毒品，或者向未成年人出售毒品的，从重处罚。

对多次走私、贩卖、运输、制造毒品，未经处理的，毒品数量累计计算。

人体运毒：致命的诱惑

一、案情回顾

被告人：媛媛，女，汉族，1989年7月29日出生，中专，案发时19周岁。

犯罪事实：为牟取报酬，媛媛与罗某受"上线"指使，于境外取得毒品"麻果"后藏入体内携带入境。随后，两人从缅甸飞往H省，飞机抵达机场时被公安人员抓获。随后，媛媛从体内排出外用避孕套、内用白色塑料袋包装的红色圆形片剂四包；罗某排出五包。经鉴定，从媛媛体内排出的红色圆形片剂净重211.34克，为毒品甲基苯丙胺；从罗某体内排出的毒品甲基苯丙胺净重262.13克。

判决结果：法院以走私、运输毒品罪，判处媛媛有期徒刑15年。

二、访谈面对面

"小时候，其他孩子一放学就呼朋引伴，商量着去哪里玩，而我只能一个人默默地回家，想着家中还有两个老人等着我照顾，那时候，我心里就特别难过。当时我就下定决心，以后一定要过上好日子，绝对不能这么辛苦地活着"，这是媛媛对童年最深刻的记忆。

艰辛童年隔阂渐生

媛媛出生在一个贫困的农村家庭，父母都是普通农民，家里有3个女孩，她是家中老么。随着大姐外出打工、二姐在校住宿，媛媛的父母决定跟着舅舅前往县城打工，这时，她不过是个五年级的小学生。小小的媛媛跟着外公外婆一起生活，连照顾自己都勉强，却还要照顾半瘫的外婆和常年生病的外公。家务、养猪把媛媛的生活填得满满的，压得她喘不过气儿。从初一开始，她像二姐一样住校。在学校里，媛媛活得轻松而自在，慢慢地就不再想回家。父母有时会打电话让她回去，媛媛每次都以学习太忙拒绝了。只有她自己知道：她有多么不想回到那里，有多么不想听父母说自己不如姐姐。"我爸妈总是说：'你看你大姐，辛苦打工就为供你和你二姐上学，你二姐成绩好又争气，你怎么就不能像她们一样呢？每每听到这话，我心里就不舒服，更不想和他们说话了。"媛媛苦笑着说道。

外地求学初识毒品

2008年媛媛中专毕业了，她想找一份轻松且工资待遇好的活干，却发现没什么工作符合预期。这时，父母打电话过来，说是已经托人为她在老家找好一份工作，让她回家。媛媛却一点都不想回去，因为她刚和男友在一起，不愿意与他分隔异地。媛媛的男友比她大十几岁，在城里租房子住，媛媛打算搬过去与他同居。虽然两人都没有正经工作，但靠着积蓄和打零工，日子倒也过得潇洒自在。直到和男友的朋友出去玩了几次后，她才发现不对劲。他们常常相约在酒吧聚会，到了没一会大家就开始吞云吐雾，还有一些人小心翼翼地拿出小半袋红色颗粒状的东西偷偷吸食。媛媛也常年出入KTV、酒吧这些地方,自然知道这东西就是毒品,但是她没想到自己的男朋友会与吸毒的人有所接触。媛媛的心里有点发怵,想着要和男友好好谈谈。没想到男友毫不在意,竟然对她说:"不是什么大事,以后你就习惯了。再说那东西也不上瘾,不过是消遣罢了。"媛媛依然放不下心。

深陷毒圈利欲熏心

媛媛发现,男友的这些朋友不但吸毒,还贩毒,她曾亲眼见到他们和其他人交易,只是数量不多。媛媛心里有点害怕,她让男友远离这些人,没想到一向听话的男友却拒绝了她,依然我行我素地和这些人交往。男友平时对她很好,她不愿意因为这件事和男友闹翻,于是,她心里琢磨着:只要我们两人不吸毒就可以了。媛媛不再管男朋友,有的时候也会和他一起出去玩。她逐渐发现,这群人虽然吸毒,但是却与普通人没什么两样,于是慢慢地接受了这群人。媛媛的父母并不知道自己的女儿正与这样一群人交往。微薄的积蓄根本经不起这样的消耗,很快他们手中没钱了。但是,媛媛并不想出去工作,一直盘算着怎样能快点弄到钱。在 KTV 唱歌时,媛媛顺势与朋友提了一两句,没想到朋友立刻介绍了一位中年女子给她认识,说这个人有门路。这个女人声称自己有赚钱的门路,跟她走,几天就能赚到几千块钱。虽然清楚这个女人所说的工作应该和毒品有关,但身旁的朋友再三保证这项工作没有危险,媛媛有点心动。她知道身边有些朋友也做这个事,到现在为止,依旧安然无恙,而且在很短的时间里就可以拿到不少钱。媛媛决定马上出发。

中年女子带她前往云南之后,把她托付给另外一个男人,而后媛媛随着这个男人到达缅甸。媛媛和同案人在缅甸待了 30 天。这 30 天里,有专人教她们如何在体内藏毒、如何躲避警察。拿到货之后,她们用避孕套装上毒品,吞到体内。吞咽的时候非常痛苦,媛媛花了几个小时才把 4 个避孕套完整地吞入体内。出发的时候，天还没亮，路灯投射出昏黄的光，伴着摩托车轰鸣的引擎声，媛媛一路飞驰，忐忑不安地踏上返程。"当时我没有想太多，就想着赶紧做完回家，把钱拿到手，所以不是特别害怕。后来，飞机在途中中转时，因为一直不能吃东西，所以胃里特别难受，那时我想下飞机，心里也有点害怕了。"媛媛这样回忆着那段令她后悔一生的路途。但是，想到在终点等着她拿的钱，想到在家里等待着她的男友，媛媛压下怯意，想着既然已经开始做了，就把这一次做完，以后再也不做了。她没有想到，飞机抵达H省后，自己就被抓了。

积极改造欲获新生

进入监狱已经几年了，媛媛改变了很多。她终于可以把这段经历当作生活给她的一个教训，决定吸取教训后再次出发。她积极改造，没有错过任何一次减刑机会，甚至利用闲暇时间考取了电工证、服装裁剪证，参加多次比赛并获奖。"现在回想起来，我觉得很庆幸，幸好在第一次做的时候就被抓到了，否则我可能会越陷越深"，媛媛心有余悸地说着。在管教干警的帮助下，她重新审视自己和父母之间的关系，学会了谅解父母、理解他们。父母每次来看望媛媛时，都哭得非常凶，哽咽着叮嘱她好好改造。看见父母的眼泪，媛媛心中一阵酸楚，后悔和歉意充斥着她的内心，好好表现争取减刑的念头愈来愈强烈。关于未来，媛媛想了很多。她说："现在我就把这里当作学校，能多学点东西就多学点。出去之后，我大姐让我和她一起做生意，然后把我爸妈接过来，一起生活，我觉得这样活着很好，很有奔头。"

三、检察官评案说法

开朗、乐观是媛媛在整个访谈中留给我们最深刻的印象。在谈到童年艰辛的生活时，在聊到自己的犯罪行为时，在说起这漫长的十五年刑期时，在畅想未来时，媛媛脸上的笑容虽有着不同的意味，或苦涩、或淡然、或释然、或开心，却一直没有淡去。有时候，聊起的话题触及伤心事，她止不住地流眼泪，嘴角却依然有着向下的弧度。对她来说，生活确实给了她重重一击，但是也及时地给予她重新开始的机会。她甚至庆幸自己能够在初次运毒时就被抓获，庆幸自己的侥幸心理能够及时得到抑制和惩罚，而不至于导致更严重的后果。

媛媛是不幸的，生命中至关重要的几个人是其走上犯罪道路的重要推力。男友的出现使媛媛所属的社会群体发生了变化。这个社会群体是由形形色色的、身染恶习的，或吸毒、或贩毒的人组成。在这样的群体之中，媛媛接收到的信息是：吸毒、贩毒并不是大事，甚至，不吸毒才是不正常的，见到的都是一些负面行为。这种对法律不赞许的观念使人们对法律产生文化冲突，从而形成犯罪动机和犯罪内驱力，这种动机或许是金钱、或许是感情，不一而足。在长期与越轨行为者的交往中，媛媛慢慢接受了该群体内含的价值观念，对吸毒和贩毒的排斥感和恐惧感大大降低，甚至产生了犯罪动机。所以，当她把手中的钱花完时，她的第一反应是，如何能迅速地搞点钱花，在高收益的刺激之下，走上了犯罪道路。

媛媛同样是幸运的。年迈的父母常常千里迢迢前来探望她、鼓励她，长姐时不时地寄来钱和物资，还帮她规划好了未来。媛媛也没有让她们失望，通过监狱的学习和教育，她懂得，凡事来得快，去得也快，只有脚踏实地挣钱、本本分分做人，才活得安心、花得心安。她也遵循着这样的处世箴言，积极改造，努力生活。相信这个拥有着明朗笑容的女孩未来一定能够谱写出崭新的、精彩的生活篇章。

《刑法》第347条：走私、贩卖、运输、制造毒品，无论数量多少，都应当追究刑事责任，予以刑事处罚。

走私、贩卖、运输、制造毒品，有下列情形之一的，处十五年有期徒刑、无期徒刑或者死刑，并处没收财产：

（一）走私、贩卖、运输、制造鸦片一千克以上、海洛因或者甲基苯丙胺五十克以上或者其他毒品数量大的；

（二）走私、贩卖、运输、制造毒品集团的首要分子；

（三）武装掩护走私、贩卖、运输、制造毒品的；

（四）以暴力抗拒检查、拘留、逮捕，情节严重的；

（五）参与有组织的国际贩毒活动的。

走私、贩卖、运输、制造鸦片二百克以上不满一千克、海洛因或者甲基苯丙胺十克以上不满五十克或者其他毒品数量较大的，处七年以上有期徒刑，并处罚金。

走私、贩卖、运输、制造鸦片不满二百克、海洛因或者甲基苯丙胺不满十克或者其他少量毒品的，处三年以下有期徒刑、拘役或者管制，并处罚金；情节严重的，处三年以上七年以下有期徒刑，并处罚金。

单位犯第二款、第三款、第四款罪的，对单位判处罚金，并对其直接负责的主管人员和其他直接责任人员，依照各该款的规定处罚。

利用、教唆未成年人走私、贩卖、运输、制造毒品，或者向未成年人出售毒品的，从重处罚。

对多次走私、贩卖、运输、制造毒品，未经处理的，毒品数量累计计算。

生活所困下的"选择"

一、案情回顾

被告人：常虹，女，汉族，1966年8月28日出生，高中文化，无业，已婚，案发时46岁。

犯罪事实：2012年11月1日19时许，被告人常虹在其租住地，以人民币300元的价格将4颗毒品贩卖给黄某某，以人民币150元的价格将3颗毒品贩卖给蔡某某，将2颗毒品贩卖给李某某，并容留上述3人在其租住地吸食毒品，后被公安民警当场抓获。公安民警从被告人的两处租住地收缴红色片剂毒品5包，白色晶体颗粒毒品32包，黄色粉末毒品2包。经检验鉴定，上述收缴的毒品均为甲基苯丙胺，共净重10.80克。

判决结果：法院以贩卖毒品罪，判处常虹有期徒刑7年，并处罚金人民币1万元。

二、访谈面对面

常虹走进谈话室时，步履缓慢，显得有些虚弱。简单地介绍后，我们的访谈慢慢地进入正题。

常虹小的时候，父母在本地务工，赚的不多，抚养他们兄妹三人还有点吃力，生活过的捉襟见肘。父母没读过什么书，工作都是靠体力赚钱，因此，为了贴补家用，父母工作总是特别忙，无暇照顾他们兄妹三个。常虹他们懂事特别早，知道要自己照顾自己，不让父母操心。

　　常虹上学时成绩还不错。虽然父母很少有时间照顾她，但常虹的哥哥姐姐在家特别照顾她，常虹很少为家里的杂事操心。因此，花在学习上的时间和精力比较多。常虹一直读到高中毕业。最后，因为上大学的学费对他们家来说实在是一笔沉重的负担，家里实在拿不出来，常虹便没有继续读下去。其实，在常虹那个年代，以常虹家的经济条件，能读完高中已经很难得了。高中毕业之后，常虹到一家国营工厂上班，凭着这样稳定的工作，常虹很快就结了婚，并生下一个儿子，生活过得很舒适。但是，没过几年，适逢市场经济飞速发展下的国有企业改革，大批工人下岗，常虹不幸也在此列。原以为的"铁饭碗"突然没了，常虹一下子懵了，不知道该怎么办。但儿子嗷嗷待哺，家里开销这么大，光凭丈夫一个人的收入根本无法支撑整个家庭开支。常虹尝试了很多工作，在酒店当过服务员，也在商品市场当过小摊贩，开过服装店。这些工作其实都很辛苦，但常虹为了家里都撑了下来。唯一让常虹难过的是，丈夫却越来越懒散。丈夫这些年也没个稳定工作，一直换来换去，后来常虹将自己的全部积蓄拿出来给丈夫买了一辆出租车，希望丈夫可以收心，好好为家里积攒存钱。一开始丈夫还很努力地在外面"跑车"，但坚持不了多久，丈夫又松懈了，常常将车闲置在家里，喝酒打麻将，不管家里。常虹一直苦口婆心地劝丈夫无果，被丈夫伤透了心，也不想再管他了。后来，常虹租了一个小门面开了一家很小的KTV，只有一个房间的那种小型KTV。终于不用做体力活了，收入还比较可观，常虹很开心。但是，KTV作为一种娱乐场所，很容易出现黄赌毒问题，尤其是毒品。常虹性子柔弱，不敢跟客人发生冲突，只当看不见。KTV因为门面很小，常虹又贪小便宜不舍得花钱办齐相关营业证件。没过几年，就因无证经营被工商机关依法取缔了。常虹再一次失业了。

　　失业之后，常虹回到了家里，暂时没有去找工作。儿子快二十岁了，但整天沉迷于网络游戏，也不工作。常虹总是劝他，他也不听。以往常虹一直在外赚钱养家，照顾儿子的时间比较少，跟儿子的关系本就不那么亲密。现在，常虹待在家里，又总是因为这些事情跟儿子起冲突，与儿子更加疏远了。丈夫没有责任感，因为没有年检甚至被吊销了执照，让常虹又气又急。常虹觉得只有自己一个人在为这个家操心奋斗，丈夫和儿子好像都是事不关己的态度，常虹难过极了。这时，以前KTV的几个客人找到常虹，问常虹愿不愿意继续工作赚钱。常虹当然愿意了，省得每天在家憋苦烦闷。他们让常虹在外面租个小房子，租房的钱由他们出，常虹只需要住在那里照看着房子就好。常虹没想那么多，就答应了。结果，去了之后才发现，他们竟然是在那个房子里吸毒。常虹害怕，要退出。但那些人跟常虹说，房子是用她的名义租的，即便她不干了，仍然逃脱不了干系。见常虹犹疑不定，他们又以高价劝说常虹。常虹想到自己平时累死累活，也挣不到这么多钱，慢慢就动摇了，在房子里住下来了。后来，常虹逐渐接受了吸食毒品的这些行为，还参与到为这些客人提供毒品的犯罪中去，长达半年之久，直至案发。

来到监狱已经三年多了，常虹积极参加劳动，接受改造，心态很好，已经成功获得一年的减刑。还有两年多就可以出狱了，常虹说亲情是她积极改造的最大动力。她出了这个事情之后，丈夫和儿子终于体会到她一直以来为家庭的付出有多么辛苦，儿子变得懂事很多，丈夫也有了家的责任感。哥哥和姐姐也在帮忙照顾着常虹的家庭，常常来看她。虽然常虹为自己的行为付出了代价，但是，她通过自己积极乐观的心态，等到了丈夫和儿子的醒悟，这也算是不幸中之大幸。

三、检察官评案说法

引发常虹犯罪的原因很多。遭遇下岗后的生活变故、丈夫的无所事事、孩子成长开支等，生活的压力使得她变得怨天尤人又无可奈何，她无法唤起丈夫对家庭的担当，无法管教儿子的成长教育，家庭的失意和生活的不如意充斥在她的脑海，让她找不到生活的方向。怎么弄到"钱"成为她生活的全部。此时，KTV以前的老客户趁机找到她，给她提供了一个所谓"赚钱"的机会，对她来说无疑是雪中送炭，何乐而不为？

消极的人生态度也是常虹陷入悲剧的原因之一。为了生活，她没有积极地鼓励丈夫承担起家庭责任，而是听之任之其喝酒打麻将，儿子也是为所欲为，沉迷游戏无心工作，不受她的管束。这种生活导致她变得消极、无能为力，知道KTV行业极容易涉嫌毒品犯罪，仍然选择了依靠KTV增加收入，明知道自己涉嫌毒品犯罪，但是仍然在别人的钱财劝说之下选择了妥协，接受了毒品为她带来的高收益，并且愈演愈烈。

常虹的生活经历带有一定普遍性。当前，我国还有许多像常虹一样的社会群体，他们法律意识淡薄，对社会规则的掌握也不足，导致在被人利用受到威胁后，她认为她已经被迫陷入了毒品的泥潭，并不知道第一时间举报的重要性，此后便开始了包庇毒品犯罪和贩卖毒品的行为。

常虹的教训是中国现阶段许多受教育不多人群的普遍现象，他们对遵纪守法的概念和重要性认识不清，应对违法犯罪行为的方式和思想也不健全，沉迷于物质生活，沉迷于对钱财等的追求，常常怨天尤人，又对生活感到无可奈何、随波逐流。不知道还会有多少误入歧途的常虹，在第一时刻不懂得拒绝和举报，反而受到犯罪分子的诱惑。基于此，国家的普法工作需要进一步开展，社区、居委会等都是宣传举报、预防违法犯罪的重要群体组织管理机构，在社区或居委会中，工作人员可以对居民的生活状况加以了解，及时开展普法宣讲工作，了解居民生活困难的同时，也使居民能够懂得遵纪守法的原则、重要性和方法，帮助居民形成遵纪守法的好习惯和完善的价值观。

贩卖毒品，是指明知是毒品而非法销售或者以贩卖为目的而非法收买毒品的行为。

《刑法》第347条：走私、贩卖、运输、制造毒品，无论数量多少，都应当追究刑事责任，予以刑事处罚。

走私、贩卖、运输、制造毒品，有下列情形之一的，处十五年有期徒刑、无期徒刑或者死刑，并处没收财产：

（一）走私、贩卖、运输、制造鸦片一千克以上、海洛因或者甲基苯丙胺五十克以上或者其他毒品数量大的；

（二）走私、贩卖、运输、制造毒品集团的首要分子；

（三）武装掩护走私、贩卖、运输、制造毒品的；

（四）以暴力抗拒检查、拘留、逮捕，情节严重的；

（五）参与有组织的国际贩毒活动的。

走私、贩卖、运输、制造鸦片二百克以上不满一千克、海洛因或者甲基苯丙胺十克以上不满五十克或者其他毒品数量较大的，处七年以上有期徒刑，并处罚金。

走私、贩卖、运输、制造鸦片不满二百克、海洛因或者甲基苯丙胺不满十克或者其他少量毒品的，处三年以下有期徒刑、拘役或者管制，并处罚金；情节严重的，处三年以上七年以下有期徒刑，并处罚金。

单位犯第二款、第三款、第四款罪的，对单位判处罚金，并对其直接负责的主管人员和其他直接责任人员，依照各该款的规定处罚。

利用、教唆未成年人走私、贩卖、运输、制造毒品，或者向未成年人出售毒品的，从重处罚。

对多次走私、贩卖、运输、制造毒品，未经处理的，毒品数量累计计算。

"进来之后才知道亲情的珍贵"

一、案情回顾

被告人：澹平，女，汉族，1974年3月23日出生，初中文化，个体经营者，已婚，案发时35周岁。

犯罪事实：2009年3月，被告人左某为制毒，指使被告人澹平寻找制毒窝点。澹平租住本市某花园小区二室一厅房间后，被告人左某、澹平伙同郑某等人运来制造毒品的工具及原材料，由郑某等人在该租住房间内制造毒品。其过程中产生的刺鼻有毒、有害气体，影响到周边住户的生活。2009年4月29日，公安机关在该房间查货大量制造毒品工具、制造毒品的原材料等。2009年5月19日，公安机关将被告人澹平抓获，并当场从其房间及身上搜出毒品氯胺酮385.26克，毒品甲基苯丙胺33.82克，大麻1.02克，二类精神药品尼美西泮0.37克。

判决结果：法院以制造毒品罪，判处澹平有期徒刑12年，剥夺政治权利1年，并处罚金人民币3万元；以非法持有毒品罪，判处其有期徒刑7年，并处罚金人民币1万元。决定执行有期徒刑16年，剥夺政治权利1年，并处罚金4万元。

二、访谈面对面

澹平是本地人，父母没有文化，都是务工人员，家庭条件很一般。澹平小的时候,父母总是争吵,而且频率越来越高,甚至经常上升到暴力冲突。澹平在家时总是胆战心惊,生怕父母又因为一些事情吵起来。父母本来工作就忙,因为家庭不和睦的关系,更少待在家里,更别提对澹平的照顾了。澹平14岁时,父母终于不堪忍受对方,离婚了。离婚后,父母各奔东西,只给澹平留了一所房子。澹平并没有因父母的抛弃感到多么难过,他们没离婚的时候,澹平本来也是一个人在照顾自己,而且还总是担惊受怕。现在不用为他们烦心,反而觉得解脱了。澹平为了赚钱养活自己,便辍学了,开始找各种工作,当过服务员、摆过小地摊,生活虽然不尽如人意,但澹平过的很舒服,自得其乐。在这期间,澹平经人介绍认识了自己的丈夫,结了婚,生下了小孩。澹平的生意慢慢走上正轨,开了一个大餐馆,当上了女老板,经济条件好了很多。丈夫在工作上没有澹平那么能干,于是照顾家里和儿子比较多一点。慢慢地,澹平觉得和丈夫越来越没话说,跟丈夫之间的交流仅限于家里的一些日常琐事,感情越来越寡淡。

在生意上,澹平认识了一些朋友,跟他们有很多应酬,后来澹平发现她们还有吸毒的。她们拉着澹平一起吸食,每次见她们吸的云里雾里,很享受的样子,澹平也忍不住好奇心尝试了一次。试过之后,澹平被吸引住了,并且澹平相信自己能够控制自己,把它当作吸烟喝酒一样的小嗜好没什么问题。于是,澹平彻底走上了一条吸毒之路。而丈夫对于澹平吸食毒品并不知情。

几年之后,澹平的餐馆经营出现问题,面临着倒闭。澹平急需资金来挽救自己多年的心血。走投无路之下,澹平的一个毒友左某找到她,希望她能提供一个场所给左某制造毒品,利润丰厚,利益分成。澹平被说动了,就将自己租的某处房屋提供给了左某用以制造毒品。在他们制造毒品的过程中,产生了很多刺鼻有毒、有害气体,影响到周边住户的生活,被公安机关查获。

因制造毒品罪、非法持有毒品罪被判处16年有期徒刑,澹平觉得自己的一生都葬送了。刚来到监狱时,澹平非常绝望,态度十分消极。但管教干部对她很关心，一直耐心开导她。尤其是丈夫对她不离不弃，每月都会过来看望她、鼓励她，让她有了要积极改造、争取早日出去的信心。然而，不幸的是，丈夫却查出罹患肝癌，丈夫并没有告诉澹平，仍然坚持拖着病体来看望她。直至临终的前三天，丈夫最后一次去看望她，才告知了澹平自己即将不久于人世，希望澹平不要伤心，争取早日出去和儿子团聚。丈夫死后，澹平的儿子因无人照看被政府送到福利院。澹平因丈夫的死悲痛欲绝，为自己的行为悔恨不已。澹平为自己的行为付出了最沉重、最难以挽回的代价。

三、检察官评案说法

澹平气色还不错，面色白净，微胖。据澹平自己描述，在女监服刑期间，生活作息时间规律，也没有再吸毒，所以身体恢复的很好。由于她自身对毒品的依赖程度不大，在女子监狱也有定期的身体检查，她的身体在逐渐好转。在访谈期间，多次看到澹平在回忆以前事情的时候，比较困难，问过她是不是不愿意说，她说不是，只是记不清了，有的记得清楚，但是一时半会竟然语塞。她觉得是服刑前吸食了大量毒品导致的神经反应变慢、记忆力衰退。毒品确实能直接影响神经中枢系统，导致惊厥、震颤、麻痹、周围神经炎、肌肉功能障碍，并极大程度地影响记忆力减退、智能下降，严重的情况可能导致心动过缓、心率失常，还可能影响性格变化。

谈及丈夫的逝世，澹平悲痛不已。也许，正是因为丈夫临终前的叮嘱和儿子在家中的守候，才使得澹平在监狱中积极投入生产生活，积极学习，努力争取减刑。由此可见，对女性罪犯的改造除了保证监狱内的法制教育、心灵感化以及特殊预防教育之外，让他们感受到家庭的温暖是极为重要的。

人是感性的动物，家庭是情感的最大聚集地，女性也更能从家庭的关怀中获得力量。在犯人的改造评定中，评定较高的多是家庭关怀较多的人，她们一方面接受家人的关心，一方面心中充满了对子女或者弟弟、妹妹照顾的渴望，基于这两种心态，使得女性在押犯形成了被关爱、被认可、被需要的复合情感，这样的一种复合情感与我们的改造目的和预防目的完美契合，能达到让犯人以最好的面貌重归社会的目标。女性犯罪无一不是和情感有关，如果受到合理、正确地引导，就能成为改造、教育的最大帮手。

任何人，无论男性、女性都排斥说教、管训、斥责和打骂，几乎每个人都渴望被真诚地对待、被真挚地关爱，尤其是女性。同时，这关爱如果是来自家人的，最为贴心。也许，她们在入狱前，同澹平一样，不觉得家里好，不觉得亲人亲，但是在服刑期间，在她们最需要亲情呵护的时候，来自家人的鼓励与关心便是最大的教育。监狱的职能应该是改造和教育，我们不仅要改造她们的行为，让她们不再犯罪，重要的是改造并教育她们的法制意识，让她们不再产生犯罪冲动，更为重要的是，要改造她们的价值观念，尤其是通过家庭在困难时期的关怀，让她们体会到家庭的可贵，改变她们也许曾经有的不良家庭观念，因为无论是女性还是未成年人，甚至是成年男性，家庭永远是这个社会最小的集合，是这个社会最为基本的组合部分，也是每个人最能够、最直接可以依靠的精神港湾。监狱应该发挥教育作用，不仅是法制教育，更是情感教育，要给予犯人充分与家庭沟通的条件，以期让每个濒临破碎的家庭、结合松散的家庭、沟通缺乏的家庭有机会通过探视探望、"亲情电话"这样的方式，重新找到那份应该属于他们的温暖。

> 制造毒品，是指使用原材料而制作成原材料以外的毒品的行为，是走私、贩卖、运输、制造毒品罪的选择罪名，不仅侵害了国家对毒品的管理制度，更侵害了作为社会法益的公众健康。
>
> 《刑法》第347条第1款：走私、贩卖、运输、制造毒品，无论数量多少，都应当追究刑事责任，予以刑事处罚。

❓ 分析与反思

"烟毒之贻害'我国'……垂百余年,一经吸染,萎痹终身,其因此失业亡家者,触目皆是,由此肆无忌惮,滋生其他犯罪,俯首即得,而制造、运输、贩卖无非在于使人吸食,其吸食者愈众,则获利愈丰,因是呼朋引类,源源接济,以诱人上瘾为能事。萃'全国'有用之'国民',日沉湎与鸩毒之乡而不悔,其戕害'国计民生',已堪发指;而且流毒所及,'国民'精神日衰,身体日弱,欲以鸠形鹄面之徒,为执锐披坚之旅,殊不可得,是其非一身一家之害,直社会、'国家'之钜蠹……"① 毒品问题是当今世界各国乃至整个人类社会都面临的一个严峻挑战。我国毒品犯罪形势更加不容忽视。其中,女性毒品犯罪逐渐成为毒品犯罪中的重要组成部分,获得了广泛关注。

一、毒品犯罪的现状

(一)毒品案件的数量持续增长,毒品犯罪呈现出蔓延态势

近几年来,我国的毒品犯罪呈上升趋势,毒品案件数量不断增加,毒品犯罪形势依然严峻。"全国共破获毒品刑事案件 14 万起,抓获毒品犯罪嫌疑人 16.8 万名,缴获各类毒品 82.1 吨,其中海洛因 8.8 吨、冰毒晶体 17.4 吨、冰毒片剂 11.6 吨、氯胺酮 10.4 吨。"②

---

① 转引自何荣功:《毒品犯罪的刑事政策与死刑适用研究》,中国人民公安大学出版社 2012 年版,第 3 页。
② 中国禁毒委员会:《2017 中国禁毒报告》。

（二）从毒品犯罪类型来看，合成毒品的滥用呈上升态势

截至 2016 年年底，全国现有吸毒人员 250.5 万名（不含戒断三年未发现复吸人数、死亡人数和离境人数），同比增长 6.8%。其中，滥用海洛因等阿片类毒品人员 95.5 万名，占 38.1%；滥用合成毒品人员 151.5 万名，占 60.5%；滥用大麻、可卡因等其他毒品人员 3.5 万名，占 1.4%。合成毒品滥用规模占居首位。

所查获的复吸人员以滥用合成毒品为主。2016 年全国新发现吸毒人员 44.5 万名，同比下降 16.2%。其中滥用海洛因等阿片类毒品人员占 15.7%，滥用合成毒品类人员占 81.1%，滥用大麻、可卡因等其他毒品人员占 3.2%。2016 年全国查获复吸人员 60 万人次，其中滥用海洛因等阿片类毒品人员占 37.4%，滥用合成毒品人员占 62%，滥用大麻、可卡因等其他毒品人员占 0.6%，全国查获复吸人员已由滥用阿片类毒品人员为主逐步转变为滥用合成类毒品为主。①

（三）毒品制造案件增多，毒品输出量增大

近年来，我国已从传统的"毒品受害国"逐渐转向"毒品生产国"和"毒品输出国"。我国毗邻世界两大毒源地"金三角"和"金新月"。中国云南、广西是"金三角"地区海洛因和冰毒片剂入境一线通道。2016 年两地禁毒执法部门缴获"金三角"海洛因 6.6 吨、冰毒片剂 10.3 吨，分别占全国海洛因、冰毒片剂缴获总量的 75% 和 88.8%。"金新月"海洛因多面包围迂回入境。2016 年全国破获"金新月"海洛因走私案件 22 起，缴获"金新月"海洛因 24 公斤。② 同时，毒贩除了从境外大量走私毒品外，他们也在境内制造毒品，这就导致我国境内的毒品制造犯罪急剧增长。2016 年全国破获制毒案件 583 起，捣毁制毒窝点 438 个，国产毒品缴获量约 62 吨，占全国毒品缴获总

---

① 中国禁毒委员会《2017 中国禁毒报告》。
② 中国禁毒委员会《2017 中国禁毒报告》。

量的 74.5%。2016 年,全国破获制毒物品犯罪案件 444 起,缴获易制毒化学品 1584.6 吨。

二、女性毒品犯罪现状

从近几年的毒品犯罪现状来看,女性参与毒品犯罪的情况也越来越多,女性贩毒、运毒、滥用毒品已经成为一个不能忽视的社会现象。

(一)女性涉毒犯罪呈上升趋势

女性参与毒品犯罪的概率越来越大,女性毒品犯罪在整个女性犯罪中所占的比例相当高,而且呈不断上升的趋势。笔者在 H 省女子监狱调研过程中了解到,女性涉毒犯罪在该女子监狱所占比例高达 40.36%。

(二)女性毒品犯罪逐渐走向独立化

女性因为自身的原因和传统观念的影响,在以往涉及的毒品犯罪中具有一定的依附性。一般情况下,女性参与毒品犯罪,很大程度上是被别人指使、诱骗或者胁迫的。也就是说,在以往女性参与的毒品犯罪中,女性都处在一个从属的地位,女性毒品犯罪具有从属性。然而随着社会的发展,女性独立意识越来越强,女性在毒品犯罪中的地位也发生着变化,逐渐由从属走向独立。近年来,女性出于对暴利的疯狂追求,开始主动从事、积极谋划犯罪。在毒品犯罪中,女性的地位发生了空前变化,一改往日的消极被动,开始主动联系、策划、安排交易等实施毒品犯罪。

女性独立实施毒品犯罪在当下社会并不鲜见,说起毒枭,我们的眼前不由自主地会浮现出阴险或暴戾的暴徒形象,然而,事实上并非如此,外形温婉靓丽的"女毒枭"也不鲜见。"2014 年 6 月,南京警方侦破一起毒品案件,截下了 16.2 公斤从广东运来南京交易的冰毒。而准备接收这些毒品的是一个叫"慧姐"的毒贩,竟然是一个身怀六甲的女子。她用 150 万元现金准备交易时，被警方一网打尽。"①

三、女性毒品犯罪的特点

女性毒品犯罪有一般毒品犯罪的固有特点，同时在新经济形势下女性毒品犯罪所呈现出来的新特点更值得我们关注。

（一）由被动到主动犯罪，部分女性在毒品犯罪中由附属地位变为主导地位

随着社会的发展，男女平等的观念开始深入人心，女性独立意识越来越强，女性在毒品犯罪中的地位也发生了巨大变化。女性出于对暴利的疯狂追求，开始主动从事、积极谋划犯罪，摆脱了以往常见的"以贩养吸""以淫养吸"的毒品犯罪模式。在涉毒犯罪案件中，许多女性一改往日的消极被动，开始主动联系、策划、安排交易去实施毒品犯罪。

（二）由以往的文化层次低为主，向学历层次较高、渐趋多元化、年轻化转变

根据以往的调查显示，女性涉毒犯罪的犯罪特征表现为受教育水平普遍较低，涉毒女性多为文盲或半文盲，这说明女性毒品犯多数文化水平低、自我判断能力差，她们在遭受挫折或在强烈的利益驱动下，难以抵制金钱的诱惑，从而参与毒品犯罪获利。然而在社会经济呈现跨越式发展的今天，女性毒品犯由以往的文盲或者小学文化水平，向初高中文化水平转变。而涉案女性很大一部分都是吸毒人士，在女性吸毒的人数越来越多的背景下，吸毒女性的年龄也在逐渐呈现年轻化的趋势。绝大多数女性吸毒者年龄偏低，平均

---

① 案例来源：中国江苏网《南京警方截获16.2公斤冰毒怀孕8月女毒枭落网》，载http://news.jschina.com.cn/systerm/2014/06/23/021239356.shtml。

年龄在 22—27 周岁，比男性吸毒者要小 3 岁左右。①

（三）作案手段不断更新，隐蔽性较强

由于女性毒品犯的柔弱外表，现实生活中人们对女性的戒备心理要低于男性，而女性毒犯往往利用这种心理来实施犯罪。女性走私、贩卖、运输毒品具有较强的隐蔽性和欺骗性，在一般人的心目中，往往把温婉、善良、胆小、软弱与女性联系起来，而不会与毒枭联系在一起。与此同时，女性毒犯一般把毒品交易地点选择在家里、朋友居所等较隐蔽场所，犯罪对象一般为熟人。此外，女性毒犯一般利用不易察觉的方式进行毒品犯罪，例如有的利用怀孕、哺乳期逃避法律制裁，如将毒品嵌入包孩子的毯子里；有的将自己的身体作为藏毒的工具，把毒品藏匿在内裤、卫生巾、胸罩里。近年来女性体内藏毒运毒的案件也屡见不鲜。

四、女性毒品犯罪的预防

随着我国毒品犯罪的日益猖獗，越来越多的女性参与到毒品犯罪中并且人数有不断上升并趋向低龄化的趋势。现代社会赋予女性更多权利，使得女性的活动领域不断扩大，在巨大利益的驱使下，女性涉毒犯罪现象仍会不断出现。女性涉毒犯罪正在成为一个严重的社会和法律问题。

如何提高女性对毒品的认识，从而帮助她们增强自我保护意识和自我控制能力呢？事物认知能力和自我控制能力的培养是健全人格培养的重要内容，而家庭教育、学校教育和社会教育则是培养健全人格的基本途径，法制教育则是家庭、学校和社会教育的基本内容，所以，笔者认为，针对毒品犯罪，毒品预防教育是提高对毒品的认知能力，增强自我控制能力、培养健全人格的重要环节。下文着重对毒品预防教育进行探讨。

---

① 载 http://news.xinhuanet.com/legal/2010-06/25/c_13369437_2.htm，最后访问时间 2017 年 5 月 13 日。

我国毒品预防教育存在形式主义、教育内容失实、教育模式单一、短暂性、被动性等问题，毒品预防教育根本无法发挥其应有的作用，甚至在一些较为贫困地区，根本没有开展系统的毒品预防教育。比较国内外毒品预防教育的现状，笔者赞同贾红秋的观点，认为我国应当构建学校、社区、家庭、媒体"四位一体"、预防宣传教育体系和课堂教育体系"双线并行"的国内毒品预防教育体系。[1]

（一）家庭毒品预防教育

家庭，作为人类社会化的首属环境，对孩子人格的塑造和观念的培养具有奠基的作用。和睦的家庭关系、良好的家庭教育以及父母的榜样作用，对孩子培养较强的自我控制能力和约束能力有巨大的推动作用。家庭教育作为一种独立的教育形态，其内涵的毒品预防教育是毒品预防工作的重要环节，有了它的良好开展，才能保证从源头上预防和彻底根除青少年毒品犯罪的产生。[2]

家庭毒品预防教育中最关键的一环在于家长教育。只有家长具有强烈的预防药物滥用意识，并针对性地训练孩子的相关技能，才能帮助孩子成功抵制毒品诱惑。家长教育需要社区的大力配合，针对曾有药物滥用史或有高危行为的家长，民政部门可以通过社区展开家长教育课程，通过各种形式与家长一起探讨管教子女、增强沟通技巧、巩固亲子关系，从而使参加者及早预防子女滥用药物和发生危险的行为，课程结束后将为家长颁发证书。[3] 针对一般家庭，可以经常性地举办教育讲座、亲子活动，促进亲子关系，改善教育方式和教育理念。

---

[1] 参见贾红秋：《中外学校毒品预防教育》，载《云南警官学院学报》2012年第5期。

[2] 参见郭莲：《在家庭中开展毒品预防教育的必要性及可行性》，载《云南警官学院学报》2012年第3期。

[3] 参见莫兴鉴、屈健：《港澳地区青少年毒品预防教育工作比较与借鉴》，载《云南警官学院学报》2015年第3期。

(二)学校毒品预防教育

2003年2月教育部制定下发了《中小学生毒品预防专题教育大纲》,各地中小学校开展了不同形式的的毒品预防教育。学校成为开展毒品预防教育的大本营,但是,各个学校开展毒品预防教育的水平参差不齐。有的学校成功地借鉴了外国相关经验,将毒品教育纳入课堂教育,并结合相关实践活动、讲座等形式展开系统的教学计划;有的学校却只是虚有其表的"节日性"形式主义的宣传教育。从整体水平来看,我国学校毒品预防教育仍然存在教育内容脱离实际、教育模式单一化、专业师资与专项基金急缺、教育实效性不高等多个问题。事实上,学校毒品预防教育应当双线并行,预防宣传教育与课程教育体系两者都不可或缺。鉴于我国大多数学校已经开展了规模化与形式化的宣传教育,甚至形成了"毒品宣传日"的主题招牌活动,本文只就毒品预防课程教育体系的构建谈几点看法。

1. 教学内容的革新与完善。为了保证学校毒品预防教育的连贯性和一致性,我国应当编写毒品预防教育统编教材,教材内容应当注意具备针对性、连贯性、真实性与实效性。针对性是指针对不同年龄段学生的认知特点,编撰与之相适应的不同教材。例如,小学教材应主要采用生动形象的典型案例进行"毒品有害,远离毒品"的常识教育;初中教材则以识别各类毒品、了解禁毒法律、掌握抵制毒品的技能为重点;高中教材应让学生了解我国当前的毒情形势和禁毒工作,注重培养禁毒意识和禁毒责任感;大学教材就应传授全面的禁毒知识,使大学生不仅能自觉抵御毒品侵蚀,还能成为禁毒的有生力量。连贯性是指高年级教材应当是低年级教材的补充、巩固和拓展。[1]真实性是指教材应当科学、全面、真实地反映毒品的危害、吸食毒品后的心理反应以及戒断症状,而不是将毒品或吸毒者妖魔化、采取恐吓式教育,这样

---

[1] 参见姚慧、宋晓明:《我国学校毒品预防教育存在问题及其对策》,载《政法学刊》2012年第1期。

反而会使自身的可信度下降。实效性是指教材内容不仅应当包括毒品的历史、沿革、危害、戒毒药物以及戒毒措施等理论知识，还应当包括"在哪些情况下易接触到毒品""哪些人会诱使青少年吸食毒品""不慎吸毒后如何处理"等实际问题。具体教学内容可以借鉴美国 DARE 计划。该计划的教学内容含括了毒品预防的方方面面，具体包含对毒品种类及其效用的教育、抵制同辈压力的技巧、对媒体对药物使用影响的认识、对同辈群体中滥用药物的人数和比例的更精确的认识、提高自我控制能力、学会对自身安全负责、避免加入团伙犯罪等。评估表明 DARE 计划在自控力、自信心、对媒体对药物使用影响的认识以及对同辈群体使用药物的认识方面有所助益。[①]

2. 教育方式的多元化。学校毒品教育不应只局限于课堂教育与单调的课外教学，诸如观看毒品展览、聆听讲座等形式，可以与网络技术充分结合，开展多元化的教育方式。可以充分利用学生常用的通信软件和网站，如微信、微博、人人网等，发布一些与毒品相关的文本、微电影、视频，结合同伴教育模式加强宣传效果。[②] 学校可以与政府合作，开发一些以毒品教育为主题的漫画宣传故事、话剧巡演活动，加强同学之间的互动；学校也可以举办青少年暑期禁毒夏令营，鼓励同学们特别是存在高危风险的孩子参与进来。

3. 多方协作与资源整合。就我国目前现状来看，专门设立毒品预防教育专业培养师资在短期内不具有可行性。但是，我国可以设立毒品预防教育教师资格考试，鼓励在职教师学习相关内容，考取相应资格证书，从而获得在校内进行毒品预防授课的权利。同时，学校可以与公安部门、教育部门开展多方协作，聘请禁毒专家或者禁毒刑警作为学校外聘教师，定期进行授课。

[①] See Richard R. Clayton PH.D., Anne M. Cattarello PH.D., and Bryan M. Johnstone PH.D., The Effectiveness of Drug Abuse Resistance Education (Project DARE): 5-Year Follow-Up Results, 25 PREVENTIVE MEDICINE, 307-318 (1996).

[②] 参见许书萍:《高校毒品预防教育的对策——基于大学生毒品认知及易染原因的调查》，载《青少年犯罪问题》2013 年第 6 期。

学校教育与家庭教育和社区教育结合起来,将无毒社区、无毒家庭的建设与无毒校园的创建结合起来,①并适当引入中国民间社会组织。特别是在资金筹措方面,政府可以尽量发挥社会组织、尤其是公益组织的力量,募集社会资金,争取全社会的支持。

4. **毒品预防教育与其他学科相结合。**毒品预防教育并不是一个独立的教育体系和教学模式,它甚至可以延伸到每一门学科之中。吸毒问题涉及法律、医学、化学、性健康、心理健康等多个学科。在具体教学过程中,在心理健康课上,可以分析药物戒断后产生的心理依赖性及其特征;在健康教育课上,可以将毒品预防与艾滋病的防范结合起来,诸如此类的结合还有很多。可以通过与其他学科的融合,促进毒品预防教育的碎片化,提高毒品预防教育的渗透程度,使学生能够接受系统化与碎片化双重教育模式。

(三)社区毒品预防教育

与学校毒品预防教育双线并行的体系不同,社区毒品预防教育以宣传教育为主。除了辅助家庭毒品预防教育的开展,社区主要开展一些短暂性、形式性的覆盖面较广的宣传教育活动。在国际禁毒日、国家禁毒日、世界艾滋病日等有特殊意义的日子里,针对社区居民开展声势浩大的禁毒教育,向普通居民宣传毒品知识及危害,教会居民如何辨别毒品,帮助他们掌握抵制毒品的技能;②针对社区内易染毒的高危人群,社区应当加强对该类人群的照管,邀请这类人群参与案例警示、禁毒文艺晚会、角色扮演等互动式活动,在促进其融入社区的同时,提高他们的反毒品意识。

(四)媒体毒品预防教育

电视等媒体具有强大的舆论导向作用,积极正面的宣传教育能为正处于

---

① 参见彭善明:《学校毒品预防教育问题与对策探析》,载《青年教育》2007年第10期。
② 参见郭萍:《从犯罪场的视角构建社区毒品犯罪预防的思考》,载《云南警官学院学报》2010年第5期。

自我同一性形成时期的青少年提供良好的精神指引,在禁毒知识学习的同时,发展健康心理和人格。①

电视等媒体开展的毒品预防教育与社区毒品预防教育相类似,应当是一种专题式的、定期性的、处于意识流形态的宣传教育。报纸、微博等公共信息平台可以开展反毒品专题教育活动,通过发布相关博客文章、纪录片、访谈录等形式真实反映缉毒刑警的工作现状以及毒品的相关知识,利用媒体的受众面较广、易吸引眼球等特征让民众充分认识到毒品到底是什么、毒品将如何危害我们的生活、毒贩与缉毒刑警的真实生活状态,使民众获得充分的情绪感染,提高禁毒意识。电视、电影则可以再现我国禁毒历史与现状,真实地展现禁毒者、贩毒者、吸毒者三种人群,从而提高观众对毒品问题和毒品反制的认识。

---

① 参见贾红秋:《中外学校毒品预防教育》,载《云南警官学院学报》2012年第5期。

后 记

本书是湖北省武汉市城郊地区人民检察院、湖北省武汉女子监狱和武汉大学刑事法研究中心三方组建的实证研究团队，经过近两年调查研究撰写而成。调查研究采纳的主要资料收集方法是半结构式跟踪访谈，感谢所有参与学员、管教民警的坦诚相待，感谢中国检察出版社的全力支持。本书在撰写过程中，湖北省人民检察院副检察长许发民、刑事执行检察处处长陈江波、武汉市人民检察院常务副检察长陈晓华、研究室主任刘国媛、武汉市妇女联合会权益保障部部长丁莉积极给予了理论和实务指导，提出了宝贵意见和建议，在此，一并表示衷心感谢！

本书由主编拟定大纲并确定各章审稿人、撰稿人，最后由主编统改定稿，具体分工如下：

拟定大纲、统改定稿：王爱华、叶小琴

第一章：叶小琴、张丽霞、赵忠东、金鑫

第二章：王爱华、张妍

第三章：牛堉锦、杨芷姮、冯源、康倩飞、周友廷

第四章：张妍、冯源

第五章：周友廷、牛堉锦、杨芷姮、冯源、郁小波

第六章：冯源、张妍、田小满、牛堉锦、周友廷、杨芷姮

随着社会的变革和发展，女性的地位有了很大提高，但是她们本质上仍属于弱势群体。在我们的访谈过程中能够深刻感受到女性犯罪与其心理特征和生理特点有着密切联系，同时还受到外部环境尤其是家庭、学校和社会的重要影响。犯罪预防是系统工程，需要社会各方的参与，本书期待通过对女性犯罪真实事例进行分析，为预防女性犯罪提供可操作性的建议。研究成果终究要经历实践检验，我们创作此书的目的之一是唤起社会对女性犯罪的关注，同时希望广大读者对本书提出宝贵建议，以便我们继续努力，共同打造预防女性犯罪的精品读物。本书倾注着编者们的心血，希望能给读者带来一些启示和收获。

编　者

2018 年 9 月

图书在版编目（CIP）数据

堕落与救赎：女性犯罪启示录 / 王爱华, 叶小琴主编. — 北京：中国检察出版社, 2019.3
ISBN 978-7-5102-2259-7

Ⅰ.①堕… Ⅱ.①王…②叶… Ⅲ.①女性—犯罪—调查研究 Ⅳ.① D917

中国版本图书馆 CIP 数据核字（2019）第 026256 号

堕落与救赎：女性犯罪启示录

王爱华　叶小琴　主编

出版发行	中国检察出版社
社　　址	北京市石景山区香山南路 109 号（100144）
网　　址	中国检察出版社（www.zgjccbs.com）
编辑电话	（010）86423704
发行电话	（010）86423726　86423727　86423728
	（010）86423730　68650016
经　　销	新华书店
印　　刷	北京宝昌彩色印刷有限公司
开　　本	710mm×960mm　16 开
印　　张	21
字　　数	274 千字
版　　次	2019 年 3 月第一版　2019 年 3 月第一次印刷
书　　号	ISBN 978-7-5102-2259-7
定　　价	60.00 元

检察版图书，版权所有，侵权必究
如遇图书印装质量问题本社负责调换